思想
REFLEXION 32

文革五十年祭

編輯委員會
總 編 輯：錢永祥
編輯委員：王智明、汪宏倫、沈松僑、林載爵
　　　　　周保松、陳正國、陳宜中、陳冠中
聯絡信箱：reflexion.linking@gmail.com
網址：www.linkingbooks.com.tw/reflexion/

目　次

思想訪談

韋伯：大國崛起的思想挑戰

哲學的公共性*

關子尹

「混混濁沼魚，習習激清流；溫溫亂國民，業業仰前脩。」
　　　　　　　——〔魏晉〕佚名，見《華陽國志·卷一》

前言

　　「思托邦」沙龍系列活動是香港中文大學的一項新猷。我很榮幸成為這一活動首場的講者。唐代詩人李商隱曾有詩曰：「建國宜師古，興邦屬上庠⋯⋯」[1]。古之上庠相當於今之大學。李義山言下之意，似乎對知識分子如我輩之能有利於家國之事抱有一定期望。所謂國家興亡，匹夫有責，這亦為世人所共許。然而，知識分子，包括我們讀哲學的人，對於邦國，對於社稷，到底能扮演一些怎麼樣的角色呢？今天的講座，主辦人周保松教授給我的命題是「哲學的公共性」，這問題千頭萬緒，我姑且臚列數點，略談我自己的一些想法。

---

*　本文係2016年9月30日在香港中文大學博群大講堂與中大書店合辦「思托邦」沙龍系列第一講的講稿，演講之後又做過修訂。
1　《李義山詩集》。〈贈送前劉五經映三十四韻〉。

一、公、私兩概念的邏輯秩序

　　公、私兩概念如影之隨形，實有緊密的關係。
世人談及有關問題，直覺上是先言公後言私。除
了「公私」這個詞本身便如此外，許多我們耳熟
能詳的成語亦然，如「公私分明」、「大公無私」、
「假公濟私」、「公報私仇」、「公器私用」等。
但其實從一存在的或logic of meaning 的角度看，
公、私二者之間，私的成立必先於公，也是說，
私是首先被確立的，而公的意義必須建基於私之
上。這個關鍵，韓非說得最清楚不過：「倉頡之作書也，自環者謂
之私，背私謂之公。」[2] 東漢時許慎的《說文》解釋公、私二字，
便引用了韓非這句話[3]。再進而從古文字的形構上看，「厶（私）」
的金文一般作倒置的三角或作閉合的圓型，意會一切自我環繞，以
一己為中心。而「公」的金文則於「厶」之上加「八」，既可解背
離一己之私，或指把本屬一己者分諸於眾。但無論怎麼解也好，「公」
乃建基於「厶」之上的進一階之考慮，而「私」之邏輯上先於「公」
明矣[4]！

2　《韓非子‧五蠹》篇。後來東漢許慎解釋公、私二者時即引用韓非
　　之說。

3　許慎《說文‧厶部》：「厶，姦衺也。《韓非》曰：倉頡作字，自
　　營為厶。」《說文‧八部》：「公，平分也。从八从厶。八，猶背
　　也。《韓非》曰：背厶為公。」

4　「厶」之金文字例見「﹝戰國晚期﹞卅六年私官鼎」（CHANT-2658），
　　「公」之金文字例見「﹝戰國﹞相公子矰戈」（CHANT-11285）。
　　鳴謝香港中文大學「劉殿爵中國古籍研究中心」。

二、哲學的公共性必須建立於哲學的私存性之上

　　一旦明白了公、私於存在層次的孰先孰後，我們馬上引申出一重要論點：就是在談論哲學的公共性（publicness）之先，必須先確保哲學的私存性（privateness）。「哲學的公共性」涉及的顧名思義是哲學於公共空間中的傳播、學習、討論和運用等議題；至於「哲學的私存性」這個嶄新的用語，我設想的是把哲學當作個人於私自空間裡的一種存在方式（private mode of existence）去理解。哲學標誌著人類理性的獨立，哲學素質的形成，在一般條件下，固有賴於一外加的教育過程，如師長的提攜和友儕的砥礪，甚至可得力於社會的歷練，但真正的哲學修養，真正的獨立思考、獨立判斷能力的養成，卻必須經過親躬自力、攻艱取難，和孤獨奮進等個人的存在經歷不可。而在這過程中，個人對於自己可能犯錯和可不斷改進應保留一份虛懷之餘，卻必須對自己所認識和認受的道理有一份基本的堅持。我們強調哲學「私存性」的首要性，並不只就哲學訓練的培養階段而言，而是指在人生的任何階段和在任何條件下，包括當哲學已經進入了公共領域以後，哲學的私存性都必須予以假定，並予以保留，作為哲學公共性的依據。希臘哲學家伊辟鳩魯曾一針見血地說：「當吾人無法避免要置身於人群中之際，就是其最應該返歸於孤獨的時刻」[5]。當然，哲學的公共性嚴格地說並不與哲學的

5　塞內加徵引伊辟鳩魯。 "The time when you should most of all withdraw into yourself is when you are forced to be in a crowd." *The Guide to the Good Life: Letters from a Stoic*（Enhanced Media, 2016）, p. 64. 另見 Seneca, *Moral Letters to* Lucilius （Letter XXV. On Reformation）, Wikisource: https://en.wikisource.org/wiki/Moral_letters

私存性互相排斥,而且可以互補。我們要注意的只是:哲學的公共
性必須以哲學的私存性為前提;只有公共性而無私存性的哲學根本
不是哲學。「私存性」一講法可能並不太通行,我們可借用洪堡特
談教育理論和論治學必要條件時提到的「清靜與自由」中的「清靜」
(Einsamkeit, solitude)去說明,便明晰多了。至於儒家常言的「慎
獨」或「心齋」,其用意不一,但亦可借來參考。

三、哲學的私存性何以必須尊重?

哲學的私自空間不先鞏固,而妄言其於公共空間的作用,很容
易令哲學討論淪為意見紛陳下的群戲,和很容易助長「歸邊主義」
(side-taking)的形成,即自己感到被逼或強逼他人在最熱門和爭論
得最如火如荼的幾個立場之間作出選擇,這明顯地與哲學最應講求
的獨立性相違背。胡塞爾晚年時,一位老學生英格頓 (Roman
Ingarden)因不滿維也納學團當時的「氣焰」,曾建議胡「動員」現
象學學者發動反擊,身為現象學宗匠的胡塞爾卻笑言規勸曰:「哲
學工作並不能靠組織〔群眾〕以達成!」(Philosophie macht man nicht
mit Organisation)[6] 其重視哲學的「私存性」實不言而喻。「歸邊主
義」若不幸兼逢政治不靖,鬧到最熾烈的階段,甚至可演成思想批
鬥(文革)!說到底,哲學家不一定對所有公共領域的議題都有足
夠的認識或有直接的興趣(雖然應該鼓勵),而即使有足夠認識和
有一定興趣,其參與公共空間的討論與否?哪時候參與?在哪一場

(續)───────────────

　　_ to_ Lucilius/Letter_25
　6　Edmund Husserl, *Briefe an Roman Ingarden, Mit Erläuterungen und
　　 Erinnerungen an Husserl* (hrsg.) Roman Ingarden (Den Haag: Nijhoff,
　　 1968) , p. 180.

合參與？和以什麼方式參與？都應有自己決定的權利，不應以群眾
力量促使！也就是說，除非當事人是公共政治人物，因而有對相關
議題表態的責任，我們不應隨便強求他人公開發表政治主張，或就
某些敏感的議題表態，特別是媒體泛濫到了這個地步的今天。或曰：
我們強調哲學私存性的重要，會不會成為治哲學的我輩拒絕進入公
共領域的一個免責的藉口（disclaimer）呢？這個問題我認為不能一
概而論。我的想法是：設想有學者某甲真的只醉心於某些學院中的
哲學討論（後詳），醉心至於窮一生的精力也嫌不夠，因而完全無
心於什麼公共領域的討論，則某甲這一種治學方式只要是出於其個
人的自由選擇，我們儘管不欣賞，卻必須尊重，而對某甲來說，便
根本不會出現上述有關「免責」的考慮。相反地，設想另一學者某
乙，若他已明確地意識到公共領域中的某些重要議題，而且心中已
形成了某些想法，甚至已興起了參與溝通討論的念頭，則其究竟真
的提起勇氣參與，抑寧願「噤口」不言，便成為他的道德抉擇了。
對某乙來說，「免責」的疑惑便即成立。

四、哲學進入公共領域而要有成效，有賴於一「理想的 交談處境」

只要明白「私存性」的重要，哲學介入公共領域（public sphere）
是絕對值得鼓勵的。但哲學討論、甚至辯論的目的，說到底，是讓
理性彰顯、讓事情愈說愈通、愈辯愈明，而不是要來個世紀對決式
的你死我活。希臘智者學派中Gorgias的一段殘篇曾讓我看得驚心動
魄：「當以嘲諷去摧毀對手的嚴肅，並以嚴肅去應付對手的嘲諷。」[7] 這

7　Hermann Diels, Walther Kranz, *Fragmente der Vorsokratiker*, 6.

番話之所以令我震撼，是假若哲學家都變成這樣，雖或可給人辯才無礙的印象，但世上的事理和對錯將無從說起，人與人之間絕對應恪守的彼此尊重亦將蕩然無存！由此見得，正如一切公共討論一樣，哲學於公共領域中的討論如要取得成效，必有賴於一「理想的交談處境」（ideal speech situation）的假定。理想的交談處境一說法早期的哈柏瑪斯已提出[8]。哈柏瑪斯除吸納了舍爾（John Searle）的語言行動理論外，還吸納了語言哲學家格萊斯（Paul Grice）關於人際溝通的「合作原則」（co-operative principle），及其「人際交談守則」所要求的「扼要」、「誠實」、「相關」、「清晰」（maxims of quantity, quality, relevance, manner）[9]等要求，以說明其所謂的理想交談處境。理想交談處境之所以重要，是因為其保障了公民社會中群體能透過理性和負責任的交談而收集思廣益之效。不過，話說回頭，哈柏瑪斯對理想交談處境的期盼會不會過於樂觀呢？我們不難發覺，這顧名思義只是「理想」而已，其應盡可能玉成乃屬固然，但在俗世之中，甚至在學院裡，這一項理想並沒有絕對的把握。事實上，所謂公共領域，許多時不只充滿了「強制」和「歪曲」，甚至是「敵對」和「虛偽」，如何把毫不理想的交談處境盡量變得理想，是人類文明的共同挑戰。

（續）————————————————————

    Auflage, 2. Band （Zürich: Weidmann, 1951, 1989）, p. 303.

8 參 Jürgen Habermas, *Erkenntnis und Interesse* （Frankfurt/Main: Suhrkamp, 1968）. 另見 Habermas, "The unity of reason in the multiplicity of its voices" （"Die Einheit der Vernunft in der Vielheit ihrer Stimmen," *Einheit und Vielheit: XIV. Deutscher Kongress für Philosophie, Giessen 1987*, ed. Odo Marquard （Hamburg: Meiner, 1990）, pp. 11-35.

9 Paul Grice, "Logic and Conversation," *Studies in the Way of Words* （Cambridge: Harvard University Press, 1989）, p. 22ff.

五、誰是公共領域中的哲學家？

　　許多人有一種想法，以為哲學是玄之又玄、高度抽象的一門學問，哲學因而必屬學者之專利云云。這明顯是一項很嚴重的誤解。當然，哲學確有其作為學問的一面，作為學問，學院的傳習雖有一定的優勢，但卻不是絕對必要的條件。況且德國哲學家康德早便指出，學院中的哲學研習能鍛鍊學者的理論機巧（Geschicklichkeit），因此對於哲學這門學問的掌握自有其必要，但治哲學若只停留在「學院意義的哲學」（philosophy in scholastic sense）這一層次，則哲學的真正價值是不能彰顯的，故提出哲學有更高的和更終極的一個層次，就是要成就一「經世意義的哲學」（philosophy in cosmic sense），即讓哲學能隨機地運用種種從學院中學回來的概念技術，靈活地對現世吾人所當關注的種種問題進行分析和反思，以回應吾人的終極關懷[10]。經世意義的哲學，再不可以「只」是一些概念活動或概念遊戲，而必須關係於外在的處境（situativeness），並貴乎能把概念資源運用於現實問題的懸解之上。換言之，康德認為哲學必須能「經世」，方能「致用」（Nützlichkeit）。故學院雖為哲學敞開了一扇方便之門，但就哲學有經世的天職而言，則其不應由學院所專利信矣！康德的「學院哲學」和「經世哲學」的二分，和他對後者的更為重視，帶給我們一個極重要的啟示：學院中的哲學雖有一定價值，但此價值只涉及哲學家的私自空間（理論機巧）；由於哲學理論的終極指涉在於世界，而世界又屬於公共領域，故哲學對吾人的終極用度亦不能離開此公共領域。由於公共領域的「持份者」不只是哲

10　Immanuel Kant, *Critique of Pure Reason*, A838-839/B866-867.

學家，而乃世上芸芸眾生，所以某一較廣義的哲學實應由世人共同
參與。鑒於這個考慮，波柏乃直截了當地說：「所有男人和所有女
人都是哲學家。」[11]波柏此言，或嫌誇大，但只要不把哲學只循學
究的角度去理解，則未嘗不可視為一開明社會可逐漸達成的理想。
稍後我們將回到這問題，試看在哪一條件下，這一理想可以漸漸逼
近。此外，波柏這番話，除了申明哲學並非少數人的專利外，背後
的潛台詞就是警惕讀哲學的人「自大」（megalomania）這種「職業毛
病」[12]，即以為只憑哲學思辨便可解決種種問題！事實上讀哲學的
我輩於掌握較專門的概念技術之餘，更應虛心地多了解世界上的種
種事物，和按自己的稟賦、興趣與才情擴充自己的知識面，這樣的
話，除了自己的學問獲得裨益外，也讓哲學所標榜的理性較容易注
入吾人生活世界的不同層面中。

六、「哲學問題」與「哲學疑難」的分判與互動

　　哲學之不能及不應囿於學府，其實從所謂「哲學問題」一概念
之分析亦可得見。查漢語「問題」一詞，如以英語表達之，既可是
question，也可以是 problem。一般人大都不予嚴格區別，但我認為
二者意義迥殊，當予分判。Question出自拉丁文quaestio/quaerere, 指
的是言語中帶詰問意味的語句，而 problem 則出自希臘文的
πρόβλημα problema /προβάλλειν pro-ballein，字面上是「被投擲於前
方的東西」，指的是置於吾人當前，對吾人的生活可以造成障礙的

---

11 Karl Popper, "How I see Philosophy," *In Search of a Better World: Lectures and Essays from Thirty Years*（London: Routledge, 1992）, pp. 174, 179.

12 同上，p. 175.

事態。總言之，question 是言語中事，只要作出「回答」就好了，而problem則乃世界中事，必須予以「解決」。基於二者之差別，我常建議把question仍舊譯為「問題」，而把problem譯作「疑難」[13]。很可惜現代漢語「問題」一詞把上述兩種意義兼相雜次，讓吾人較難察覺到二者層次上的差別。故我一直主張在哲學的討論中，得區別「哲學問題」與「哲學疑難」二者。哲學問題與哲學疑難雖應予以分判，但並不表示二者互不相干。事實上，二者實脣齒相依。所謂哲學疑難，往往涉及古往今來人類存活於世上要共同面對的一些處境中的困惑——如宇宙奧祕、自然災害、禍福無常、人際矛盾、社會公義、人間苦惱、生離死別……等等。這些困擾出自吾人之存在處境，足令人無所措其手足，但久而久之，或終可蘊釀出一些能表之於言辭的哲學問題，這些哲學問題有時可真顯得頗為「抽象」[14]，但藉着這些問題的深思與回答，吾人或能於相關的疑難跟前提出更根本和更有理據的應對，並進而嘗試以此回饋於現實中疑難的梳理和解決。換言之，從哲學疑難的捕捉與確認到哲學問題之提出是一「由外而內」的過程；而從哲學問題的回答到哲學疑難的回饋則乃一「由內而外」的過程。這兩個過程所構成的廻路（circuit），並非一蹴可就，而往往要多番嘗試，往復損益，處境的關要才有逐步澄清甚至改善的可能。換言之，哲學疑難與哲學問題往往前後相隨，而且彼此互動。

---

13 參見關子尹，《語默無常——尋找定向中的哲學反思》（北京：北京大學出版社，2009），頁20-22。

14 要看哲學問題可以「抽象」到哪一地步，可以舉下列幾個經典例子：「有沒有終極的實在？」「何謂正義？」「上帝存在否？」「為何有東西而非沒有？」「綜合判斷先驗地如何可能？」「我們可以希望些什麼？」「有沒有所謂自由意志？」「為何要道德？」等等。

七、「哲學只聽命於理性的法則，而非政府的法則」

　　康德在《學院的爭議》一書中，提出了石破天驚的一句話：「哲學只聽命於理性的法則，而非政府的法則」[15]。康德這句話實在可圈可點，但我們要慎防過度解讀。當知從事哲學工作的我輩作為公民而言，政府的法則是必須遵守的，康德當年亦在極不情願的情況下要遵從普魯士國王下達有關其著作出版的禁令！當然，今天有所謂「公民抗命」，不過我們用「抗命」一詞，其實即已先承認了公民得遵行法律所頒之命令，然後方可於無計可施和明知要承擔責任的條件下言其「抗命」。相對地，哲學家及一般學者作為公民雖應聽命於政府，但哲學作為學問卻絕不可能。當知康德這句話是一個觀念層次的判斷，因哲學之為哲學，只能循理性的途徑開展，捨之別無他途。哲學只可「是其所是，非其所非」，因理性是先驗地不可能自我違背的，是無可折衷的，那怕對着的是皇帝老子。或辯曰：其實理性有時也會自我檢討，自我修正，甚至自我否定，一如黑格爾之所指……。這誠屬有理，但當知這意思的理性的自我檢討活動，其實正是理性的辯證「軌跡」自身，是理性在動態觀點下對自身所累積的歷練「忠誠」的表現，與上述設想哲學因必須恪守於理性而不能聽命於政府的法則之說並不相左。

八、哲學理性的「公共運用」：

　　康德《學院的爭議》一書的著作，其實有極重大的歷史任務：

---

15 Immanuel Kant, *Der Streit der Fakultäten,* Kant's Gesammelte Schriften, Band VII, p. 27.

查當時德制大學一向以神學院、法學院、醫學院三所專責培訓政府
官員的「高級學院」（Obere Fakultäten）地位較為尊崇，相對地，
被稱為「低級學院」（Untere Fakultät）的哲學院則長期被輕視。康
德著書，就是要振臂一呼，為哲學院（實即今天的Letters and Sciences
即文理學院）申辯其於知性上不可欺侮的尊嚴。因此乃有上述「哲
學不聽命於政府的法則」之議。書中康德還進一步堅持，「哲學」
除了要弘揚理論知識外，還有對社會各界包括三院出身的官員於社
會上的運作從知性上予以批評責善的任務，他的理據是，作為只聽
從理性的學科，哲學「在〔對其他學科〕不作出命令的條件下享有
對一切事情加以判斷的自由。」[16]這就涉及他於另一重要著作〈何
謂啟蒙〉中所強調的「理性的公共運用」（public use of reason）這
一議題了。這一論點學界談論的很多，但如果細看康德的原文，有
幾個要點必須特別強調。第一：康德認為社會上從事任何工作的人
都有雙重身分，他首先是某一工作崗位的業者，但他同時是社會的
公民。第二：作為業者他的職責是運用其專門知識在其自己的職責
內〔私下地〕履行任務，但作為公民他卻有責任憑自己的理性和自
己的良知（Gewissen）對自己業內的問題，特別是其中的弊端[17]引
起公眾關注。第三：康德多次強調，對自己的工作有深刻認識的每
一個人都潛在地是某意義的「學者」（Gelehrter, scholar），即能就

16　Immanuel Kant, *Der Streit der Fakultäten*, pp. 19-20.

17　此所謂弊端，用康德的用語，既可指技術性的「不妥善」
　　（Unschicklichkeit），更可包括道德上的「不公義」
　　（Ungerechtigkeit）；把弊端由業者昭示於公眾的做法，即今天所
　　謂「吹哨」（whistleblowing），難得康德當年已有此想法。見Immanuel
　　Kant, "Beantwortung der Frage—Was ist Aufklärung?," *Kant's
　　Gesammelte Schriften*, Band VIII, pp. 37-38.

自己認識的範圍作理性的判斷，故應該在不受任何權威支配下以個人身分就一己之所知向公眾提出負責任的意見。第四：對康德來説，理性的公共運用，嚴格地說，實指「理性於一切細節中的公共運用」（von seiner Vernunft in allen Stücken öffentlichen Gebrauch zu machen）[18]。此中，康德之所以強調「一切細節」，實與他對哲學的社會批判角色的期盼有關。總而言之，理性的公共運用乃一個社會及其中的公民得以持續地改善的條件[19]。

九、哲學的社會教育與「零星社會工程」

康德期盼中哲學的社會批判角色，他自己並沒有多少機會去積極實行。平心而論，社會上值得我們關注的問題林林總總，而每一項議題亦有其知性上的細節，要讀哲學的人都去置喙，其實根本不太實際，也不一定恰當。相對地，把哲學教育尊理和追根究本的精神從學院帶出社會，其實不失為一種解決方法。在今天的世代，有兩種方法可達致這目的，其一是多舉辦公開的哲學講論平台。在香港，除香港哲學會經年推行的講座活動外，近年中大哲學系一些年輕老師和校友亦甚為熱衷於透過電台、網絡視頻等媒體推行哲學的公共教育。其二是除了寄望專業哲學學程（即B.A., M.Phil., PhD）

18　Immanuel Kant, "Beantwortung der Frage—Was ist Aufklärung?," ibid., p. 36.

19　康德於此言及「人類的進一步啟蒙」（weitere Aufklärung vom Menschengeschlechte），Kant, ibid., p. 39. 此外參見哈柏瑪斯有名的論文 Habermas, "Modernity: An Unfinished Project," in Maurizio Passerin d'Entrèves and Seyla Benhabib（eds）, *Habermas and the Unfinished Project of Modernity*（MIT Press, 1997）, pp. 38-55.

的年輕學梓於社會中逐漸成長，並發揮作用以外，由學府另於晚間
開辦哲學文學碩士（M.A. in Philosophy）課程，以吸納已於社會上
各種專業（包括教育、法律、商務、公務、醫學、工程、環境、能
源、傳播、社福等）中有工作崗位的學員，滿足他們對哲學的興趣
和追求哲學訓練的需要。十多年前我仍是中大哲學系系主任的期
間，我系便基於上述願景，經集體議決後創立了M.A. 課程，這課程
後來的成功，實得力於幾乎全系老師的參與。據我自己曾於該課程
執教達五、六年的經驗所得，M.A. 學員從各行各業帶出來的「疑
難」，正是哲學理論的鋒刃最能得以鍛冶的機緣。哲學的「社會教
育」做得愈長久，社會中哲學的能量便積聚得愈多，哲學「社會批
判」的期許便愈有基礎。波柏特別強調社會批判乃哲學的首要任務：
他說：「哲學必須從一些未經批判的常識着手，從中辨認出一些可
疑的、甚至有害的見解，目的是要達致一些開明的、帶批判性的常
識，冀使得出一些較接近真理和對人類的生活帶來較少危害的見
解。」[20] 波柏就哲學於公共領域中的作用與影響方式，提出了一個
極重要的想法：與其不切實際地寄望於不世出的哲學奇人提出一套
烏托邦式的、並足以濟世的大宏圖，不如讓哲學理性於社會各種細
節上進行他所謂的「零星社會工程」（piecemeal social engineering）
[21]。波柏此見，與康德強調「理性於一切細節中的公共運用」可謂

---

20 Karl Popper, "How I see Philosophy," ibid., "All philosophy must start
    from the dubious and often pernicious views of uncritical common
    sense. Its aim is to reach enlightened, critical, common sense: to reach a
    view nearer to truth, and with a less pernicious influence on human life."

21 Karl Popper, *The Poverty of Historicism* （London: Routledge, 1960），
    pp. iv, 109f, 129f.又可參見 Popper的另一經典作*The Open Society &
    Its Enemies.*

不謀而合。至於零星社會工程具體地可如何進行一問題,已知的途徑包括各種關注組織、壓力團體、民間監察組織、非政府組織等。波柏零星社會工程的構想實與其科學哲學的「排錯」(error elimination)觀念一脈相承,其最大的好處是可以從一些較局部的議題入手,讓社會中的一些不合理的現象被正視,從而得以改善。換言之,哲學在社會中必須堅持尊理的重要,並以道理從根本處檢討各種議題!以排除現況(status quote)中不合理的事物。哲學用之於社會,其首務在於從根本處偵錯。零星社會工程由於「零星」故,涉及面會較為局部,難題較易解決的同時,對社會整體的衝擊也較少。但古語有云:「樹德務滋,除惡務本」[22],吾人為社會議題診斷、進而排錯的工作,雖可以先從小處着手,但實不可排除會漸漸觸及更關鍵、更核心的議題的可能,這是任何社會得以進步的鐵律。但回過頭說,一個社會如果爾來零星的社會工程做得夠多,則社會內部的張力其實可以持續釋放,則未來較大的改革所帶來的衝擊也相對地較易紓緩。

十、公共空間的扭曲既可出自政府,更可出自民間

在公共空間裡,在建立所謂「理想交談處境」之前,首先要防範其中出現種種不同的「扭曲」。這些扭曲既可出自政府,更可出自民間。《水經注》提及一個晉惠帝的故事:「《晉中州記》曰:惠帝為太子,出聞蝦蟇〔按:即牛蛙〕聲,問人為是官蝦蟇、私蝦

---

22 見《尚書·泰誓下》。泰誓雖向被視為偽作,但毫不妨礙其中史論之深邃。例如「除惡務本」一語後來便於《南齊書》、《舊唐書》、《新唐書》、《明史》等正史中被引用多起!

蟇？侍臣賈胤對曰：在官地為官蝦蟇，在私地為私蝦蟇。今曰：若官蝦蟇，可給廩。」[23] 這個故事很傳神地說明了政治經濟主導下的公共空間中一個人所共知的現象：政府可以透過各種大或小的「利益」（或相反的威嚇）在社會中製造不真實的聲音（官蛙），以蠶食輿論的理性基礎，甚至扭曲民意。不過，政府這些策略如果在民間沒有足夠的配合，亦只是「孤掌難鳴」，故我們抱怨政府的同時亦應明白，公共空間的扭曲，民間也有很大的責任。上面談到讓哲學「化整為零」地慢慢融入社會乃至政治中，其實就是讓社會上不同崗位的人參與理性「全方位」的公共運用，這道理固如上述。但世人於社會議題的公共討論必須面對兩大實踐障礙，此即「迎合權勢」與「自我審查」。在一些極權的統治下，甚至在所謂自由世界的一些技術官僚架構中，「迎合權勢」（甚至更極端的「政治獻媚」）往往指主動地說或做一些當權者喜歡的事情，而「自我審查」則指被動地不敢說或做一些當權者不喜歡的事情。二者之中，當然前者較後者卑劣和令人不齒，但後者實較前者更危險。因為比較之下，迎合權勢的行為，在世人冷眼旁觀下畢竟較顯而易見，故相對地刻意干犯者寡；但自我審查則因藏於心際而不容易被他人發覺，故整體地因循噤口者多。因此，長遠地就對社會的壞影響而言，其實以後者更甚。借用俄裔英國學者柏林的話：「哲學問題從知性上看是困難的，其一旦落入社會的層面，便都帶有危險性，往往令人苦惱和毫不討好，但這些問題都總是重要的。」[24]

---

23 見酈道元，《水經注・卷十六・穀水》，另可參見《晉書》卷四〈孝惠帝紀〉。

24 Isaiah Berlin, "The Purpose of Philosophy," *Concepts & Categories: Philosophical Essays*, 2nd edition （Princeton/Oxford: Princeton University Press, 2013）, p.14. "[Philosophical questions are] socially

十一、哲學與政治之間

　　考慮到哲學貴乎「經世」，其與政治之領域無可避免地會有許多重疊的地方，但哲學的底線在於理性，而政治則無可避免地要涉及權力，哲學與政治二者由於有此先天的矛盾，故歷來幾乎所有政權（特別是權力的維持重於一切的政治制度）都對最有「異見」傾向的哲學猜疑！所以，儘管中外哲學家、思想家中不乏有當「帝師」之衝動者（古有世所共知的孔子和柏拉圖，晚近有納粹德國下的海德格），然其最後均以慘澹收場！哲學家如希望真的參與政治而又不損害（compromise）理性的尊嚴的話，則除非所謂「理想的交談處境」真的成為可能。但正如前述，我恐怕這一理想條件即使在號稱民主的制度下亦有難處，而在極權社會中，便更如天方夜譚。相對而言，哲學家或天下認同尊理之重要的各界人士，除了投身於政治角逐，其實還有一最有把握的角色，就是清流議政。能夠做到這一點，起碼可保住康德所說的「享有對一切事情加以判斷的自由」。世上「學院派」的哲學家畢竟為數太少，但正如上述，哲學作為一門尊重理性的學問，並不囿於學府，而應為世人所共享，故與其只寄望於專業哲學家們改變世界，不如寄望於讓哲學的理念以不同方式滲透到公民社會裡去。這首先包括政治架構內的崗位，如各級議員和各級官員；此外，社會上還有許多崗位會和政治、經濟、民生等議題產生較多瓜葛，如傳媒、教育、法律、社團及公司管理等。在較民主的制度下，要這些崗位中的人說真心話並不太難，但在極

（續）────────────────

　　　dangerous, intellectually difficult, often agonizing and thankless, but always important."

權色彩濃重的制度下，當涉及尖銳的政治議題時，說真話便要有承擔較大後果的準備。說到底，哲學於公共空間中的實踐，除特立的深思外，最需要的還是道德勇氣。

結語

　　以上逐點分說哲學的公共性問題，其中，我指出了廣義的哲學屬於眾人，而重點就是讓哲學尊重理性的精神滲透到社會各階層去，讓社會逐步朝向一個較合理的方向發展。在結束這次討論之前，我們必須回省，這整個講法會不會太樂觀？論者或會詰難，在今日全球化的大勢下，許多亟待關注的社會議題牽涉之廣，已非一國一地或某單一的公民社會所能獨善，如說哲學理性能帶來根本改變，豈不天真？或曰，面對着困難重重的世局，理性真的有這麼大的能耐嗎？又或曰，理性在要發揮其正面影響力的同時，種種帶有負面能量的因素豈不如影隨形一般扯着理性的後腿？——一如人性的貪婪、懶怠、自私、嫉妒，和上文提到的人與人之間的敵意、虛偽，和彼此欺詐等，人類理性真的能與之抗衡嗎？

　　誠然，上述這些保留都是有理由的。首先，我們不輟地宣示理性的正面功能的同時，應認清理性其實也是有限的，亦非全無缺憾的（如有所謂理執、冷智、以理殺人等）。假如有人自命很理性，卻對理性的限制完全沒有觸覺，甚至迷信理性和迷信哲學可以解決一切問題，則其所謂的理性和哲學其實是很脆弱的，其在世上的路途亦不會走得很遠。相反地，吾人愈是明白理性的限制，愈明白對理性和對哲學不能過度期待，便愈能於理性的限度之內作最大可能

的運用[25]。其次,所謂貪婪、自私、嫉妒、敵意等劣根性和負面因素,總的來說,都屬於情感的領域。這是有人類歷史以來人所共知者,這些負面的因素不單只影響着世上每一個體的行為,並且也支配了集體。君不見上面所指的全球化下任何社會要變風易俗都無法獨善的問題,其中涉及的複雜因素,包括既得利益者自利的慣性、大國之間爭霸的意圖和宿世的敵意、一些跨國層面的剝削與不公等。[26]這些現象歸根究柢,其實亦可追溯到人的貪婪、自私等負面的情感裡去,只不過這些負面因素已從個體伸延到集體層面而已。這些現象的存在,無疑是當代世界箝制着人類福祉的一道緊箍咒。但吾人於承認了這些事實之餘,應以什麼態度去面對之,才是問題的關鍵!

回到理性與情感的關係。相信誰都不會懷疑,情感對於人類行為的影響,絕不下於理性,這固為古今中外哲人所習知。關於這問題,英國哲學家休謨有一番膾炙人口的議論,他認為:「理性是,而且只應是激情的奴隸,理性除了服從激情之外,實不能寄望其再有其他的任務。」[27] 在論及休謨這句話,波柏很精簡的回應說:「不幸地,休謨被一些錯誤的心理學理論誤導,才導出這可怕的結論。」並且說:「我同意世上倘若沒有了激情則偉大的事情將難以成就,

---

25 多年前作者曾著文提出「哲學的無力感及其悲劇性」這項議題,或可供參考。見關子尹,《語默無常——尋找定向中的哲學反思》,同上,頁342ff。

26 有關議題可參看Joseph E. Stiglitz, *Globalization and Its Discontents* (New York: Norton, 2002). Stiglitz 最近於香港中文大學即曾以 "The Global Economy and Inequality" 為題作公開演講,推薦收聽。 URL: http://www.cpr.cuhk.edu.hk/cutv/detail/725?lang=en

27 David Hume, *A Treatise on Human Nature* (London: Longmans, Green, and Co., 1874), p. 195.

但我的意見和休謨上述命題完全相反。我認為無論理性如何有限，
於能力所及處以此有限的合理性（reasonableness）去馴服我們的激
情，乃是人類唯一的希望。」[28]

波柏對休謨的平議，我固然同意，但認為可借康德的見解予以
補充：康德論人類的心智能力問題有一個很基本的洞見，就是各種
能力都有高下之分，而高下的分判即在於有關的能力是完全受制於
外在對象的刺激（一如貪婪），抑或是不受制於外而自發於內（一
如謙卑、欣賞、憐憫、和上文提到的道德勇氣）[29]。人性之令人驚
歎處，是其本身即乃各種正面或負面情感（乃至各種心智能力）的
戰場。我們考慮哲學要如何進入公共領域這問題，無論從知性上或
從感性上看，自不能離開各種外在條件，理性要對治者，當然包括
外在社會中的種種惡法陋規，和人世間的洪水猛獸。這些條件確實
都不好惹，但無論其如何不好惹，我們也應先予認識、掌握，但認
識過後，我們總不能只知順着這些外在條件往而不復地一路走下
去，因為這樣的話，人類心智能力較優的一面便根本沒有被發揮，
而人類亦將難逃整體被物化的命運。哲學的理性要改變世界談何容
易！也沒有任何把握。人生於世上，真像本文卷首語提到的「混混
濁沼魚」，到處都會遇到掣肘，到處都令人感到迷失。對於人類前
途，打從心底去看，其實怎樣也不能以樂觀二字去形容，但吾人無
論如何不樂觀，若因而便以一消極的態度去面對，則吾人本已糟糕
的處境只會更為不堪！因為若只知抱持消極和悲觀的態度，吾人不
單繼續受制於外在處境，而且連一己的內在力量也會喪失。

---

28 Karl Popper, "How I See Philosophy," ibid., p. 200.

29 參見 Immanuel Kant, *Metaphysik L1*, Kant's Gesammelte Schriften,
    Band XXVIII, pp. 228-229 [PM 137-138].

　　現實世界中種種我們不愜意的情況，都不可能只起於旦夕，都
應有一定的歷史緣由，說到底，往往是吾人之共業。就這問題，勞
思光先生有如下的觀察：「任何一時代中人類之遭遇，皆非偶然而
來。而人類欲改變其已有之遭遇，或創造某種較合理的未來，亦必
須寄希望於一串活動之累積，而不可幻想某種恰如人意的外在演
變。」勞先生坦言，上引這段話背後的「一點平凡老實的認識」正
是他寫《歷史之懲罰》一書的理由[30]。讓我也借用先師這番話，去
說明為何讓廣義的哲學進入公共領域是一個值得我們慎思的議題。
因為說到最後：「〔人〕一方面〔……〕受已有的歷史條件的限制，
一方面卻可能據其自覺活動創生新的條件，以改變未來的歷史。人
是已往歷史之奴隸，卻是未來歷史之主人」[31]！

2016年9月30日初稿
2016年10月14日五改

　　關子尹，香港中文大學哲學系研究教授。研究範圍主要在德國哲
學。除《海德格的詮釋現象學與同一性思維》（德文）、《從哲學
的觀點看》、及《語默無常——尋找定向中的哲學反思》等專著外，
曾發表論文百餘篇，並編譯有克朗納《論康德與黑格爾》及卡西爾
《人文科學的邏輯》等書。

30　勞思光，《歷史之懲罰新編》，梁美儀編（香港：香港中文大學，
　　2000），頁200。
31　同上，頁12。

澳門一二・三事件：
五十年前的一件事*

李孝智

　　五十年前，港澳地區發生大規模的反殖鬥爭／暴動。適逢中國大陸文化大革命剛剛展開，往後有關的書寫，把文化大革命的印象，直接跟當時港澳的人和事掛勾，本地的社會土壤消失得無影無蹤。當年發生的種種，是現代香港澳門的開端，事件的餘溫猶在，影響包括政治氣氛，包括意識形態及身分認同。我們有需要重新檢視這一段歷史，打破對那些人那些事的刻板印象，試試以同理心，以歷史的想像力，閱讀他們的口述歷史，感受彼此的氣息。

　　2016年，澳門回歸16周年剛剛過去，變化堪稱翻天覆地。澳門回歸至今，賭場數目以倍數增長，遊客每天把澳門擠滿滿，市面一片繁榮。以前澳門居民移民香港找工作，現在是香港居民到澳門做外勞。澳門政府於2012年底推出萬九公屋計劃已經完成，19,000戶已獲編配公營房屋單位，後萬九仍積極執行中。光是2013年開始落成的路環石排灣公屋群，能容納六萬居民，幾近十分之一的澳門總

---

*　澳門一二・三事件是小時候在飯桌上聽過的小故事，後來有機會以此作為專題研究。事件至今五十周年，作者公開發表研究內容，希望有助澳門不同世代之間加深了解。

人口。數字亦反映了一些事實，自1999年年底回歸至今，澳門本地
生產總值增長了九倍，人均本地生產總值增長了六倍，就業人口每
月入息中位數增長了三倍到15,000澳門元，綜合消費物價指數增長
了64%[1]。博彩稅收超過二十倍，居民甚至到香港看病都可獲政府資
助，澳門政府可以用錢做的都做了[2]。澳門市面繁榮，居民生活改善，
摸得到，看得見。

　　還記得，回歸前夕澳門報章每天登廣告招聘的，只有巴士公司
數零錢工人，月薪四千。今天澳門發生的，回歸前想像不到。如果
每隔幾年到澳門走走，會有山中方七日，世上幾千年之感。十數年
的變化尚且如此，五十年前隔了兩個世代的陳年舊事，這麼遙遠，
這麼多人沒有親身經歷過，要閱讀需要一點同理心，切身處地想想，
需要一些對歷史的想像力[3]。

　　要用歷史想像去重構歷史，是歷史學的問題，看似很象牙塔很
遙遠，其實歷史想像往往近在眼前。例如跑到一間荒廢了的古老大
屋，看看其形貌這麼巨大，看看其建築細節，其窗花弄了這麼多手
工，這麼雕梁畫棟。再想想幾十年前一般居民，一家八口一張床有
之，睡大坑渠有之，這麼多人衣不蔽體溫飽不繼，就可以想像到，
大屋是何等豪華氣派，風光背後又是何等風景。抗日戰爭前後，每
年過新年，大宅都會在門口派利是，只要前來恭賀一下，人人有份，
其熱鬧情況可以想像。這一所澳門西灣的大宅，屋主是當時的米商。
戰時糧食缺乏，米商奇貨可居抬高價格，這屋主發了不少橫財，屋

1　澳門特別行政區政府統計暨普查局http://www.dsec.gov.mo。
2　澳門民生問題未解決 關翠杏：需提高施政能力（香港無線電視
　　2014-12-21）https://youtu.be/YRauQNhnLEQ。
3　Collingwood, R.G.（1973）*The Idea of History*, London: Oxford
　　University Press pp. 240-247.

外則餓殍處處，窮得要賣兒賣女。1952年關閘事件，路邊傳聞此人聽到關閘炮聲隆隆，以為是共產黨打到澳門來，必定會清算其惡行，心臟病發而死。老爸跟我路過大宅，講講小時候的這個小故事。

聽聽阿公阿婆講古，聽聽我們未出世時遙遠的故事，只要多一點想像力，想想當時的場景，想想他們面對的問題，作出那些選擇，不難分享到他們所見所感。今天筆者已屆不惑之年，閒來無事會跟剛畢業的年輕人講講少年時的無聊小事。聲畫俱在，回憶是彩色的，甚至有嗅覺味覺。隨年漸長，方知道歷史可以是有感覺，有氣息，豈止觸手可及。五十年看似遙遠，其處境跟現在彷彿是兩個世界。歷史的氣息，倒可以很接近。

五十年前的一件事

1966年12月3日前後兩個半月，澳門發生過一次反殖鬥爭，名為「一二・三事件」。事件起因是澳門一個窮困外島氹仔，街坊修建小學校舍，受澳葡殖民政府阻撓。澳門左派團體連續一周到澳督府抗議，新任澳督嘉樂庇（Jose Nobre de Carvalvo）一直拒見，直到12月3日警察到場驅趕示威者。澳門居民在澳督府「扔細路落樓」的傳言下，澳門新馬路一帶發生暴亂，群眾沿途破壞政府機關及銅像石像。傍晚澳葡政府宣布戒嚴，葡兵打死八人打傷二百多人。在澳門居民曠日持久的抗爭下，在解放軍的包圍下，事件以澳督簽署「認罪書／答覆書」，澳葡的殖民統治破產作結。

一二・三事件是澳門去殖民化的開端，是現代澳門的開端，事件塑造了今天的澳門，對於澳門的政治、社會、民眾生活，都有很重要的影響。回歸前有一說，澳門到了1999年回歸，已經歷了三十多年的過渡期，因此主權回歸時，跟鄰埠香港每天吵吵鬧鬧相比，

澳門當地沒有甚麼異議。事件後，澳門南光公司、中華總商會、工
聯會、街坊總會等等左派／親中社團，對於澳葡政府的施政一直都
有影響力，同時在民間提供醫療、教育、護老、托兒等等社會服務，
涵蓋了現代政府的部分功能。左派／親中社團已被視為澳門的傳統
勢力，至今仍然是澳門當地主要的政治力量。回歸後的兩任行政長
官，其父輩皆屬中華總商會，幾十年來報章上的十一國慶全版廣告，
名字都排在前列。

　　事件距今已五十年，澳門的生活處境有很大的變化。在事件被
國族歷史變成澳門中國居民在殖民統治下發出民族主義的呼聲[4]，甚
至差不多已被淡忘，這件塑造了今天澳門的大事，我們很值得把事
件重新翻出來好好檢視。從事件中可提供的訊息，不僅對澳門當地
的生活處境，對於文化大革命，民族主義以及殖民統治這些大題目，
都有一定的意義。當事人已退休多時不問世事，事件變得沒有人出
來爭議，可以變成客觀歷史時，要拯救這段歷史，使其意義與啟示
不至於同時被淡忘掉。

　　屬民研究（Subaltern Studies）期望以無權勢者的視角去看歷史，
回復事發時的經歷與感覺[5]。屬民研究，口述歷史，看似很象牙塔，
做起來其實都挺生活化。當我們去到一個異域，想在當地找一家店，
我們可以問問人。最理想的是跟某路人搭上兩句，甚至親自帶你到
那家店，沿路跟你聊聊這條街的特色，那家店的小故事，聊聊當地
人的生活習慣，細味當地氣氛與味道。用手機導航讓你東行三十米，
左拐直行轉右，點對點的資訊，看似簡單直接的答案，不可能有這

4　黃鴻釗，《澳門史綱要》（福建：福建人民出版社，1991），頁237-239。
5　Amin, Shahid （1996）, *Event, Metaphor, Memory—Chauri Chaura
　　1922-1992*. New Delhi: Oxford University Press. p. 1.

些對當地豐富立體的感覺。要了解一些未曾經歷的事情，了解另一時空的異域，做法可以類同，感覺亦類同，是網上抓幾段簡介無法比擬的。

筆者試圖以屬民研究的視野，口述歷史的方法，探索五十年前的這一件事，在本文簡單介紹一下。要討論1960年代港澳的反殖鬥爭／暴動，最起碼有三個題目要處理：文革輸入論，民族主義，澳葡殖民統治的特性。處理了這些問題後，筆者會討論一下澳門回歸前夕中葡兩國的文化政治，以及事件對於當事人的實際意義。

文革輸入論

1960年代，澳門和香港先後發生了激烈的反殖鬥爭。坊間很多的討論，都會論及同時期發生的中國大陸的文化大革命，有論者甚至把事件說成為是文革輸入。文革輸入論的問題，是把港澳本土的具體因素忽略掉，把原因錯配了，造成對事件的理解偏差，也造成了對本土左派的誤讀。當我們仔細檢視這段歷史，難免會碰觸到一些政治不正確的情節，特別是現在香港的氣氛，中國及親北京者天天捱罵。

要處理文革輸入論，有個最簡單的做法，就是問人。可是人言人殊，我們說話還得講證據，不如把舊報紙挖出來[6]，事發經過按時序排好，看看報章怎樣描述事件以及各方的當事人。細心翻閱當時澳門的報章，可以看到報章如何因應鬥爭的需要打造事件。從一二．三事件的事發經過與論述的流變，我們可以驗證一下文革輸入論，也可以想像一下，那些手執《毛語錄》大喊口號的人們，當時所做

6　主要是《澳門日報》。

的一切，是否都沒頭沒腦的遵從毛主席的最高指示。

1966年11月15日，氹仔坊眾小學校舍因裝修工事，左派及坊眾與澳葡警方爆發衝突。11月25日，毛主席語錄在港澳地區發行，當時報章並沒有將事件與《毛語錄》掛勾。甚是湊巧，當天新任澳督嘉樂庇抵澳履新。事件過了半個月，還沒有跟毛主席有太大關係。12月1日，經新華社報導事件後，事件開始每天登上澳門日報頭版，示威者手持《毛語錄》的畫面開始出現。在鬥爭成功時，事件才變成毛主席的事。1967年1月31日澳門日報轉載新華社題為「毛澤東思想的勝利 ——記澳門同胞的反帝愛國鬥爭」的一二‧三事件大事記。文章把事件精心舖排在《毛語錄》的框框之內，澳門居民對殖民地生活處境提出的訴求，面對血腥暴力的勇氣，都變成毛澤東思想教育下的愛國行為。9月1日澳門日報出版了《反對葡帝在澳門的血腥暴行》特刊，沿用了1月31日新華社的敘事方式，往後中文的歷史書寫及評論，從此跳不出這個框框。

通過報章排序，就能看到事件的起因並非文革輸入。文革跟事件掛勾有個過程，澳門本土左派的主動求援，期望在反殖鬥爭當中爭取更多籌碼，是一種鬥爭策略。到後來事件給講成文革湧入澳門的後果，或者民族主義的呼聲，當事人的面孔全都消失得無影無蹤，當年的參與者大概始料不及。

把一套既定的敘述套到歷史事件，或許是一種很簡便的歷史敘述方式。既定的敘述，背後往往有隱藏議程。新華社及澳門日報特刊的隱藏議程是高舉毛主席思想的民族主義，同一個敘述的反面，就是文革輸入論。文革輸入論同樣把事件參與者，變成沒有思考沒有面孔沒有聲音。沒有面孔沒有聲音就無從抗辯，沒有思考就變成被操弄，事件就變成非理性，從而全盤否定整個事件。

民族主義落地生根

　　民族主義敘述／國族歷史，與文革輸入論彷彿是銅板的兩面。相同的邏輯，相同的敘事方式，產生距離與誤解。同樣的畫面，同樣的情節，只要填上不同的註腳，就可以變成其中一方的敘述。民族主義敘述／國族歷史與文革輸入論，兩者的分別是相反的立場，預設立場然後自行作既定的敘述。預設立場，不問是非曲直先問立場，定好立場後再講自己的一套，這是鬥爭的方式，不是邁向了解之途。

　　如果把1967年9月1日出版的澳門日報特刊，當成為了解事件的唯一材料，會墮入民族主義敘述／國族歷史或文革輸入論的陷阱。要避免墮入陷阱，我們可以埋首舊報紙堆，看論述隨事發經過的流變，對現成事件的敘述產生懷疑。我們亦可放下對事件的印象與成見，聽聽那個時空的故事，重回了解之途。在那些故事中，我們不難感受到，民族主義的感覺，在民間的層面離不開生活體驗。

　　在那遙遠的時空，政府跟現在很不一樣。市民的日常生活，醫療教育自己搞定，房屋自己搞定，生存也自己搞定。政府不找麻煩就已經很感謝，不會期望找政府會得到些甚麼。生不入官門死不入地獄，到1980年代初的港澳仍是普遍的觀念。在物質缺乏的年代，市民要解決生活問題，找政府沒用，需要找一些團體。補充營養要到教堂排隊拿奶粉，讀書到教會學校或者工會社團辦的學校，哪裡補助多點學費便宜點就到哪裡讀書。給老闆剋扣找工會幫忙，日常聯繫或排解糾紛找街坊會。這些是1950-60年代平民百姓的生活體驗。

　　當時中國存在兩個政權兩面旗幟，身分認同分兩邊，這些民間

團體也分兩邊。如要想像澳門在事件前意識形態真空，是不切實際的。在那時空，團結互助是克服困難的一種方式，團結起來辦學校，團結起來抗議政府阻撓，也是團結互助的表現。在團結互助的氣氛下，拿著剛買好的《毛語錄》到澳督府抗議，顯得那麼自然。文革輸入，輸入了表現的形式和內容。

　　細心聽聽五十年前的殖民地生活經驗，很容易會了解，在殖民地長大的市井小民，尤其是街市小販或者司機等小人物，對貪污舞弊，專橫拔扈的警察深痛惡絕。家父在1960年代開的士，那時候一般人每月收入大概港幣一百多塊。過年開工，必須帶好一疊紅包，給路過的警察整個小隊孝敬孝敬，開到那裡派到那裡。一塊錢一封嗎？把長官當要飯的啦?!祖宗十八代都不想活了?!至少五塊錢一封。能不討厭殖民統治嗎？爺爺在街市賣雞的，不是給黑社會就是給警察收保護費。孩子要當警察嗎？反轉警察帽子到處要錢，像要飯一樣，以後別回家，不要認老子好了！這是爺爺第二次把孩子掃地出門，第一次是另一個孩子，嘗了一口鴉片後回家說爽歪歪，要爽歪歪就滾蛋好了。煙鬼與警察，感覺類同。

　　討厭殖民統治，同時又對這麼近又那麼遠的新中國有憧憬。新中國近在眼前，同時又從未受其管治。一二・三事件的一些故事正好反映了這個心態，拿想像中強大的祖國，跟橫暴的殖民統治對抗。我們無妨假設，要是共產黨沒有出兵包圍澳門，一二・三事件的結果，很可能跟1922年的五・二九血案一樣，軍警開鎗掃射打死七十多人，傷者更以百計，澳門華人只有離開澳門一途[7]。事實上，據後來的文獻以及當事人所述，當時的澳門護督，陸軍司令司維納（Mota

---

7　吳志良，《澳門政治發展史》（上海：上海社會科學院出版社，1999），
　　頁204-213。

Cerveira）在澳督會見華人代表時，在解放軍圍城下，曾經提出過要血腥鎮壓。共產黨實質的支持，左派／進步青年沒齒難忘，使民族主義落地生根。

左派／進步青年，在窮困的處境下，以熱情盡其所能，在工餘時搞工會，搞街坊會，投入澳門的社會服務。一二・三事件後，從醫療教育託兒養老，以至排解糾紛維持治安都有。殖民政府沒有為居民做些甚麼，自己動手好了，團結自救正是早年街坊會的口號。澳門左派經過多年的服務地位穩固，成為今天澳門的傳統勢力。他們熱愛生活，奉獻青春與心力，至今年紀老邁，仍可以從他們的身上感受到生命的熱情。這不是政治立場的問題，是生命感染生命。政治立場對於那些人那些事，是否要占一個多大的重量，不是想當然而然的事。

拆解文革輸入論及民族主義敘述／國族歷史，以澳門日報及其他報章佐證，爬報章爬了兩周就弄出來，工夫倒算簡單。找答案可以很簡單，破除成見倒是很複雜的事情。很多人幾十年來對事件的理解與想像，就是文革輸入，就是共產黨搞出來，這印象世代相傳，習慣了幾十年。不是文革輸入就是反殖，就是澳門中國居民在殖民統治下發出民族主義的呼聲。誰一下子要捅出來，就好像要捅馬蜂窩一樣，無事找事。可是破除成見，不單單是對事件本身，也是對我們同住的一大群人破除成見，希望大家多點理解，好好相處。做法可以很簡單，用開放的態度，大家放低固有想法一陣子，以同理心，聽一些陌生的故事。刺激新奇，是我當時做訪談常常有的感覺。

口述歷史的重要性，在於把一些具體過程與細節找回來，把讀者與當事人的距離拉近。當讀者以歷史想像與同理心閱讀，感受歷史的氣息，或許會感到，民族主義敘述／國族歷史及文革輸入論的事件版本不合常理。距離產生誤解，通過口述歷史拉近距離，有望

消除對過去，對現在種種人和事的誤解。

澳葡殖民統治：一個異數

　　葡萄牙在澳門的殖民統治是個異數。殖民統治在地球上無遠弗屆，殖民者的統治機關，如何有效的宰制當地人的生活；殖民地的種族層級，如何在受殖者之間有效複製及維持；殖民者的語言如何通過教育以及意識形態，宰制當地人的思想；殖民開化大業，如何無色無味無臭的，留下殖民地的優良遺產，影響力延伸至民族解放及國家獨立後多年。殖民研究遍地開花，告訴我們殖民／後殖民的生活處境是怎樣的塑造出來。可是殖民開化、有效管治、語言或者意識形態，至少從20世紀生活在澳葡殖民地的當地華人口中，卻不見得有甚麼影響力。從不一樣恰恰可以對比出，要形成有效的殖民統治有甚麼因素。

　　從澳葡殖民地的歷史背景，可以找到部分答案。澳葡450年歷史，可分為兩個時期。前300年明清皇朝沿用了唐朝商港蕃坊[8]的方式管治澳門，當葡萄牙人1557年在澳門落腳，明皇朝仍然是世界上最繁榮，科技最進步的地方[9]，還未有所謂澳門殖民地的概念。1849年葡萄牙王朝在鴉片戰爭後，跟著英國成立殖民地，此前150年殖民地時期，澳門貿易早已衰落。衰落的程度以至在18世紀，澳夷中已有流為乞丐匪類者，行乞之夷婦尤多。到了19世紀只能經營豬仔館販運奴隸[10]，20世紀經營賭業以及黃色事業。兩個時期，都看不出

8　朱彧（宋），《萍洲可談》（香港：中華書局，1985），頁19。

9　黃仁宇，《萬曆十五年》（香港：食貨出版社，2002）。

10　黃鴻釗，《澳門史綱要》（福建：福建人民出版社，1991），頁131-156。

葡萄牙人在澳門,形成有效殖民統治的條件。

殖民統治無力,澳門華人作為受殖者充滿抗辯。葡兵叫做牛叔,取其長肉不長腦之意。牛叔的華人妻子很自然地叫做牛婆,其土生[11]孩子叫做牛仔。失學失業的土生阿飛,等待公務員空缺好幾年,讀書不多只會野蠻及無聊生事。葡兵的印象更為不堪,當葡兵初到澳門,到鏡湖醫院賣血,他們都衣衫襤褸。這些葡兵很多是文盲的漁民,不懂簽名只好按指紋,又文盲又窮得難看,醫護人員有時叫他們做蛋家佬或者鹹蝦燦。經過幾次賣血,他們開始買新衣服,戴太陽眼鏡,價錢牌久久也不捨得摘掉。抗日戰爭期間,葡萄牙是中立國。當時澳門停泊兩艘戰艦,澳葡殖民者可能想耀武揚威一下,光放著又不管用,一些澳門華人乾脆稱之為「摵得爛」及「撕得開」。

殖民統治只能體現在警察和市政廳查牌(尤其是土生葡人)當街打人,以維持種族優勢。當地商業都以華人為主導,葡語只局限在政府機構以及法律文件。葡人土生不是做公務員,或者做律師會計師,替華商跟政府打交道,就只能到香港做文員[12]。澳門的經濟發展,處於省港澳當中最次要最邊陲。華人要找工作要改善生活,二戰前跑去廣州,二戰後跑去香港就好了,殖民者的東西學了也無用。

殖民者未能提供利益,讓當地人跟隨。在很多的殖民地,當地受殖者以「漂白」自己為升官發財的手段,學習殖民者的語言,從宗教服飾以至生活習慣都向殖民者學習。從很多澳門老居民的證言,澳葡的公務員職位,連土生葡人都照顧不了,華人根本不會有

11　土生葡人,即在澳門出生的中葡混血兒,有時指融入土生圈子的華人。

12　賈淵,陸凌梭,《颱風之鄉》(澳門:澳門文化司署,1995)。

太多機會。澳葡政府沒有為澳門華人做些甚麼,華人平日碰到的葡人,一般都是橫暴的警察查牌,土生阿飛,或者窮得很難看的葡兵。殖民者沒有甚麼值得跟隨及學習的理由,殖民統治的優勢,沒有條件在民間複製,殖民開化大業都免了。當地受殖者都眾口一詞,澳葡殖民印象就是野蠻。葡萄牙國防國際警察(俗稱祕密警察)在一二·三事件後撰寫的報告,形容澳葡政府道德極為淪喪,警察和公共部門腐敗,軍隊得過且過,無所事事[13]。面對脆弱又厭惡的殖民統治,最終因氹仔建校這樣的一件小事,逐步升級至爆發全面鬥爭。

　　一般對殖民統治很概括的印象,好像日治的台灣,英治的香港和印度,歐洲各國瓜分統治的非洲,殖民者的影響力既深且廣。從語言、教育、宗教、生活習慣、司法制度,到價值觀,殖民者都在受殖者的心中植了根。可是殖民統治看起來很有力,殖民開化大業推行得很深遠,都不是理所當然的事。南非殖民開化經過幾十年複雜的權力鬥爭[14],香港殖民經過一百多年才不再將管治華人的工作稱作華人政務[15],不用通過一些華人領袖或者新界村長推行政策。在澳門,殖民開化並未發生,不像我們日常所理解的殖民統治,彷彿葡人土生與澳門華人以某種形式共存。

　　看殖民統治,不光是看殖民者如何行使權力,通過甚麼手段統治當地受殖者,對受殖者有何影響。同時我們也需要問一些根本的

13　吳志良,《澳門政治發展史》(上海:上海社會科學院出版社,1999),頁235-236。

14　Comaroff, John & Jean (1991), *Of Revelation and Revolution*. Chicago: University of Chicago Press.
　　Comaroff, John & Jean (1992), *Ethnography and the Historical Imagination*. San Francisco: Westview Press.

15　1969年,華民政務司署更改稱民政司署。

問題，殖民統治為甚麼會有優勢，為甚麼當地受殖者會跟隨？殖民者提供了一定的利益，受殖者得不到也要看得到。日常生活碰到的殖民者，以及接近殖民者的，最起碼生活要過得去，讓人有羨慕和追求的理由。當利益足夠大，起碼可以照顧一小撮受殖者，殖民開化大業才有條件執行，殖民者的語言文化價值觀，方可在民間複製。受殖者的歷史文化背景，以至經濟條件，是否能提供更好的選擇，都是重要的因素。畢竟要跑到殖民地去受閒氣，或者賴著不走，需要充分的理由。

殖民統治之所以有效，其原因每個地方都不一樣，都要提出疑問。這在殖民研究領域算是一個創新，也是筆者自己及家族三代人，在港澳的殖民地生活經驗，跟大家分享。

回歸前夕的文化政治：打小人 vs. 裝置藝術

一二・三事件期間，以及事件後多年，中葡兩國的國族歷史，平民百姓在街頭巷尾的茶餘飯後憶苦思甜，都按自己的需要，以不同的形態去處理或者挪用事件。或是當作一塊部件構成民族主義的故事，達致政權管治的目的；或是躲過事件，以浪漫化印象尋找下台階；或是抗爭者借用國族論述，使自己面對鬥爭時感到有力量；或是事過景遷，當年艱苦的生活及年輕時的一些小故事，在飯桌上充當甜品。「親內的敵人」或者「貼身的損友」[16]，大家都來個拿

---

16 林靄雲（譯），〈親內的敵人——殖民主義下自我的迷失與重拾（導論）〉，《解殖與殖民主義》（香港：牛津出版社，1998）。
丘延亮（譯），〈貼身的損友〉，《貼身的損友——有關多重自身的一些故事》（台北：唐山出版社，2012），頁73-220。
原著：Nandy, Ashis（1983）*The Intimate Enemy—Loss and Recovery*

來主義，合用的就挪用，不一定是由上而下，也無分過去現在未來。

傳媒文字作為第一手資料，給直線敘述把了關，國族歷史再以其敘述記事的方式，把一二·三事件放在民族主義的框框內，反正越簡單越叫得響就越合用。乾淨直線的敘述也犧牲了事件的原貌，距離當事人身歷其境的見聞越來越遠，作為一個民族的共同性才可以給放大，讓一二·三事件的抗爭歷史替民族主義和國家統一的大業服務。一二·三事件後二十年，文獻及傳媒無人提及。直至1987年中葡簽署聯合聲明，有關澳門歷史的著作忽然多了起來。中國大陸方面以歷史著作的形式重提事件，其內容都以直線乾淨的國族論述為主線，為澳門回歸以及中方實現主權舖橋搭路。澳門居民在論述建構的過程中不見了，只有被講的份兒。

那麼二十年前後文字媒介的國族論述也有其共通點，就是不論當時兩個多月接連大罵「葡帝」是「紙老虎」，還是臨近回歸不斷重複，中國自古擁有澳門主權，都不斷以文字媒介，和街頭巷尾議論等不同形態複製。那管帝國主義紙老虎早於1967年逃得無影無蹤，類似香港灣仔的鵝頸橋亞婆，初一十五打小人火燒紙老虎的遊戲，一邊手起拖鞋落一邊絮絮唸，仍然是隨時隨地打得身水身汗不亦樂乎。

國族論述有一個習慣，就是製造不友善的他者。八國聯軍、日本仔、蘇修美帝、蔣幫毛匪等等，往往都以否定他者為一個起點，再來一個負負得正，為民族主義和國家統治服務。到了民間的層次，茶餘飯後說說本土的歷史小故事，數落一下查牌鬼的惡行，講講沈亞米與「無下巴」的故事，這些故事足以跟國族論述互相呼應，感同身受。在敵人離開後，隨著時間的飛逝，痛苦的往事變得無傷大

(續)————————————

of Self Under Colonialism. Delhi: Oxford University Press.

雅，這些敵人就以「親內的敵人」或者「貼身的損友」這個形態再
度出現。抗戰打日本仔成為中國人感受祖國強盛的良伴，查牌鬼也
成為了澳門老居民憶苦思甜的良伴。即使近在眼前，這些不友善的
他者，好像日本人侵入我國釣魚島，或者中央電視台新聞聯播每天
都報導世界各地的戰爭，給國族論述提供現實的例子，增添國民的
幸福感。合用的，可以不分時空，拿來就用。

　　在文化政治上，葡萄牙方面擺出截然不同的姿態：默默地在市
中心舖設葡式鵝卵石路，建設兩個主要的博物館。博物館內的陳設
大都強調中葡友好文化融和，鄭和下西洋可以跟航海大發現扯上關
係，儘管兩者相差了八十年。土生住宅更成為澳門特有的活化石，
中西式的陳設被刻意的放在一起，西式桌布上會放一些中式青花瓷
餐具，西式餐檯旁又會擺放一套中式酸枝雲石椅。葡萄牙人引以為
豪的航海史，還有刻意的民族融和印象都是主題，葡萄牙人興建博
物館，也要為其國族歷史服務。澳葡政府在臨離開時刻意營造的中
西融和，澳門居民看在眼裏，大家心中有數。自一二‧三事件後，
澳葡當局多年來對當地事務愛理不理，回歸在華人當中更差不多人
人叫好，等待將無能的澳葡政府送走。葡萄牙政府能做的是默默地
搞文化政治，提供後人瞻仰一個浪漫化的葡萄牙印象。

你有你講我有我講

　　筆者小時候跟父母重回舊地，長輩們在茶餘飯後，最經常談論
的是少年時澳門窮困的生活。豉油／醬油拌飯用生抽不許用老抽／
老醬油，因老抽有點甜，會用得太快。氹仔的爆竹工人，每天上班
拜祖先，祈求可以平安回家。貧民家中幾口人，整天可以沒說過一
句話。土生每天買麵包不付錢，查牌鬼和無事打三捶每天都穿著澳

葡制服，在街上對人拳打腳踢。國共內戰後的敗兵，當中有些跑到澳門沒事可做，有吸毒又有黑社會，欺壓良民。還有在打日本仔時，木薯與觀音土的用法。

1950-60年代澳門跟東亞各地一樣，戰後工商業仍未算繁榮，普羅大眾生活甚為艱苦。在窮困的生活下，華人不期望殖民政府做些甚麼。掛著殖民政府徽號的警察查牌以及街頭惡霸落井下石，種種矛盾以及不滿情緒不斷累積，衝突一觸即發。事隔多年，窮困是少年回憶的主線，一二·三事件、國共矛盾或者殖民統治，都是茶餘飯後想當年的一些小故事。

口述故事，可以來自家族長輩，可以來自鄉梓鄰里。講故事的可以是街邊小攤販、積極左派進步青年、工聯會幹事、警察、神父等等。筆者在澳門回歸前夕蒐集過的一些故事，如警察查牌跟街頭惡霸每天怎樣欺負人，左派青年12月3日被困澳督府司機房大半天百無聊賴，警察在鎮壓後駐守時夜裏無聊獨自扔狗，醫護人員在X光室目睹戒嚴期間所有傷者的傷勢，抱過一個個徘徊在生死邊緣無辜市民的感受，這些故事都能看到不同位置的當事人，在事發時的最深印象，跟國族歷史的重點迥然大異。一些想當年的小故事，黑沙環無牌木屋窮得不用說話的一家人，爸爸乞討一整天回來弄點吃，一家人才有一點表情；肺癆病房一對難兄難弟，窮得一家沒飯吃仍要堅持每天分享一只鹹蛋；這些關於貧苦的小故事，一些切膚之痛，都構成了積極左派的思想與選擇，構成他們的熱情與理想主義。如果一些很具體的故事與親歷其境的感覺，都沒有交待過，事件的印象就不會有血有肉。距離產生誤解，就好像不懂中文的老外「觀察家」之言，拿著《毛語錄》喊口號的示威者，都變成文革中聽從最

高指示的革命小將[17]。

　　具體的故事，這裏匆匆的交待了一些，希望能給一二‧三事件的印象打開一片想像空間。你有你講我有我講，國族歷史只是眾多故事版本的其中一個，越是簡單直線的版本，就越是第二三四手的資料，距事件越來越遠。看一二‧三事件如是，我們平時讀歷史如是，需要運用對歷史的想像去重構歷史，嘗試找出不同的可能。太陽底下無新事，生活常識往往比文本更可靠。每個人做他們認為重要的事，都有充分的理由，跟荷槍實彈的軍警對著幹要拼命的，群眾事件不是有誰煽就會動。說到這裏，事件中被國族歷史弄成沒有面孔的群眾，即使未親身見過，也可以想像一下他們的面孔。設身處地的想想，當中可能有你，亦可能有我。

小結

　　筆者1980年初次跟父母重回舊地，跟世伯出行，現在還記得世伯聊天的一席話。說父母離開澳門有十年沒回來，很多事情都變了，紅色那一套已沒有人再講了。一二‧三事件後，葡國人已說過要交回澳門，1974年又要求交回，大陸都沒要。澳門人人以賺錢為目標，不同舊時了。可能因為這樣，澳門回復平靜生活，在平靜的背景下，一切的美，就在眼前。

　　那時候澳門的街頭，都是小商店。吃的用的都有，可是沒有甚麼名牌貨的概念，有得用就好。在澳門曾經存在過的雜嘜巴士，單層的雙層的，都在那時候坐過。賣雪糕的，賣小吃的，賣涼茶的，

---

17 Gunn, Geoffrey C. （1996）, *Encountering Macau: A Portuguese City-State on the Periphery of China, 1557-1999*, pp. 155-157.

賣架啡奶茶的，賣字花的，賣西藥的，父母少年時已存在的很多小店，一直都在。街頭上節奏緩慢而慵懶，時光就好像時鐘上的秒針，緩緩的走過，伴著日落日出。小即是美，這就是澳門。

那時候，香港讀小學社會課都會教，香港是英國殖民地，港督的名字叫麥理浩，英文當然要好好的學。碰到年齡相仿，伯母的孩子，問他們上學的事情，問他們要不要學葡文，澳督叫甚麼名字，他們一臉茫然。當老師的伯母在旁答話，在澳門沒人學葡文的，澳督是誰都跟我們沒關係。澳門香港大不同，這是筆者童年時的印象。

一二・三事件把橫暴的殖民統治趕跑了，鬥爭歷時兩個半月，在歷史上算是個小節。鬥爭成功了，澳門居民可以安心的平靜的生活。其安心其平靜，起點卻是這場激烈的鬥爭。平靜是生活的主線，那個時空的反殖鬥爭、國共對壘，時至今日，皆盡付茶餘飯後笑談中，大家好好感受生活中的美善。

謹以此文，獻給我的第二故鄉澳門。

李孝智，生於香港，來自澳門背景的家庭。現職石油行業，人到中年閱讀習慣不輟。

匈牙利1956年革命的思想遺產：

畢波的政治思想與自由社會主義

李敏剛

今年是匈牙利1956年革命六十周年。這是20世紀劃時代的一次人民起義。因為這是首次有蘇聯衛星共產政權在民眾抗爭下跨台，最後蘇聯不得不出兵鎮壓，超過1500名匈牙利平民被殺，近三萬人遭清算拘捕，成為匈牙利的國殤，亦開了蘇聯武裝干涉衛星國的先例。在起義與鎮壓成為重要的歷史記憶以外，這次革命其實也遺下了一筆重要但卻頗受忽略的思想遺產，值得我們認識與檢討：那就是匈牙利政治思想家伊斯特萬‧畢波對恐懼、革命與社會進步的思考。畢波的政治思想有著獨特的匈牙利現代思潮的烙印，透過檢視他的思想的形成脈絡，我們也可捕捉到理解當代匈牙利乃至中歐政治局面——尤其極右民粹思潮的興起——的一點線索。

本文將首先簡單介紹畢波的生平，以及他和1956年革命的關係。之後我將以畢波的一份長篇手稿為切入點，介紹他的政治思想，以及他的自由社會主義主張。最後，我將嘗試把畢波的政治哲學放在匈牙利自19世紀以來的政治思潮脈絡，以理解他那並非以馬克思主義為基礎的社會主義的思想根源，以及他思想中獨特的匈牙利的歷史色彩。我將指出，從這一點切入，我們也許能對近來中歐的極右民粹思潮——其中以匈牙利的右傾最為引人注目——的歷史脈絡，有更為立體和整全的理解。

大時代中的思考者

伊斯特萬・畢波（István Bibó, 1911-1979）[1] 可說是20世紀匈牙利最重要的政治學與法學學者。他的學術著作在他生前能夠出版的並不多，但他本人的政治經歷卻頗為傳奇。畢波在博士畢業之後供職於匈牙利法院，1930年代末曾經參與匈牙利左傾知識分子反法西斯的組織「三月陣線」（*Márciusi Front*），戰後則代表左傾的國家農民黨（*Nemzeti Parasztpárt*, National Peasant Party）短暫任職於匈牙利社會主義工人黨（即匈牙利共產黨）建立的聯合政府，並為新政府起草了選舉法，同時活躍於公共輿論，撰文抨擊匈共當時愈來愈明顯的反民主與排猶傾向。1946年畢波離開政府，出任塞爾格大學（University of Szeged）的政治科學教授，卻旋即於1950年被當局迫令退休。

但1956年的匈牙利革命才是他一生最戲劇性的時刻。1956年10月23日，大批民眾在布達佩斯街頭遊行，要求蘇聯紅軍撤出匈牙利、結束一黨專政、開放自由選舉。匈共祕密警察向示威者開火和發射催淚彈，卻反而有更大批的民眾加入，革命爆發，匈共領袖逃往莫斯科，政府瓦解；匈共改革派領袖伊姆雷・納吉（Imre Nagy）宣布成立新的聯合政府，開放黨禁，並要求聯合國介入。到11月4日蘇聯紅軍開入布達佩斯鎮壓革命，畢波在蘇軍開入並包圍國會前一天被任命為國務部長。同日納吉逃到南斯拉夫大使館，聯合政府瓦解，

1　匈牙利語姓名的排列為先姓後名，故畢波的姓名在匈牙利語為Bibó István，直譯應為畢波・伊斯特萬。由於中文讀者應該較易接觸和畢波相關的英文材料，今從英譯先名後姓排序。

另外兩位國務部長帶領餘下的文職人員撤離，畢波則在國會留守到
最後一刻，並代表聯合政府起草及發布了一份聲明，逐點反駁蘇聯
有關匈牙利革命政府是反猶、法西斯、是受外國勢力煽動的指控，
並呼籲匈牙利人民拒絕承認共產黨的傀儡政權、以不合作運動抵
抗，但應放下武器，希望年輕人不要再作無謂犧牲，因為「匈牙利
人民為了向世界展示對真相與自由的堅持，已經失去夠多的生命」。
畢波最後僅以身免，於1957年被捕，判終身監禁，1963年在國際呼
籲下得到特赦，但被匈共政權禁止出任教職，著作也被禁止出版，
後於1979年病逝。

　　畢波身後在1980年代末的民主反對派中，被奉為民主運動的精
神領袖，他的著作甚至成為團結反對陣營中的左右兩派的思想基
礎。1989年民主化之後，畢波的幾篇1940年代的政論文章則成為匈
牙利膾炙人口的文字。因為被時代捲入政治漩渦，畢波一生始終未
能在學院從容著述，他一些更長篇也更理論性的著作大多仍停留在
手稿階段，至近年才被整理成文集出版，被翻譯成外文的亦不多，
在英語世界的流通更是絕無僅有[2]。而其中最為重要的一份手稿，就
是畢波在1970至1971年以錄音整理而成的《歐洲社會進步的意義》
（The Meaning of European Social Development）[3]。這份未完成的長

2　畢波曾在1976年繞過匈共的審查，在英國出版一本討論國際政治的
　　小書，1991年亦曾有人翻譯了畢波的部分文章出版。但這兩本書今
　　天已很難找到。2015年耶魯大學出版社新出版了一本畢波的論文
　　集，英譯了畢波較為長篇幅的幾篇重要文章（*The Art of
　　Peacemaking: Political Essays by István Bibó*, trans. Péter Pásztor），
　　本文即主要借助這個譯本。

3　政治學者Róbert Berki 在1992年於思想史期刊 *History of Political
　　Thought* 發表了一篇論文 "The Realism of Moralism: The Political
　　Thought of István Bibó"（in Vol. III. No.3 Autumn 1992），即為討

篇論文可說是熔注了畢波一生的政治思考，也是他的政治哲學最系
統的表述。從今日的眼光看，畢波的這些構思不但不乏深刻的創見，
也反映了他對親歷的法西斯暴政與革命的哲學省思；而他以整個歷
史哲學的系統，來追尋有別於馬克思主義的對一種自由社會主義的
證成與勾勒，則正是他之所以能為自由左右派都接受的線索——他
溫和左傾的政治主張，其實和匈牙利的激進右翼，意外地分享著同
一個源於19世紀的激進思潮的傳統。我接下來即會以這份手稿的內
容為主，勾勒和介紹畢波政治思想的這些特點。

恐懼、暴力與暴政

　　畢波認為，政治學作為一門學問，有著和現代自然科學之為科
學在根本上的分別。自然科學的定理能以不同方式的實驗來證明或
否證，並為結果作準確的測量。但在政治學上，不同的政府組織原
理、以至推測人類社會的演進與變遷的所謂世界史規律，不但「實
驗」的結果可能需要數十年乃至數個世紀來觀察、需要涉及無數人
的生命，也難以準確測量，更往往需要人類社會付出巨大的代價。
政治主張自然有對錯可言，而測量對錯除了在現實世界中真正的做
「實驗」——和他人一起試驗各種的政治安排和人類社會的組織方
式——事實上也別無他法。但作為政治學者，畢波認為他們應該對
此有充分的自省，約束自己只能以理性來說服人們加入這些政治主
張的「實驗」。反過來說，任何一套政治理論或歷史理論，一旦宣

(續)————————————

　　論這份手稿，Berki的文章也是英語世界迄今討論畢波最具分量的政
　　治哲學的文章。本文的不少論點即參考這篇論文，也是這篇文章最
　　先引起筆者對畢波的注意。Berki 本來計劃寫一本專著討論畢波的
　　政治思想，但他在這論文正式發表前卻不幸病逝。

稱自己發現了歷史發展的「科學」規律，並以此來吸引支持者、驅使支持者不顧後果的推行自己的政治主張，就是政治理論工作者最不負責任的行為。他在這裡針鋒相對的自然就是當時的馬克思主義者。

但畢波並不因此認為歷史與政治發展只能是一連串的偶發事件，並沒有意義可言。相反，即使不僭稱自己發現了歷史的科學規律，我們仍能透過考察一些根本的人類的倫理處境，來思考政治乃至人類社會組織如何才能令人有尊嚴地生存，並以此來勾勒一個理想社會的藍圖。

畢波認為，人類最為獨特的一個生存處境，就是在於他們能意識到自己終將面對死亡，而且死亡何時來到、因何來到，並不能由主體所掌握——可以是疾病、可以是天災、可以是意外，更可以是人禍。畢波認為，這就是人類恐懼的心理基礎。恐懼在本質上未必與實際的生命威脅有關，而是一種心理的活動。而在人類社會，對所有個體來說，最強烈的恐懼源頭，就是他人。因為意識到他人對自己的死亡威脅，人就有一種自然的心理欲望去擺脫這種恐懼。這就是為什麼人會追求變得強大、變得可以將他人放在自己意志的控制之下，這樣人就能好像征服了威脅和恐懼，甚至有以為自己因此征服了死亡的心理幻覺。但畢波指出，這其實是一個惡性循環：正是因為人會追求制宰他人以平伏自己的恐懼，這也正坐實了他人對自己的恐懼，於是反過來追求變得強大來制宰自己。這就是人類社會暴力與強制（coercion）的根源。他形容這個制宰的螺旋為一種人性的歇斯底里。

為了平息對他人的死亡恐懼，人類社會追求秩序與穩定，也因此追求權力——也就是暴力與強制的力量——的集中，而這就是暴政（Tyranny）的起源。畢波認為，權力的集中不可避免，秩序與穩

定也是平息人類對死亡的恐懼的必要條件，但我們卻可以追求把強
制和秩序人性化（humanize），也就是對統治力量施加道德和理性
的限制，把秩序導向於使人們能相互免於對他人和國家的恐懼威
脅。畢波指出，恐懼是人類處境的一個重擔，但我們卻沒有理由覺
得人類的互相恐懼與傾軋就是人類發展的自然法則和必然命運。放
眼自然界，其他動物往往有更多的合作的機會和動機。暴力與殘忍
往往只出現在物種之間偶發的衝突。事實上，畢波指出，宗教的興
起其實就是把集中的權力人性化、把秩序道德化理性化、保護人性
尊嚴的重要進步。

　　他認為歷史上最早並最有啟示性的嘗試，來自於希臘－羅馬的
政治組織，將權力以憲法加以限制，以及古代的中國，以儒家禮教
建構一套道德化的人間相互責任的體系。但他認為最能具體表現這
套把暴力與強制以道德理性加以馴服的嘗試，則在於歐洲基督教的
興起。畢波花了相當的篇幅，以更接近史論的方式回顧了基督教教
士如何在羅馬帝國滅亡之後，以種種宗教制度和道德教條馴服和限
制了蠻族建立的政權——中世紀的匈牙利王國其實就是一個最好例
子——以及如何透過教會組織重建社會崩潰了的基本秩序。畢波並
非無視後來教會的腐化以及宗教戰爭為人類引來的種種災難。他只
是希望以基督教曾在歷史上起過作用，來強調道德化與理性化權力
並非無根之談，道德與理性——以及當時以教士身分出現的知識人
——有其重要的社會功能。畢波指出，基督教會以及教士階層的墮
落，正是反映了一旦道德教條、理性思考、知識人忽略了自覺推動
社會進步的歷史責任，變成只是以自己的優勢地位剝削人民的寄生
蟲，就不免會帶來災難，以及終將被人類發展所唾棄。

進步、革命與歇斯底里的辯證

　　畢波以這套甚有歷史哲學色彩的對人類倫理處境的理解，去評
價現代史上最影響深遠的兩次革命：法國大革命與席捲歐洲的社會
主義革命。他認為法國大革命既是人類歷史上最大的成就，也是最
大的失敗。畢波認為法國大革命的道德內核，其實就是繼承自中世
紀基督教以道德理性規範和人性化權力的精神傳統，是以**社會批判**
引領的時代革命：當貴族階級和封建的階級結構不能再發揮他們限
制和馴化權力的社會功能，變成了純粹寄生於人民的剝削者，他們
對人民的管治就要被終結。法國大革命是首次做到以非基於神話與
神學的、純粹的道德理性觀念去改造社會。但畢波同時認為法國大
革命也是時代精神最大的頓挫：領導革命的智識分子後來轉向反教
士主義，把矛頭對準教會，卻受到民間的抵制，再加上外敵的逼迫，
他們的理性被恐懼與歇斯底里所扭曲，把革命引向了恐怖專政統治。
　　更為重要的是，法國革命的恐怖統治轉向，催生了畢波形容為
「**專業反動分子**」和「**專業革命分子**」的兩種人。出於歇斯底里的
恐懼，兩者都為了僵化的意識形態立場拋棄了理性：前者敵視一切
改變現狀的主張，後者敵視一切現狀，兩者互相把對方設想成異常
強大的敵對勢力，充滿著對己方陣營的圍堵與顛覆，己方面對的所
有問題都可以用對方的陰謀來解釋。於是除了用暴力把對方完全消
滅之外，並沒有讓社會安寧的其他方法。畢波認為在特定的歷史時
空下，暴力革命並非完全不可取：透過對既定秩序與權威的衝擊性
姿態（gesture），可以震懾統治者的信心，可以展示人民力量的強
大，有時是有效的推動社會變遷之道。少數不可理喻的統治者也許
不能完全透過社會批判和震懾來令他們放棄權力，這些極端情況下

使用暴力也難以避免。但對專業的革命與反動分子來說，暴力並不
是推動社會發展的最後手段，而是必然的和原則性的方法。這正是
法國大革命最錯誤的歧途。

　　對畢波來說，在19世紀末20世紀初的多場社會主義革命——尤
其是俄國革命以及深受其影響的匈牙利1918年蘇維埃革命——最大
的問題就是繼承了法國大革命恐怖轉向下對暴力的崇拜，將暴力革
命視為推動社會主義的惟一道路、對使用暴力有原則性的堅持、視
為解決社會問題的萬靈丹，以為用暴力將一套意識形態強行加諸於
社會之上，就可以對應到人民的真正需要。暴力革命往往只會引發
集體的歇斯底里螺旋：被奪權的原統治階層、對革命有疑慮的民眾、
被革命衝擊引致利益受損的社會成員，出於對革命的恐怖專政的恐
懼，都會起而倒向「專業的反動分子」——在20世紀，這就是法西
斯主義的起源。事實上，畢波在另一篇文章就提到，匈牙利1918年
的蘇維埃革命，由革命軍的「紅色恐怖」到反撲勢力的「白色恐怖」，
多少生靈塗炭，正是革命者與反動勢力交替以恐怖專政對抗的一幕
悲劇。

　　那麼，如果不是暴力鬥爭，甚麼才是推動社會變革的動力呢？
畢波這裡再一次回到歐洲的基督教傳統：耶穌說，要是誰打你的右
臉，就把左邊臉都轉過來給他打。畢波認為這並不是代表我們應該
逆來順受，反之，那是以和平的手段和姿態，曝露行使暴力者的不
理性和失去人性，以衝擊他們的信心。畢波這裡似乎始終堅持，來
自中世紀基督教教士以道德馴化權力、以社會批判呼喚社會良知以
推動理性的社會變革，才是歐洲社會進步力量的道德內核——以理
性的力量改良社會、將社會權力變得人性化，既是社會進步的目的
和動力，也是對變革手段的限制和判準。在這裡不難見到畢波在1956
年為革命政府寫下那最後一份聲明的影子。他呼籲國民以不合作運

動而非武裝起義對抗蘇聯和匈共，並不是一時的絕望的呼喊，而是
背靠著對歐洲整個革命與社會進步傳統的反思。

自由、道德進步與社會主義

　　畢波對社會主義暴力革命和馬克思主義的歷史哲學都有猛烈批
評，可是他聚焦的更多是對社會主義者的手段和意識形態結構的批
判。同時，正如我們前面所見，畢波的政治思想再三向歐洲的基督
教傳統致意，但他也遠遠不是傳統意義下的保守主義者，更不是資
本主義秩序的辯護士。反之，他主張社會主義是自法國大革命以降
的自由主義思想的精神繼承者，事實上兩者只是同一個進步精神傳
統的兩個階段，社會主義將是自由主義革命精神的完成；而硬將自
由主義和資本主義秩序綑綁，並和社會主義對立起來，他認為這是
馬克思主義的偏見。

　　畢波認為，歐洲自法國大革命以降的自由主義精神，最核心的
道德意識是社會的統治權力不應由人的血緣決定，不應該由貴族和
王室的家族繼承，而應該開放給社會上不論家族背景的所有公民。
社會主義不過是將這套意識再推前一步：財產的繼承也不應該由家
庭背景決定，父母沒有權利將財產轉移給自己的下一代，在這個意
義下的私有產權制必須廢除。所以，他主張不單財產的繼承權應該
完全廢除，以開展社會保障；工廠與工作間也不應該被視為資本家
的私產，而應該實踐工人的民主自治管理，以終結資本家對工人的
制宰、將工人視為增進自己財富的工具──這也是廢除農奴和奴隸
制度的自由平等精神演進的必然邏輯結果。

　　另一方面，這個社會革命應該自覺繼承自由民主政體的「自由
的法律結構」：民選議會和民選政府、多黨制、言論與出版自由、

司法獨立、法治和對人身自由和安全的司法保障。畢波認為,只有
這樣,人類社會才真正走完了將社會權力人性化和理性化的歷史進
程:社會合作不再是基於恐懼與制宰的對人性尊嚴的扭曲,社會資
源不再被某一階級獨占;反之,社會上所有公民都將有充分的機會
與資源發展自己的個性,社會的存在將會是「富創造性與藝術性的
人性表現」的條件。畢波視這為「歐洲的自由體系」精神的最終發
展。畢波自己並不以自由主義與社會主義的分別為然,但用今天的
眼光看,我們不妨將他的這個構想稱之為自由社會主義(Liberal
Socialism)的一種。

　　貫徹畢波對革命的思考,他也主張由當下的資本主義—自由主
義社會轉型到社會主義,應該採取非暴力的形式,譬如說循受資本
主義法制保障的自由選舉,或者以和平抗爭(如罷工和大遊行甚
至公民抗命)逐步把人性解放的條件爭取過來。這裡,他再一次對
馬克思主義的社會主義觀作尖銳的批評:他不認為工人階級和資產
階級只有無可化約的經濟利益衝突,並因此推論從資本主義社會建
構社會主義,只有暴力革命一途。他認為這是對人性過分簡化的理
解,也是對暴力的非理性崇拜。他認為,資本主義私有產權在今日
的社會功能還未殆盡,市場還有帶領經濟創新的動力,資產階級尚
未被人民唾棄,因此這也是知識人與資本家覺醒的時機:他們應該
自覺自己的歷史責任,主動逐漸放棄特權,帶領社會進步。

　　正是在他對自由社會主義的勾勒中,畢波的主張最為明顯的有
著匈牙利1956年革命的印記。原來的匈共政府瓦解、納吉的革命聯
合政府成立之後,匈共的社會與經濟組織也相繼瓦解,取而代之的
卻不是回歸資本主義體系,而是工人、農民和各行各業的民眾紛紛
自行成立各式各樣的自治委員會(Councils),並迅速取得連繫,
重新把社會和經濟體系的秩序組織起來。這些委員會既非政黨或革

命派主導，幾乎全由民眾自發，並且展現了無比韌力：即使在革命
被鎮壓之後，這些革命委員會居然還有能力協調發動大規模的總罷
工，而農村的抗爭更是連綿不絕，最後迫得回朝的匈共不得不在經
濟上讓步，這個有蘇軍支撐的復辟政權才勉強穩住了統治，也打開
了後來匈共在經濟領域上率先「改革開放」、放鬆社會管制的先聲。
畢波在手稿裡以相當的篇幅反覆論證為何工人民主自治是社會道德
進步的必然一步，正是為這個革命實踐作道德與歷史哲學上的辯護。

「鄉民」的激進主義：根源與反動

　　我們不難見到，畢波的政治哲學有其獨特與動人之處。那既是
對1956年革命的哲學辯護，也在具體主張上有著歐洲進步主義的色
彩。可是，畢波在匈牙利現代思想史上，到底有著甚麼位置？有甚
麼內在於匈牙利思潮的原因，可以解釋他在後來的民主反對派的崇
高地位，以及為左右派共同推崇嗎？按道理，雖然畢波對馬克思主
義有尖銳的批判，但無論是傳統意義下的保守國族主義右派，或是
主張小政府大市場的右派，都不會接受他訴諸理性的進步主義，以
及自由社會主義主張。但恰恰相反，雖然畢波的自由社會主義受到
相當的忽略，他卻依然被匈牙利傾向國族主義和保守主義的學者所
推崇。畢波思想有甚麼內在特質，令到這些右傾的學者都感到有精
神上的連繫？

　　其中一個線索是畢波將理性與社會批判的傳統上溯到歐洲的中
世紀基督教。在歷史上，匈牙利文化傳統相當受基督教影響，這和
中世紀匈牙利人正式立國——在相當有象徵意義的西元1001年的元
旦——受當時的教宗親自加冕有關，自此匈牙利由遊牧民族正式被
「承認」為歐洲的一員，和西歐諸王國平起平坐——至少這是匈牙

利主流論述裡的理解。基督教因此和匈牙利的歐洲文化身分緊密扣連。在保守國族主義右翼的論述裡，「基督教價值」更是他們理解的匈牙利人所謂的國民性的重要一環。畢波將自由、民主、理性的價值追溯到歐洲的基督教傳統，自然對他們來說很有親和力。

更深一層的原因，則是畢波其實是匈牙利19世紀以來一個重要思潮——姑且可稱為「鄉土」或「鄉民」（*népi*，英譯一般譯為"populist"，但一般都認為並不能準確表達其含意，populist中文一般譯為「民粹」，有負面意思，更不合適）運動——的一員。這是起源於19世紀的文學運動，當時的一批作家——大都本身是農家子弟出身——主張應該走入農村，面對農民在急速現代化和城市化衝擊下的種種問題，基於第一手的資料和觀察寫成報告文學、散文或小說作品，為貧困落後的農民請命。同時，他們也主張只有在農村才能見到真實的匈牙利，匈牙利的「國民性」（Hungarianess）體現在農村之中，和當時布達佩斯大都會的城市知識分子針鋒相對。這批作家為匈牙利累積了很多珍貴的民俗研究史料，當中也不乏出色的歷史學者甚至社會學者，因而也成為匈牙利文學運動中的重要一脈。畢波即是這個文學運動中的一員，不少鄉民運動作家的著作，都常為他的文章所引用。

雖然鄉民運動本身有相當的國族主義底色，但在成員之中似乎只有「為農民和農村問題請命」這一點之上有共識，因而也和左中右的政治主張相容——只要是重視廣大農民利益（引申為代表了布達佩斯都會區中產和資產階級以外的廣大匈牙利平民的利益）的主張，都不見得不能接受。畢波則屬於其中的左派，亦曾撰文駁斥所謂匈牙利「國民性」的講法。畢波認為，匈牙利一般民眾對所謂「國民性」的追求，其實是近代以來匈牙利內外交困的憂患與不安所迫成。因此與其高舉國族主義和國民性，不如對內加強民主化以保障

基層人民利益，對外則爭取更民主和平等的國際秩序，這才是對匈牙利人尊嚴的真正保障，也是令匈牙利人走出歇斯底里的恐懼循環的必要之途。他在後來即和部分成員創辦前面提到的國家農民黨，該黨在戰後初期和匈共友好，不少成員都同情共產主義，甚至有領袖是共產黨地下黨員。這個鄉民運動的思想傳統也一直存在，在1980年代民主反對派興起時，中間偏右的匈牙利民主論壇（*Magyar Demokrata Fórum*, Hungarian Democratic Forum）——也是反對派之中最有勢力——的核心成員即主要來自於這一傳統。畢波與當代民主右派可說是在思想上同出一源。

　　當然，因為它的國族主義和保守主義色彩，鄉民運動中亦不乏右傾甚至真正的民粹極右的成員，他們在民眾尤其農村中亦確實有群眾基礎。這可追溯到所謂的「歷史匈牙利」的認同爭議。自一次世界大戰之後，匈牙利右翼分子的一個重要議程，就是要恢復所謂的「大匈牙利」或「歷史匈牙利」（Historical Hungary）的疆域，也就是今天部分捷克、斯洛伐克、羅馬利亞外息凡尼（Transylvania）和克羅地亞的領土，今天的匈牙利領土只是這個「歷史匈牙利」的不足三份之一。這是因為第一次世界大戰後，匈牙利作為奧匈帝國的一部分是戰敗國之一，當時以英、法為首的協約國逼剛從帝國獨立出來匈牙利在1920年簽定特里亞濃條約（Treaty of Trianon），將和匈牙利有領土爭議的土地都統統劃出匈牙利國界，甚至連有多數匈牙利裔人口聚居的地方也被劃走。這是匈牙利二十世紀的創傷一頁，至今仍是國民記憶的重要一部分；而西歐國家聯手逼匈牙利割地，也成為了右翼分子指責歐洲列強和權貴——今天則引申為歐盟和歐洲金融資本——一直歧視和欺壓匈牙利的濫觴。

　　在二戰期間，匈牙利的法西斯政權最大的主張正是要推翻特里亞濃條約，但匈共在二戰之後因為反法西斯的立場以及蘇聯的冷戰

布局，默認了特里亞濃條約。畢波則是少數公開站出來以此批評匈
共的左傾知識分子，認為特里亞濃條約是不公平的條約，批評西歐
諸國虛偽、並沒有尊重他們自己提倡的民主原則，主張應該讓在地
的居民民主自決領土的歸屬，如果一地的匈牙利裔人口占絕大多數
而又希望回歸匈牙利，應該讓其回歸，總之不能把特里亞濃條約當
成既成事實來接受。因為願意在艱難的環境下也為國族仗義執言，
這也許就解釋了，為何畢波在民間甚至在右翼民眾之間都有相當聲
望，視為國民學者了

結語：超越左右的自由左派？

　　畢波的政治思想是匈牙利1956年革命無可置疑的思想遺產。我
們不難看到，畢波的整個道德與歷史哲學架構，都是為革命的自由
社會主義辯護。但他的哲學架構的出發點——他對恐懼、歇斯底里
和暴力的思考，其實有著深刻的20世紀的時代烙印：法西斯主義的
興起、馬克思主義—社會主義的暴力革命、以至匈牙利在戰前戰後
在國際角力中的命運，都不難在畢波的思想中找到其哲學的影子。
這令畢波的政治哲學有著引人入勝的歷史感與現實感。而他對自身
文化傳統的重視、將進步主義的哲學觀點和自身的文化傳統遺產的
有機結合，更令他的思想有著超越左右的親和力。

　　匈牙利近年因為右翼勢力的崛起，愈來愈受到國際社會注視。
去年的歐洲敘利亞難民危機，匈牙利右翼政府高調採取強硬立場，
關閉邊境拒絕接收難民，更令匈牙利一下子成為國際焦點。今年10
月初，匈牙利更舉行公投，表決是否接受歐盟的難民安置配額，雖
然最後不足法定票數而無效，但投票選民之中有98%都表示不願接
收難民。把目光放大到中歐與東歐，諸國的國家主義、保守主義和

民粹右翼乃至極右勢力都有崛興的趨勢，自由派和左翼節節敗退，不少學者甚至提出這是1989年中東歐因蘇聯解體而民主化的退潮甚至徹底失敗。匈牙利的民粹保守主義右翼可算是其中的急先鋒。這一波的右翼的興起應該如何理解？為什麼中歐尤其匈牙利的民粹右翼有這麼多的支持？自由民主制是否將在中歐和東歐瓦解？自由派和左派有沒有扭轉局面的機會？

　　這裡介紹和回顧的畢波的政治思想，也許可以為這些問題提供一個有趣的觀察角度。從畢波的政治思想切入，有助於了解匈牙利右翼民眾的情感與歷史記憶的基礎，而畢波證成他的自由社會主義主張的方法，更似乎為自由派與左派打開了想像進步政治的一條道路。自覺繼承畢波的政治哲學思想遺產，可以是匈牙利乃至中歐與東歐的自由派和左派的出路嗎？

　　對中文讀者而言，畢波的政治思想，又有甚麼值得重視的意義？匈牙利的歷史與文化脈絡自然和中文的語境有相當的距離。但暴力革命的狂飆與生靈塗炭，對我們來說其實也是並不遙遠的歷史記憶；畢波對人的尊嚴、恐懼、暴力的反思，以及對和平演進的堅持，是否仍然足以引起我們的共鳴？而面對形形色色的國家主義、國族主義以及方興未艾的獨立運動，畢波的政治哲學方法，又是否能夠給予我們啟發，思考應該如何以哲學思想介入與回應時代？在自由平等主義或自由主義左翼之外，畢波那非以馬克思主義為基礎的自由社會主義主張，又是否是一個有意思的選項？我想，這些都是值得我們認真對待的重要問題。畢波的政治思想作為匈牙利1956年革命的思想遺產，理應是人類的共同思想資源，那自然也應該被放到我們的視野之內。

參考資料

Bibo, I. (1991), *Democracy, Revolution, Self-Determination: Selected Writings*. Edited by Károly Nagy, Translated by András Boros-Kazai. Boulder: Social Science Monographs.

_____. (2015), *The Art of Peacemaking: Political Essays by István Bibó*, edited by Iván Zoltán Dénes, translated by Péter Pásztor. New Haven, New York: Yale University Press.

Balogh, E. (2011), "ISTVÁN BIBÓ (AUGUST 7, 1911- MAY 10, 1979)", in *Hungarian Spectrum*. Freely Retrieved in http://hungarianspectrum.org/2011/08/15/istvan-bibo-august-7-1911-may-10-1979/, 12th October, 2016.

Berki, N. (1992), "The Realism of Moralism: The Political Thought of István Bibó", *History of Political Thought*, Vol. III. No.3 Autumn 1992.

Crick, B. (2011), "Introduction to István Bibó". *Hungarian Review*. 2 (6). Reprinted from: István Bibó, *The Paralysis of International Institutions and the Remedies*. London: The Harvester Press, 1976.

Cushing, G. (2000), *The Passionate Outsider: Studies on Hungarian Literature*. Edited by Lóránt Czigány. Budapest: Corvina Books.

Kontler, L. (2009), *A History of Hungary, revised edition*. Budapest: Atlantisz Publishing House.

Mikes, G. (1957), *The Hungarian Revolution*. London: Amdre Deutsch Ltd.

李敏剛，匈牙利中歐大學政治科學系博士候選人，主要研究政治理論、社會主義與自由主義。著有〈社會主義有道德生命力嗎？〉（與周保松合著）。

文革
五十年祭

前言

　　今年是毛澤東發動「無產階級文化大革命」的五十週年。這場歷時十年、規模空前的風暴，挫傷甚至於淘空了中國社會主義革命的正當性，給無數倖存者──無論他們在這十年之間扮演過何種角色，有過何種經歷──留下了難以平復的各樣傷痕，也在二十世紀人類道德史上留下了怵目驚心的一章。這樣一場曾經捲入億萬人的政治──社會運動，自然需要也值得廣泛而持續的敘述（包括史學與文學的敘述）、詮釋、分析、爭論，盡可能將所涉及的是非經驗與苦難教訓轉化成整個民族乃至於人類的公共資產。但是值此五十週年，關於文革的討論在中國大陸卻最難展開，文革的幽靈仍然只能遊蕩在神州的暗處。這種故意的遺忘，將對這個民族造成莫大的損失。

　　本刊作為一份中文刊物，幸而享有自由的出版環境，自然責無旁貸，有義務協助關於文革的討論。因此我們不惜篇幅，推出這個專輯。本輯四篇文章都出自名家，徵引有據，深思熟慮，最重要的是作者都不敢輕忽大風暴中個人層面的屈辱苦痛。此外或需說明，編輯這個專輯，本刊多有不忍之心，卻並沒有採取特定的角度，作為一份公共刊物也不宜設定在政治上「正確」的觀點。這一點保留，請讀者體會。

──編者

「造反派情結」的緣起、延伸及影響

郭　建

　　在多年的文革研究中，有一個現象始終令我感動，那就是：從事文革研究的中國學者，大部分都不是在人文或社會科學領域受過專門訓練，將史學研究當作職業的專家；他們賴以生存的職業一般都另有所在，從世俗的職業觀來說，文革研究不過是他們的業餘旁騖。但是從人對意義的追求這個角度看，文革研究卻是他們真正的興趣所在，並自覺不自覺地被他們視為一種使命。英文的表達可能更清楚一些：前者是job或profession，後者是vocation或calling；前者是謀生的手段，後者是人生的召喚或天職。

　　這些「業餘」文革專家多半都是在青年時代親身經歷了文革的人，那些年的經歷如此刻骨銘心，在記憶中揮之不去。為了讓自己搞清楚當年災難的真相和前因後果，也為了抗拒人為的歷史遺忘，挽救國人的集體記憶，以便後人仍能以史為鑑，不會重蹈覆轍，這些學者在他們專業之外的文革研究上傾注了大量的心血。他們大部分都是當年的造反派紅衛兵，都曾對所謂的階級敵人義憤填膺，為某種理想而熱血沸騰，後來卻為自己上當受騙而懊悔，也在幻滅中開始獨立思考。

　　直接參與、投身文革的經歷是他們研究文革得天獨厚的條件，讀他們的著作常給人以身臨其境的感覺：真切、地道、在行，以至

於閱讀有關文革的著作,讀者經常可以從字裡行間猜出作者的年齡。但是,個人感情的沉迷有時會影響對他人境遇和全域經驗的理性思考和判斷,深深的捲入也往往會因為「身在此山中」而產生觀察上的局限,所謂「造反派情結」就是我在不少有關文革的著作中隱約感到的一種局限。作者都是我非常尊敬的同道和朋友,我從他們的著作中獲得了很多寶貴的資源和智慧,但因為篇幅的限制,我將免於說項,專注於提問和批評。

一、造反派情結與「兩個文革」或「人民文革」論

的確如徐友漁所說,文革中有過「形形色色的造反」,「造反」這個詞在文革語境中有多種含義[1]。我這裡所說的造反派只是一個籠統的概念,指在1966年10月(以《紅旗》13期社論及陳伯達在中央工作會議上的講話為明顯標誌)「批判資產階級反動路線」運動中興起並壯大的造反派群眾組織,或稱造反派紅衛兵。

接下來的問題就是造反的具體目標和意義是什麼。我這裡所指的造反是文革中的第二次造反。第一次造反,以毛澤東「造反有理」語錄(1939)的重新發表(1966年6月5日)和清華附中紅衛兵大字報三論「無產階級革命造反精神萬歲」為起點,並沒有按照毛所設想的方向發展。在第一次造反浪潮中,後來被稱為「老兵」的「紅五類」紅衛兵打著造反的旗號在學校裡批鬥校領導,迫害老師,到社會上破壞傳統文化(「破四舊」),殘害那些在政治上被劃入另類的無辜者(「橫掃一切牛鬼蛇神」)。就是在文革綱領性文件

1　徐友漁,《形形色色的造反——紅衛兵精神素質的形成及演變》(香港:香港中文大學出版社,1999)。

「十六條」於8月9日發表以後，紅衛兵也並沒有把矛頭指向此文件明確界定的文革主要打擊對象，即「黨內那些走資本主義道路的當權派」[2]。因此，1966年秋天興起的造反運動，實際上是文革的第二次啟動。這一次造反派確實聽命於領袖，把矛頭指向所謂「以劉少奇為首的資產階級司令部」，劉很快被稱作「黨內最大的走資本主義道路的當權派」。此時，老紅衛兵已經落伍，趨向保守，其中的一些高幹子弟已經因為父母被清洗而怨恨文革，準備成立挑戰中央文革小組的「首都紅衛兵聯合行動委員會」（聯動）。而此時的造反派組織則有更廣泛的群眾基礎，包括很多在第一次造反中被老紅衛兵和工作組迫害的學生和老師。1967年上海造反派發動「一月革命」，奉旨奪權，此後曾出現過一段老幹部抵制文革的「逆流」（當時稱「二月逆流」），其間許多地方的造反派受到打擊甚至鎮壓。但由於毛和中央文革派的支持，他們多半東山再起，最後作為包括軍代表和老幹部在內的「三結合」權力機構的一部分，進入文革新建權力機構「革命委員會」。

　　研究文革，研究造反派，造反的正義性自然是一個不可迴避的問題。文革期間，毛澤東支持、利用造反派打擊政敵，衝擊國家各層權力機構，然後，以1968年7月28日接見北京高校造反派五大領袖為標誌，開始拋棄、放逐，甚至鎮壓（如1968年「七・三布告」前後在廣西）造反派。周恩來不喜歡造反派，曾以亂軍和破壞外交的罪名削弱造反派的後臺力量（使已經開始對造反派不聽話感到煩惱

2　《中共中央關於無產階級文化大革命的決定》（中共中央八屆十一中全會1966年8月8日通過），宋永毅等編，《中國文化大革命文庫》第三版（香港中文大學・中國研究服務中心、哈佛大學・費正清中國研究中心，2013）。下文中有關中共中央文件及文革期間毛澤東指示的引文均出於此文庫。

的毛澤東將王力、關鋒、戚本禹逐出中央文革小組，送進秦城監獄），
並借「清查五‧一六」打擊造反派領袖人物。文革之後，造反被否
定。在清理「三種人」（追隨林彪、江青反革命集團造反起家的人，
幫派思想嚴重的人，打砸搶分子）的運動中，造反派頭頭及其激進
成員被整肅，官方媒體稱他們為「四人幫」馬前卒、打手、社會基
礎，常有「頭上長角身上長刺」之類尚未脫離文革語境的醜化描述。
文革後民間的文革研究在對造反派的評價上，多半以較為客觀的描
述挑戰官方結論，如在香港出版的徐友漁的《形形色色的造反》和
唐少傑的《一葉知秋》。同時，也出現了一些與官方史學針鋒相對、
更具當事人主觀色彩、從正面肯定造反的文章和專著，這樣的主張
中，「人民文革」或「兩個文革」的說法似乎最有影響。

　　最早提出這一觀點的是王希哲。1974年在趙紫陽主政的廣州曾
出現過一篇借批林彪而質疑文革、署名李一哲的大字報〈論社會主
義的民主與法制〉，王希哲是三位作者之一。王在七十年代末就說
過，實際上有兩個文革：一個「毛澤東的文化大革命」和一個「與
毛澤東的文化大革命相對立的人民的文化大革命」[3]。此後，鄭義推
出群眾利用毛的號召而「趁機造反」的看法，「兩個文革」的內容
於是更為具體化：「一個是毛澤東的文革，一個是人民的文革。一
個文革，統治者的文革：利用群眾運動，摧毀政敵，攫取權力；一
個文革，被統治者的文革：利用合法條件，反抗封建特權和政治的
壓迫。──這是兩個互相利用、同時又互相衝突的文革。」[4]劉國凱

3　王希哲，〈毛澤東與文化大革命〉，《王希哲論文集》（香港：《七
　　十年代》雜誌社，1980）。

4　鄭義，《歷史的一部分──永遠寄不出的十一封信》（香港：萬象
　　圖書公司，1993）。參見蕭喜東，〈「兩個文革」，還是一個文革〉，
　　http://www.cnd.org/HXWK/column/Opinion2/zk9604d-1.gb.html。

在文革期間對這個問題就有所意識，起初他稱之為文革的「兩條線索」，後來便更明確地提出「人民文革」的概念：「人民文革所指的是文革期間的群眾反抗運動，內容包括反政治歧視、反政治迫害、要求平反、爭取生存權利和衝擊共產黨統治體制等等。故人民文革又可稱之為文革反抗運動。」而與此相對的官方文革，其「施行者是共產黨的整個國家機器，毛及其所要清洗的黨內異己勢力均屬其中。這個機器的延伸物——保守派（這是個歷史名詞。更貼切的稱謂應是保黨派、保權派、保既定統治秩序派）亦是官方文革的施行者。人民文革的施行者是造反派群眾組織。」[5]

　　「兩個文革」或「人民文革」論受到一些學者的批評。例如徐賁認為：「人民文革」誇大了極權統治下個人反抗意識的自覺性，並將文革中的某些「雜異因素」等同於抹殺雜異的「人民」。徐賁在〈群眾和「人民文革」〉一文中寫道：「文革中確實存在多種個人動機因素，這些因素中也確實有許多與冠冕堂皇的文革話語不相一致，如對上級領導的怨恨，對不公待遇的宿怨，個人泄私憤，乘機報復，以至發洩對共產黨或政府的不滿，等等。但所有這些怨憤的發洩對象都是極為局部的，根本不可能明目張膽地相互聯繫為一種具有全局意義的『運動』或『革命』。將那些局部的怨恨、報復和發洩上升為『人民文革』是不妥當的。」其結果是，「就在破壞那個一元官方文革的神話的同時，『人民文革』不知不覺地又製造出另一個一元的另類文革的神話。」[6]

5　劉國凱，《人民文革論》人民文革叢書卷四（香港：博大出版社，2006），頁9。

6　徐賁，〈群眾和「人民文革」〉，《記憶》2009年第五期（總第十五期），http://prchistory.org/wp-content/uploads/2014/05/REMEMBRANCE-No-15-2009%E5%B9%B42%E6%9C%8821%E6%97%A5.pdf。

　　我同意徐賁的看法，當年的造反派都是奉旨造反，在領袖的號令之下鬥爭所謂「走資派」，被領袖所「運動」，並沒有諸如「爭取生存權利和衝擊共產黨統治體制」之類的意識。當時的極權主義的統治和滲透已經達到極致，很難有獨立思考的空間，更不用說自覺的社會運動了。我能想到的唯一的「趁機」為自己爭取權利、並幾乎成為群眾運動的事件，就是1966年冬天很多臨時工、合同工組織起來要求轉正的活動。但這一活動很快就作為「經濟主義黑風」的一種表現被壓制下去了。

　　我還覺得「人民文革」論的提出實際上正是造反派情結的反映。提出「兩個文革」或「人民文革」論的學者基本上都是當年的造反派。他們當年真誠地相信自己是在為一種美好的理想而奮鬥，在發現自己被欺騙、理想幻滅之後，他們仍然願意在過去的黑暗中找出一些亮點，不願意完全否定造反年代的自己。再說，人的記憶並不可靠，不自覺的選擇性是常規，對青年時代的回憶更是如此，甚至連痛苦的記憶都有可能蒙上一層淡淡的玫瑰色。此乃人之常情，在心理學上也有解釋，但未必有利於我們記憶文革，反思文革。而且，「人民文革」論並沒有擺脫文革派性思維：按照劉國凱的說法推論，造反派是人民，而同樣是群眾組織的「保守派」就不是。

　　鄭義在〈趁機造反——紀念文革爆發40周年〉一文中有一句令人深思的話：「官方學者很願意把文革描寫成一場大瘋狂，但這是經不起討論的。我們很難想像，數以千萬計甚至上億的人民在一瞬之間患了集體瘋狂。」[7]為什麼很難想像？想像上億人的集體瘋狂，

7　鄭義，〈趁機造反——紀念文革爆發40周年〉（2006），《華夏文摘‧鄭義華夏文集》，http://www.cnd.org/HXWK/author/ZHENG-Yi1/zk0606f-5.gb.html。

而且想像自己也是其中一員，這的確很不容易。但事實又的確如此，需要我們勇敢地面對：當理想與某種從一個觀念推導出的意識形態相結合並得以實施的時候，「人民」就可能集體瘋狂（這一點我在下面還要專節討論）。這樣的事在1930年代有世界一流文化教育水準、而且原本有多黨民主體制的德國發生了，在1960年代經過十七年一黨制政治洗禮的中國也發生了。從理性的角度看，當年捲入文革狂潮的中國人確實不可理喻，確實瘋了。我覺得，敢於想像並承認這一點，比迴避或否認它更有利於我們反思文革。

二、文革造反的價值取向及其在當下的涵義

在更廣泛的意義上，造反派情結還顯示在一些當年的造反派與毛澤東以及被毛打擊的老幹部（如劉少奇、周恩來、鄧小平）的微妙關係上，這個老幹部群體在如今造反派學者的研究著作中一般被指稱為官僚集團或舊政府官僚。儘管在意識層面，在理性層面，毛對文革災難應負主要責任這一結論如今在造反派學者中已是共識，但由於在文革造反時期，他們全心贊同過毛的激進理念，而且毛使他們相信那些「資產階級司令部」裡的老幹部是共同敵人，後者支持「紅五類」紅衛兵在文革初期壓制甚至迫害他們，是毛決定「批判資產階級反動路線」，才「解放」了他們。於是，造反派與老幹部從此不共戴天，而毛則成了他們的恩人。「抬頭望見北斗星，心中想念毛澤東」這兩句歌詞當年的確使很多人落淚。再說，文革期間以周恩來為首的老幹部陣營確實不喜歡造反派，有機會就會打擊他們；文革後以鄧小平為首的這一陣營在諸如清查「三種人」的運動中清除權力機構中的造反派，有的還被處分，甚至判刑。同時，文革後的官方史學和官方媒體也的確將造反派這個群體概念化，臉

譜化，甚至醜化，以至於在如今的主流媒體和大眾意識中，文革災
難的產生就是因為上有「四人幫」，下有造反派。由於這些觀念上
的錯綜關聯和歷史上的恩恩怨怨，很多當年的造反派仍然把老幹部
陣營當作真正的對立面和迫害者，而對未能如願推行其文革理念的
毛澤東本人仍有一種說不清道不明的「舊情」（說不清道不明的糾
葛才更是非理性的情結）。廖亦武在講他自己的獄中經歷時，曾提
到一位同室的前造反派頭頭，此人很可能是在清查「三種人」的時
候被判刑的，他認為鄧小平背叛了毛澤東，一看到有關鄧小平的文
字就痛罵不止，用最下流的語言做旁批[8]。清華大學造反派領袖蒯大
富雖然被毛訓斥、拋棄，卻仍對領袖感激涕零。這種情況都同造反
派情結有關。

　　對於造反派在理念上和實踐中與毛澤東的關係，周倫佐在
《「文革」造反真相》一書中有頗為細密的專章討論。他描述了毛
的「非制度化個性行為」（或云「造反精神」）和「純粹無產階級
化」的社會理想（或云「烏托邦」），認為文革就是以前者推行後
者的具體實踐。而「年輕人青春期特有的非制度化傾向」和「下層
民眾反抗政治迫害和等級歧視的衝動」，尤其是文革初期在血統論
影響下學生遭到的歧視和迫害——毛說過，那是與他自己的無產階
級革命路線相對抗的「資產階級反動路線」造成的——便構成了文
革中「民間造反行動與毛澤東政治行為之間的兩大契合點。」[9]

　　周倫佐以上的分析基本符合當時的情況。他還說，造反派當年
的確認同毛的社會理想。但是，這裡還有一個更為實質性的文革造

8　羅四鴒，〈「六四」後監獄裡創作出的《毛時代的愛情》〉紐約時
　　報中文版 2016 年 4 月 7 日，http://cn.nytimes.com/china/20160407/
　　cc07liaoyiwu/。

9　周倫佐，《「文革」造反派真相》（香港：田園書屋，2006）。

反的價值取向問題,也就是在理念層面毛為什麼要發動文革的問題,周倫佐提到了,但沒有深入討論。他寫道:「聯想到毛澤東在『文革』中打倒了劉少奇等一大批黨內『修正主義頭子』和『走資本主義道路的當權派』後,仍然憂心忡忡地再三告誡『資本主義復辟』的危險並未消除,聯想到1976年4月5日『天安門事件』後,《人民日報》4月18日那篇名為〈天安門廣場事件說明了什麼〉的社論將鄧小平比喻為匈牙利事件中黨內改革派領袖納吉之事,我們不禁要追問:在『防止修正主義復辟』的虛假言詞背後,毛澤東真正要防止的究竟是什麼?答案非常明確:毛澤東所要防止的,正是1979年後中國發生的歷史巨變。」[10]

　　其實這是一個最為明顯,最值得造反派反思的問題。我說最為明顯,是因為中共中央關於文革的綱領性文件中明確指出,文革的主要目標是「整黨內那些走資本主義道路的當權派」,奪他們的權,以防止資本主義復辟,鞏固無產階級專政。其實,文革前中共領導人中並沒有人走資本主義道路,但是劉少奇、周恩來、鄧小平等領導人與毛澤東在治國理念和思想意識形態上的確有分歧。在「三面紅旗」政策造成大饑荒悲劇之後,處於中央領導核心第一線的劉少奇等人,為恢復農村經濟曾推行諸如「三自一包」的寬鬆政策,也許毛已經在其中看出資本主義的端倪;同時,毛也看到了史達林去世以後蘇聯和東歐各國在經濟政策上的鬆動。不管怎麼說,事實是,毛澤東當年擔心的、預見的、並想用文革來阻止的事情發生了:文革結束後不久,中國開始改革開放,接受了市場經濟,導致經濟騰飛,雖然沒有出現自由資本主義,但畢竟出現了「中國特色」資本主義。與此同時,毛的階級鬥爭理論被拋棄,大約三千萬被稱為階

10　周倫佐,《「文革」造反派真相》(香港:田園書屋,2006)。

級敵人的政治賤民被解放，過上了普通人的生活。應該承認這是歷史的進步，而這一系列政策的制定者，多半是在文革中挨整的所謂「走資派」，他們既是文革造反的打擊對象，又是文革後整肅造反派的老幹部。

能否超越歷史的局限和恩怨，冷靜地反思造反的正義性問題，這對於造反派來說，至今仍是一個挑戰。在當今的很多研究著作中，對毛澤東的對立面的指稱多半是含「官僚」一詞的各種說法（如官僚集團、舊政府官僚、官僚階層、官僚階級、舊官僚等），「走資派」這個稱呼已經很少用。我覺得這樣說脫離了文革的語境，有自覺不自覺地偷換概念之嫌。其中的原因也許是心理上的：說自己曾經反對「走資派」，有點說不過去，因為中國的大多數人早已決定寧要「資本主義的苗」，而不要「社會主義的草」了；但是，如果說自己當年反對官僚集團，這總不會錯吧？至少不全錯。另外一個原因可能是造反派學者受國外理論的影響，在東歐有米洛文・吉拉斯的《新階級》，在西方有批判資本主義文化和官僚體系的左派文化理論，一說反官僚，就像是和世界理論界接軌了。但問題是，這種說法等於把毛澤東和以他為首的文革派與官僚和官僚體系對立起來了，好像毛不是體制中人，好像文革真是要反對官僚統治，給民眾以自由和民主權利，而不是先破後立，在打碎國家機器、整肅各層幹部之後使領袖的一元化領導更為穩固、更為徹底。這種說法，如果不加詳細解釋，很容易像新左派那樣無視中國官僚體系同西方民主社會官僚體制的本質差別。

關於「走資派」，我覺得西方學者常用的稱謂更為中性、客觀、準確，即中共領導層的務實派或溫和派，與其相對的是以毛為首的激進派或文革派。研究文革，討論造反的正義性，研究者勢必要對這兩派官僚加以比較，並在比較基礎上得出以現實為基礎的價值判

斷。文革派的激進、極端、偏頗的理想主義和非理性，是導致「集體瘋狂」、造成文革災難的主要原因。而務實派則相對溫和、現實、理性，沒有這些人，國計民生都很難維持，甚至會出現赤棉那樣更為極端的局面。務實派中也有派別，劉少奇和鄧小平與毛本有很深的歷史淵源，也可以很「左」，很專斷。但五十年代初劉少奇一度堅持相對溫和的新民主主義，六十年代初大饑荒以後推行寬鬆的農村政策；鄧小平在文革後期抵制文革，搞全面整頓，文革結束後推行改革開放的政策。這些舉措都顯示出他們理性、現實的一面。周恩來從來就不是毛派，但很早就知道中共事業成功的領導者非毛莫屬，只是他雖然「黨性」極強，力圖緊跟毛，卻總也跟不上。延安整風時（即劉少奇建議中共以毛澤東思想為指導理論的時候），周作為「經驗宗派」之首被整肅；大躍進前夕還因為同鄧子恢等人反冒進、減緩農業合作化速度被毛批評「離右派只有五十米遠」[11]。文革動亂年代，中國的國民經濟、教育、外交等各方面的局面主要靠周恩來和他手下的一批老幹部維持。在能夠自保的情況下，周還保護了很多人。林彪事件後，周提議反對極左；大學開始招收工農兵學員以後，周提議部分學生可從高中應屆畢業生中直接選拔；鄧小平再次出山後，周全力支持鄧的全面整頓。這些成功或不成功的動議和措施，起碼反映出一個比較正常、比較理性的人面對現實的態度，和一個領導人對國事的慎思，與文革派的極端和非理性形成對照。在文革後期，中國的大多數人對這一點已經看得非常清楚，已經把結束文革、恢復正常生活的希望寄託在務實派代表人物周恩

11　毛澤東，〈毛澤東在南寧會議上的講話〉（1958年1月11-12日），宋永毅等編《中國大躍進—大饑荒資料庫（1958-1962）》（哈佛大學‧費正清中國研究中心、香港中文大學‧中國研究服務中心，2013）。

來和鄧小平的身上,這種民意終於在1976年的3月末和4月初以民主
運動的方式表達出來了。被文革派稱作「天安門反革命動亂」的四
五運動,開創了中國特色的抗議模式:以悼念的名義向權力示威。
至此,文革雖未結束,卻已經在大眾的心裡徹底破產,人們此時在
務實派和文革派之間所作的歷史的選擇,自然也就否定了文革造反
的正義性。

然而,這個在1976年已經在全國基本達成共識的結論,如今正
在遭到來自多方面的挑戰。首先是來自歷史遺忘的挑戰:近些年,
由於主流話語似乎從中共中央在1980年代初所作的全面否定文革的
決議退步,試圖淡化甚至扭曲歷史記憶,如今人們對文革的記憶或
了解往往是空白或混亂,沒有經歷過文革的年輕人對文革的了解就
更少。其次,改革開放,推行市場經濟以來,雖然普通人的物質生
活水準有很大提高,但大量財富被政府官員、官商及其子女侵吞,
貧富差距迅速拉開,社會不公正的現象引起民憤。於是,在集體失
憶的情況下,人們開始將文革年代的中國想像成一個民主、平等的
社會,在那個社會裡,平民百姓可以造反,鬥爭貪官污吏。毛澤東
的文革理論也越來越吸引人了:毛曾說資產階級就在黨內,並預言
「走資派」要復辟資本主義,還說這些人掌權會打毛的旗號,但人
民不會答應,人民起來造反的時候也會打毛的旗號,云云。當下中
國的發展似乎正在驗證毛的預言,1990年代已見端倪的毛崇拜回潮
也正因此蔓延,甚至氾濫。而捲入這股回潮的人很多是當年的造反
派。徐友漁在一次報告中提到這一現象,特別提到薄熙來主政時的
重慶。當年造反派群眾組織中的兩派打得不可開交,如今卻一致擁
護以唱紅打黑召回文革幽靈而聞名的薄熙來。造反派的領袖人物尤
其活躍,他們並沒有認為當年奉旨造「走資派」的反有任何錯誤;
相反,他們認為自己是對的,因為當下的現實越來越證明毛澤東的

預見是正確的：就是有「走資派」要復辟資本主義，復辟以後還整肅當年反對他們的造反派頭頭，打擊報復，秋後算帳……[12]

顯然，文革結束四十年後的中國，面臨著一個向四十年前已經被民意否定的文革倒退的尷尬局面，與這個局面直接相關的是一個簡單的價值判斷問題：文革後吸收資本主義因素的「中國特色社會主義」和毛式「社會主義／共產主義」，到底哪一個更好些？即便毛的預見被證實了，我們仍然可以反問：那又怎麼樣？資本主義的苗可以長成莊稼餵飽肚皮，社會主義的草卻會餓死人，不是嗎？當然，「資本主義」在這裡只是一個象徵性的說法，在現實中它已經不是一個準確的概念。代表毛澤東想像中的資本主義的西方社會，實際上是在民主憲政體制之下推行市場經濟，個人權利受到保障的福利社會，其中吸收了很多社會主義因素。儘管從文革結束至今，中國仍然實行一黨制，但改革開放畢竟使中國擺脫了文革式極權統治，不再以毛澤東的階級鬥爭理論為治國綱領，解放了政治賤民，放棄了計劃經濟和造成大饑荒災難的人民公社，接受了市場經濟，向以西方民主制度為代表的現代社會邁出了一步。

面臨向文革退步的危險，討論文革造反的價值取向應該是一個很切近的題目。研究造反派如何被整肅，如何被醜化，分析一黨制的起源、沿革、現狀，這些都是當代史中的重要題目。但面對眼下的歷史遺忘和文革回潮，一方面有大眾的仇官、仇富、懷念文革的情緒，一方面有知識界新左派對文革的重釋和推崇，兩者對文革的誤讀都建立在對造反正義性的曲解上。因此，有造反派背景的學者

---

12 徐友漁，〈「兩個文革」說：權力鬥爭還是社會衝突？〉（在「中國近代史研討會」上的發言），愛思想網站，http://www.aisixiang. com/data/45366.html。

如果能超越造反派情結，敢於否定自己，反思造反年代的錯誤，這
對國人認識文革，以史為鑑，免於重蹈覆轍，將會有更直接的幫助。

三、造反派與「清理階級隊伍」運動

　　十年文化大革命中有兩個非正常死亡的高峰，正如王友琴在《文
革受難者》一書中論證的那樣，美國文革史專家麥克法夸爾在為此
書寫的序言中也支持這一論點：第一個死亡高潮出現於1966年夏天
紅衛兵自己命名的「紅八月」或「破四舊」運動[13]。紅八月始於8月
上旬，北師大女附中副校長卞仲耘老師在8月5日遭紅衛兵毆打，成
為文革中第一個被迫害致死的教育工作者；8月18日毛澤東在天安門
首次檢閱「革命師生隊伍」，接受紅衛兵袖章，並對獻給他袖章的
北師大女附中紅衛兵宋彬彬說「要武嘛」以後，死亡人數，包括自
殺人數陡增，僅北京地區就有1772人死於非命。這一段紅衛兵的施
虐在北京持續到9月上旬，在外地還要再長一些。

　　第二個死亡高峰就是在「清理階級隊伍」（簡稱「清隊」）運
動期間，三結合的革委會掌權時期。1967年11月27日江青在接見首
都大專院校紅衛兵代表大會代表時講話，首次提到「清理階級隊伍」
的概念，清隊作為一場全國範圍內的運動應該是起始於1967年12
月，其高潮期是1968年。這場運動沒有正式的終結，因為後來它與
1967年8月開始的「清查五・一六」運動和1970年1月開始的「一打
三反」運動混在一起了，一直到文革結束。現在文革史家談及清隊，
一般都指1968年到1969年那一段時間，此間非正常死亡人數以幾十

13　王友琴，《文革受難者：關於迫害、監禁與殺戮的尋訪實錄》（香
　　港：開放雜誌出版社，2004）。

萬甚至上百萬計。

　　清隊是文革中最殘酷的運動。王友琴通過訪談，對近千文革死難者個案進行了深入考察之後，得出結論：「『清理階級隊伍運動』是文革中最為陰暗恐怖的季節。與1966年的『紅八月』殺戮相比，迫害變得更加有系統也更加曠日持久。」[14]丁抒在研究大量地方縣誌的基礎上對清隊的罪惡得出基本上一致的結論：清隊「是文革中死人最多的階段。除了戰爭年代和1960年毛澤東製造的大饑饉外，從沒有這麼多無辜的老百姓死於非命。在『清隊』中被整死的人數，遠多於武鬥和文革初的紅色恐怖。就全國而言，『清隊』中的非正常死亡超過文革中任一階段。」[15]可見，清隊運動乃文革最慘烈，最無人道的階段。

　　儘管如此，除了王友琴在《文革受難者》中的數百個案研究和丁抒的一篇長文以外，至今並沒有以清隊為重點的研究專著問世。同時，我還看到另一個現象：很多文革研究著作中提到清隊時都說：雖然造反派代表和軍代表、老幹部代表一起進入三結合的革委會，但真正有權的是軍人；造反派不但無權，而且軍代表還和老幹部一起借這個運動的機會迫害造反派。例如，周倫佐稱這個時期為「軍人掌權時期」，「從這時起直到『文革』結束，北京及全國所有大專院校發生的迫害知識分子事件和製造的冤、假、錯案，主要責任人不再是造反紅衛兵，而是『工宣隊』和『軍宣隊』。」周倫佐承認，在革委會中造反派代表的比重並不小：全國二十九個省市自治區革命委員會成立之初，常委以上成員名單顯示，群眾代表約占

14　同上，頁14。

15　丁抒，〈文革中的「清理階級隊伍」運動——三千萬人被鬥，五十萬人死亡〉（2004），《華夏文摘》增刊，第408期，http://www.cnd.org/CR/ZK04/cr244.hz8.html。

41%；四川西昌地區（周所在地）革委會中造反派代表占總數的
64%。但是，周倫佐說，造反派代表很少能成為有決策權的核心小
組成員，革委會主任一般也由軍代表擔任[16]。據此，周倫佐開脫了
造反派在清隊運動中的責任，並將造反派與「紅八月」中的施暴者
加以比較，認為「紅衛兵運動中只有保守派殘酷迫害弱勢人群，造
反派衝擊的卻主要是官僚階層」[17]。

　　在對文革造反的性質的判斷上，陳益南與周倫佐的說法類似，
即民眾反抗官僚[18]。但他對造反派在清隊運動中的角色的討論卻更
接近現實情況：各級革委會剛剛成立時，正在執行「支左」任務的
軍人的確權力很大，所以，革委會主任多半是軍代表；在這個初始
階段，老幹部代表由於剛剛挨過批鬥，心有餘悸，處於弱勢；造反
派群眾組織人多勢眾，那時還得到中央的肯定和支持，所以在臨時
權力機構中有很大的發言權。在多數單位，這種格局一直到1969年4
月中共九大召開才開始被打破：九大以後，處於癱瘓狀態的各級黨
組織逐步恢復，老幹部的勢力漸強，造反派被逐漸擠出權力機構（上
海除外），有些造反派領袖在持續開展的「清查五‧一六」運動和
1970年開始的「一打三反」運動中被整肅，造反派短暫的掌權階段

16　周倫佐，《「文革」造反派真相》（香港：田園書屋，2006）。

17　周倫佐，〈文革中造反與保守的根本區別〉，《記憶》2009年第五
　　期（總第十五期），http://prchistory.org/wp-content/uploads/2014/05/
　　REMEMBRANCE-No-15-2009%E5%B9%B42%E6%9C%8821%E6
　　%97%A5.pdf。

18　陳益南，〈《青春無痕》韓文版序〉，《記憶》2009年第五期（總
　　第十五期），　http://prchistory.org/wp-content/uploads/2014/05/RE
　　MEMBRANCE-No-15-2009%E5%B9%B42%E6%9C%8821%E6%97
　　%A5.pdf。詳見陳益南，《青春無痕——一個造反派工人的十年文
　　革》（香港：香港中文大學出版社，2006）。

也就隨之結束。陳益南的結論是：「『造反派』掌有權力之時負有歷史責任的主要事情，大概只有一件。那就是1968年間全國開展的『清理階級隊伍』運動。」[19]

我同意陳益南的這個結論：造反派手中有權的階段雖然不長，但恰好包括清隊高潮期，所以對清隊應負相當的責任。當然，由於各地各單位文革發展的不平衡，有些地方造反派的某一派占壓倒優勢，清隊的開展就不會像1968年夏天出現「百日大武鬥」的清華大學那樣受影響；而像北大、清華這樣派性糾紛激烈的單位，清隊運動的高潮就會來得晚一些，在毛澤東接見五大紅衛兵領袖、工／軍宣隊進校之後。但如果說北大和清華的造反派領袖聶元梓和蒯大富就因此對清隊沒有責任，恐怕也不符合事實。例如，季羨林在《牛棚雜憶》中記載1967年11月30日深夜被抄家，那正好是在江青講話三天之後，應當是清隊的開端；季羨林和很多北大同事在1968年6月18日被批鬥，那也正是在清隊期間。

在我父親任教的北京農業大學，沒有能同造反派組織「農大東方紅」競爭的對立面，所以清隊期間一直是造反派掌權，「東方紅」頭頭馮興旺從1967年到1970年一直任農大革委會主任（文革後編的農大校史稱他為校長）。因為沒有武鬥的干擾，農大的清隊是按部就班地進行的，高潮是1968年春末夏初。清隊期間被迫害致死的有16人，4、5月間自殺的人最多。我家第二次被抄（第一次是1966年的「紅八月」期間），我父親被帶走隔離審查，是在1968年4月12日深夜。馮興旺執政期間，農大革委會裡自然也有軍代表和老幹部，

19　陳益南，〈文革中地方基層政權的變動情況與歷史責任〉（2004），香港中文大學・中國研究服務中心網站，http://www.usc.cuhk.edu.hk/PaperCollection/Details.aspx?id=3188。

也許軍代表比馮興旺這個學生權力更大。但是，清隊任務的具體執
行者，即「專案組」成員，包括來抄家的人、審訊逼供的人、參加
外調的人，都是造反派組織的成員。所以，即便革委會的大權握在
軍代表手中，軍代表是外來人，對學校或企業事業單位的情況完全
不了解；而且他們人數很少，不可能參與很多具體的專案工作，這
些工作基本上都是造反派紅衛兵做的。在我母親任教的農大附中，
情況也如此。據我了解，北京大部分的學校也是這樣。所以，即便
造反派沒有多少權力，對清隊運動他們仍然難辭其咎。

　　在近期的一些造反派文革研究著作中，與迴避清隊責任的傾向
相關聯的，還有另一個現象，那就是一方面批評官方史學和官方宣
傳過分強調老幹部和知識分子在文革中的苦難，一方面著重描述造
反派如何受迫害，甚至把造反派說成是文革中受迫害最重的群體。
例如，秦暉說：「絕大多數的文革冤魂，不是死在造反派存在的『亂
世』，而是死在造反派被剿滅的過程中和剿滅後造反派不復存在的
『新秩序』下；不是死於武鬥中的雙方『內戰』，而是死於『有領
導有計劃』的專政機器對全無反抗能力的弱勢者的大規模虐殺；不
是死於黨政在『造反』中癱瘓的『無政府狀態』下，而是死於『新
生的紅色政權』——革命委員會的有效控制下。一句話，他們不是
死於『造反派』之手，而是死於『維護秩序』和『重建秩序』的文
革前軍人和官員主導的政權——當時的『革命委員會』名義上是
『軍、幹、群三結合』政權。」[20]

　　秦暉描述的造反派被「剿滅」的情況，具體是指1968年中央關

20　秦暉，〈「否定」並未徹底，「真相」仍待揭示：從文革中的清華
　　與廣西談起〉，孫怒濤主編，《歷史拒絕遺忘——清華十年文革回
　　憶反思集》（上冊）（香港：中國文化傳播出版社，2015），頁20。

於廣西武鬥的「七・三布告」發布前後，廣西自治區第一書記韋國清同廣西省軍區部隊和相對保守的群眾組織「聯指」，對造反派組織「四・二二」施行的血腥鎮壓，甚至導致多起吃人事件，有八萬多人死於非命。秦暉的結論依據大量的八十年代「處遺」檔案資料，屬實。但由於種種複雜的原因，廣西文革期間的情況比較特殊（韋國清也是同等位置幹部中唯一的不倒翁），秦暉關於造反派被「剿滅」的結論並不適用於其他地區。在全國範圍內，「絕大多數的文革冤魂」也不是造反派的亡靈。在文革期間受迫害最深、時間最長的群體並不是造反派，而是那些既不是造反派，也不是保守派，又不是當權派，什麼派都不是，而且什麼派（包括造反派）都想躲開他們的政治賤民，即被視為階級敵人的所謂「黑五類」：地、富、反、壞、右及其子女和家屬，就像納粹德國的猶太人一樣。在清隊運動中，他們也是受迫害的最大群體，而且，從1946年黑龍江元寶村土改開始，這個群體就一直是最軟弱、最受欺凌，最被人不當作人、最沒有話語權和代言人的群體。其實，在秦暉提到的廣西慘案中，非正常死亡人數中有一半以上是這個群體中的人，更不用說完全以這個群體為打擊對象的「紅八月」北京昌平慘案、大興慘案和1967年夏季湖南「亂殺風」和道縣慘案了。

　　譚合成的《血的神話》是關於道縣慘案的專題報導和研究，其中有一個場面很形象地顯示了當時各個「人群」的自我認同、社會角色和相互關係：在47軍6950部隊剛進入道縣制止「亂殺風」時，一些「黑五類」政治賤民為躲避屠殺從保守派群眾組織「紅聯」（毛澤東思想紅戰士聯合司令部）控制的道縣農村逃進縣城，向以道縣二中為指揮部的造反派群眾組織「革聯」（無產階級革命派鬥批改聯合指揮部）求救。這個事件的背景是：「紅聯」與「革聯」兩派都自稱革命造反派，互相稱對方為「紅老保」和「革匪」，為奪權

而武鬥不止。「革聯」搶了縣武裝部的武器彈藥，占據縣城；「紅聯」則占據周圍的農村，要走「以農村包圍城市，最後奪取城市」的道路。此時突然有謠傳「黑五類」要造反，還有造反綱領，於是「紅聯」與地方武裝部和基幹民兵合作掀起殺人風，並成立了很多「貧下中農最高法院」作為裁決機構。在道縣有4519人被殺害（包括道縣在內的零陵專區死亡人數高達9093人），只有少數「黑五類分子」僥倖逃入縣城。但造反派「革聯」將這些可憐的人拒之門外，因為他們不願被人指責「同情階級敵人」。所以，「黑五類」在縣城的處境依然困難：農村有保守派的圍剿，城市有造反派閉門羹，自己只好在街上搭些簡陋的棚子避風雨，可又沒有吃的。好在軍隊還做了些好事：救濟難民一點糧食或護送他們乘公共長途車逃出道縣（軍人隨車，以保證願意外逃的難民在沿路的關卡上不被屠殺者劫持）[21]。軍人是否真同情這些難民，不得而知。但有一點是清楚的：軍人是在執行命令。6950部隊聽命於47軍軍部，47軍是野戰軍，直接聽命於北京，而北京的領導人恰恰又是把這個人群打入另類的決策者，階級鬥爭的始作俑者。哪有這些可憐人的出路呢？

四、同床異夢：造反派、新左派與西方「文革毛主義」理論家

1960年代末70年代初是一個文化大革命的年代，造反的年代，在中國有造反派，在很多西方國家也有。當時在西方各國出現了各種形式的反體制、反文化運動，力爭民權（種族平等）、女權、性

21 譚合成，《血的神話──西元1967年湖南道縣文革大屠殺紀實》（香港：天行健出版社，2011）。

自由、個性解放，以及同性戀者權利。國家機器、官僚體制和精英政治受到嚴重挑戰，造反有理和大眾民主的呼聲此起彼伏。但西方國家的群眾造反與中國的有本質區別：西方國家的造反是在民主制度下群眾的自發行為，而中國的造反是在極權統治下奉旨聽令的，「被運動」的；前者抨擊的目標是自己社會的體制和文化，而後者的既定目標是強化自己的極權體制，或稱「鞏固無產階級專政」。

　　然而，由於當時中國處於封閉狀態，外界對中國了解甚少，也由於以1968年5月巴黎學潮為標誌的西方文革比中國文革爆發晚了兩年，中國的文化大革命便在世界範圍內成了造反的樣板。在西方左翼陣營中的激進派看來，蘇聯因推行官僚政治、精英政治，已經背叛了國際共產主義運動，而以發動群眾清除政權內部資本主義因素為口號的文化大革命，則標誌著世界革命的新發展。對於世界各國的熱血青年來說，文革造反精神正與自己內心積鬱已久的叛逆感和理想主義共鳴，他們在關於中國文化大革命的傳聞中得到了靈感、啟示、和動力。當時許多國家都有學生造反，成立紅衛兵之類的群眾組織，占領校園，串聯社會。各種外文版《毛主席語錄》暢銷一時，不少學生都以「毛澤東主義」的信仰者自詡。

　　此時也正是西方後現代各路左翼文化批評理論的形成期，某些理論家的思想明顯受到毛澤東文革理論的影響，並成為毛式文革的擁護者和辯護士。例如，美國文學理論家弗里德里克‧傑姆遜，在文革真相已經廣為人知的1990年代初，仍以熱情的筆調讚美文化大革命，說「新中國未完成的社會實驗……在世界史上無於倫比」，在那裡，「人作為集體對自己的命運有了新的把握」，創造了一個「嶄新的客體世界」[22]。傑姆遜對毛澤東未將自己親手發動的「群

22　Fredric Jameson, *The Ideologies of Theory: Essays 1971-1986, Volume*

眾運動」進行到底頗感惋惜。儘管如此，毛的文革理論仍舊是1960
年代「最豐富、最具革命性的偉大思想體系」[23]。中共黨史專家阿
里夫‧德里克認為中國的文革與資本主義國家的文化革命不同，在
中國文化沒有變成商品，而是用作教育群眾的手段，「為新社會塑
造社會主義新人」，以對抗政權本身的官僚主義，建立一個理想的
社群，所以，中國的文化革命是真正的革命。德里克還說，毛澤東
作為革命家，其獨到之處就在於他竭力阻止革命成功後難免出現的
「非激進化」（deradicalization）傾向，以「政治掛帥」對抗經濟
主義（即蘇式「現代化」理論），以文化領域中的不斷革命推動社
會主義的進程，防止在中國出現蘇式社會主義的官僚體制。他把毛
的晚期思想稱作「文革毛主義」，並認為這是毛澤東思想的精華[24]。

　　1990年代開始在中國知識界出現的新左派，與這些西方左翼理
論有密切的關係：一方面，師從這些左翼理論家的中國學者（如崔
之元、劉康、張旭東）認同老師的看法，另一方面，國內的學者（如
汪暉）受中譯理論著作的啟發並感到了共鳴。總之，新左派是借西
方理論家的「慧眼」重新發現自己經歷過的文革的。在1990年代初，
人們對文革災難記憶猶新，為文革塗脂抹粉的話還不好直說，所以
劉康只得或借用些西方文化批評的語彙在理論上兜圈子，講「文化
霸權」和「重建」，或以歷史比較為名，把葛蘭姆奇、阿爾圖塞、

（續）
　　　2: The Syntax of History （Minneapolis: University of Minnesota Press,
　　　1988）: 188-207.

23　Fredric Jameson, *Postmodernism, or, the Cultural Logic of Late
　　Capitalism* （Durham: Duke University Press, 1991）: 29.

24　Arif Dirlik, "Globalization and National Development: The Perspective
　　of the Chinese Revolution," *The New Centennial Review*, Vol.3, No. 2
　　（Summer 2003）: 241-270；德里克，〈世界資本主義視野下的兩
　　個文化革命〉，《二十一世紀》，1996年10月號，頁4-15。

福柯等人的主張與文革理論並提，搞出一套「譜系學」，以英雄所見略同來抬高文革和毛澤東的身價[25]。張旭東將1949年以後包括文革在內的三十年與改革開放後的中國相對照，稱前三十年的中國社會是「激進的民主社會」。據他的觀察，「改革派官僚一直在密切注視和防範任何重提或挪用毛澤東有關大眾民主和參與觀念的企圖」，同時，「所謂自由主義知識分子對文革和大眾民主的繼續不斷的批判以及他們對專家政治的默許更加強了官方的各種反民主措施。」[26]他還認為，西方文化霸權和全球化使中國失去了自我認同，而毛以文革來創造「社會主義新人」是重建自我認同的嘗試，可惜目標過於高遠，「高處不勝寒」，失敗了[27]。崔之元吹捧文革最不著邊際，稱文革有諸多「合理因素」，並說「今天，我們應把毛澤東所謂『文革七、八年再來一次』制度化為定期的全國性普選，這才是『人民民主專政』或『無產階級專政』的本質。」[28]有中國新左派領軍人物之稱的汪暉認為，中國民間及官方否定文革是對1960年代理想主義的背叛，改革開放以後中國的政治被他稱作「去政治

---

25 Liu Kang, "The Problematics of Mao and Althusser: Alternative Modernity and Cultural Revolution," *Rethinking Marxism*, Fall 1995, 8: 10; 劉康，〈全球化與中國現代化的不同選擇〉，《二十一世紀》（香港中文大學中國文化研究所），1996年10月號，頁145；劉康，〈全球化「悖論」與現代性「歧途」〉，《讀書》，1995年7月號，頁105。

26 Zhang Xudong, "Nationalism, Mass Culture, and Intellectual Strategies in Post-Tiananmen China," *Social Text* 55 （Summer 1998）: 118, 138.

27 張旭東，〈重歸總體性思考，重建中國認同〉，《社會觀察》，2011年第9期。

28 崔之元，〈發揮文革中的合理因素〉，《亞洲週刊》，1996年5月26日，頁47；崔之元，〈制度創新與第二次思想解放〉，《二十一世紀》（香港中文大學‧中國文化研究所），1994年8月號，頁7。

化的政治」，也就是不再有1960年代的目標、價值和意義的政治[29]。習近平提出不能以中共的前三十年否定後三十年，也不能以後三十年否定前三十年。聽到這一主張以後，汪暉好像改變了自己過去的看法，把六十年一鍋煮，煮出一套中共「自我糾錯機制」[30]。可是他「沉痛悼念」戚本禹的花圈和輓聯卻好像在說，他仍舊心繫文革。

與西方文革派和中國新左派相比，造反派並沒有什麼理論，也沒有全心全意地讚美文革。但在某些思路上和對文革的一些具體判斷上，造反派和左派並非完全沒有聯繫。例如，周倫佐就認為西方1960-70年代反體制、反官僚的造反學生和德里達的解構主義都與毛澤東的「非制度化個性行為」共鳴。「後現代主義與造反派看似有相同的解構衝動，但後現代主義的解構對象是藝術文本，造反派的解構對象是政治權力。」他還說：「曾在『文革』中被毛澤東邀請到北京一同檢閱造反大軍的法國存在主義哲學家薩特……認為『文革』中毛的非組織化異舉和民眾的反官僚行動，是存在主義的偉大實踐。薩特目光所及，顯然是毛與廣大青年造反者共有的非制度化行為。」[31]薩特同毛一起檢閱造反大軍的消息是誤傳；讓-保爾·薩特登上天安門檢閱遊行隊伍的時間是1955年國慶日。不過，文革期間薩特的確矚目中國，希望中國的造反成為巴黎學生的靈感。由於這個原因，他力排眾議（包括《現代》雜誌編輯部所有成員和他女友西蒙娜·波娃的意見），拒絕在他主編的刊物上刊登彭述之的訪談

---

29 汪暉，〈去政治化的政治、霸權的多重構成與六十年代的消逝〉，《開放時代》，2007年第2期。

30 汪暉，〈自主與開放的辯證法：關於60年來的中國經驗〉，《21世紀經濟報導》國慶特刊，2009年9月。

31 周倫佐，《「文革」造反派真相》（香港：田園書屋，2006）。

錄，因為這位旅居巴黎的中共元老在訪談中涉及文革真相[32]。

　　薩特是老左派，他的視角是國際共產主義運動的視角（莫斯科變色了，而北京仍然是紅色的，可以成為世界共產革命的延安），而我前面提到的傑姆遜是從西馬和後現代的角度觀察中國的，而且，他的觀察中有很明顯的造反派情結。我們不妨看一段傑姆遜對文革的評論：

> 在六十年代，人們一時都有一種同感，即任何事情都可能辦到。這是一個普遍解放的時刻，一個全球性能量釋放的時刻。毛澤東對此進程的形象描述最富於啟示性。他喊道：「我國就像一粒原子……一旦原子核發生裂變，釋放出的熱能必將產生驚天動地的力量。」這一形象向人們展示了在古老的封建村莊結構分崩離析後，在文化革命對這些結構所遺留的習慣作了決心的掃蕩之後，一個真正的大眾民主社會終於誕生的景觀。然而，原子的裂變，分子能量的釋放，或「物質能指」（material signifiers）的解放，本來就可以是駭人的奇觀；我們現在知道，毛澤東究竟還是在他自己發動的運動所產生的最終結果面前退縮了：在文化革命的決定性時刻，在上海公社誕生之際，他阻止了黨的機構的瓦解，有效地扭轉了整個集體實驗的方向（這一逆轉所產生的後果在今天看來是再明顯不過了）。在西方也是如此：六十年代偉大的劇變在世界經濟危機中導致了社會秩序的強有力的恢復，使得各種國

32　高達樂（Claude Cadart），〈法國式毛主義的類別與興衰：1966-1979〉，《二十一世紀》（香港中文大學・中國文化研究所），1996年10月號，頁24-31。

家機器壓迫力量捲土重來。[33]

　　這段文字來自傑姆遜的〈六十年代階段論〉，是從英文直譯的，有點彆腳，讓我複述一下，略加解釋。傑姆遜是要說，毛澤東搞文革的本意是要發動群眾掃蕩舊文化，並摧毀黨和國家的官僚機構，建立一個真正大眾民主的社會，人們自由結合的公社就是這個理想社會的組織形式。但是，就在1967年1月以張春橋和姚文元為後臺的上海造反派奪上海市委的權，成立新權力機構「上海人民公社」的時候，毛被有「一月風暴」之稱的群眾造反嚇住了，後悔了，所以決定派軍隊以「支持左派群眾組織」為名參與文革，穩定秩序，成立有軍代表、老幹部和群眾組織代表（即造反派）參加的「三結合」權力機構。這個權力機構，毛說，「還是叫『革命委員會』好」，進而否定「公社」這個有大眾民主意味、讓人想起「巴黎公社」的名字。在傑姆遜看來，革委會成立是一個轉捩點，而且是逆轉，標誌著文革的夭折。

　　傑姆遜的這段評論有很多錯誤，最主要的是他沒有看到，或不願意相信，毛發動文革的本意不是摧毀黨的機構和官僚體制，還權於民，推行大民主；毛的本意是要借文革實現更高度的極權，加強黨的一元化領導（實際上是他自己的一元化領導）。但是，傑姆遜對文革發展的評估會得到很多造反派的贊同：很多造反派當年憧憬巴黎公社的模式，而且相信那真是毛澤東的理想，只不過由於舊官僚集團的抵制，這個理想一時實現不了（這是楊曦光的看法，我將

---

33 Fredric Jameson, *The Ideologies of Theory: Essays 1971-1986, Volume 2: The Syntax of History* （Minneapolis: University of Minnesota Press, 1988）: 188-207.

在下一節討論）。如今，也有很多造反派認為革委會的成立就是復辟舊政權，甚至是軍人政權，因為革委會美其名曰「三結合」，實際上造反派成員徒有其名，沒有實權，一切都得聽軍代表的。而且造反派很快就開始被整肅，他們的陽光燦爛的日子在革委會成立之日就結束了。我認為這個說法與那時造反派的地位和境遇並不完全符合，有我上面討論的造反派在清隊運動中的角色為證。總之，諸如傑姆遜的這種看法在造反派中間是有相當的市場的，「人民文革」論者甚至可以基本認同他的結論。徐賁說：「劉國凱的『人民文革』論還只是想從文革中分離出一些有積極反抗意義的部分來。在一些新左派那裡，整個文革都被抽象成了具有普遍積極意義的『人民文革』。」[34]此話有理，道出了造反派情結和左派文革論的不同與關聯。

造反派和新左派有共同語言的地方還在於他們對官僚主義或官僚體制的看法。在西方社會，官僚（bureaucrat）這個以桌子或桌布為字源的詞是個很不好聽的詞。在托爾斯泰的筆下，官僚平庸無聊；在卡夫卡筆下，官僚體系是人類異化的荒誕現象。但是，現代社會的運作畢竟離不開由專職行政人員所組成的官僚機構，這是一個悖論。然而，如前所述，既然民主制度下的行政機構／官員和極權體制下的行政機構／官員有本質的不同，將西方社會對自身官僚體系的批評嫁接到毛時代的中國，以「官僚集團」取代「走資派」應當也是可以商榷的，因為跨界使用「官僚」的概念，實際上混淆了民主與極權的區別，多黨制與一黨制的區別。所以，不如就按毛的說

---

34 徐賁，〈群眾和「人民文革」〉，《記憶》2009年第五期（總第十五期），http://prchistory.org/wp-content/uploads/2014/05/REMEMBRANCE-No-15-2009%E5%B9%B42%E6%9C%8821%E6%97%A5.pdf。

法，把毛的打擊對象叫做「走資派」，放在引號內，更何況他們最後證明就是走資派。當然，我認為更為確當的稱謂是中共黨內與文革派或激進派相對的務實派或溫和派。可是，今天如果真這樣如實地說：在文革期間造反派群眾組織響應毛主席的號召反對黨內走資本主義道路的當權派（或務實派），也的確挺尷尬的，不是嗎？

五、文革理想主義的誤區

在文革年代，也許大多數人都是懷著單純的動機、真誠的意願和理想主義的熱忱參加造反的。這個理想自然是無產階級革命的理想，世界革命的理想，共產主義的理想。那時有些理想青年甚至偷越南方邊境，去參加東南亞國家的武裝鬥爭，支援世界革命。連生命都願意貢獻，動機不可謂不純，理想不可謂不高尚。在很多年以後，文革的災難已經使多數人不再相信當年的理想，但是對理想主義的反思好像並沒有開始，至少是遠遠不夠。而且，也許是因為物以稀為貴，理想主義或理想情懷在一個物欲橫流、信仰失落的當今中國社會反而更令人憧憬，這種憧憬還與懷舊並行。然而，若執迷於當年從某個理念演繹出的一套思想意識形態，將它等同於理想主義，而不從人道主義的基本點出發，透視其光環背後的陰暗，這種所謂的理想主義就會成為反思文革的障礙。下面我將以一篇被許多造反派推崇的、文革理想主義的代表性的文字為例探討這個問題，這篇文字即湖南造反派學生楊曦光（楊小凱）在1968年初寫的〈中國向何處去〉。

「極左」在中國的政治語彙中本是貶義詞，是在批評諸如極端的文革思潮時用的。在林彪事件之後，周恩來就提議批判「極左」，實際上是為了抵制極端的文革政策，自然被毛否決。而楊曦光開宗

明義，從正面接受這個詞，說〈中國向何處去〉也是〈「極左派」公社成立宣言〉。他認為：「引起無產階級文化大革命的基本社會矛盾是新的官僚資產階級的統治和人民大眾的矛盾，」所以，這場革命要「推翻新的官僚資產階級的統治，徹底砸爛舊的國家機器，實現社會革命，實現財產和權力的再分配——建立新的社會——『中華人民公社』。」[35]他認為這是毛澤東發動文革的初衷。（毛的確在不同的場合用過「公社」或「人民公社」這樣的概念，比如，他說北大聶元梓等人的大字報是「二十世紀六十年代的中國巴黎公社的宣言書，意義超過巴黎公社」。）但這個新社會的理想尚未實現，原因是黨內官僚資產階級或「紅色資本家階級」的阻力太大，而周恩來就是這個「紅色資本家階級」的「總代表」。

楊曦光寫這篇文章的時候——1967年末、1968年初——正是各級革命委員會逐步成立，而造反派群眾組織內部的不同派別正在為爭奪權力大打出手的時期（即「武鬥」時期）。他認為，在摧毀舊的國家機器之後，毛的理想權力機構是實行群眾專政的「公社」，而不是由軍代表、老幹部和造反派「三結合」組成的革委會。但是，「周恩來在二、三月的勝利面前利令智昏，匆匆忙忙地妄圖在全國各地立即建立革委會」，「等於把一月革命中倒臺的官僚們又重新扶起來，而三結合不可避免的會成為軍隊和地方官僚起主導作用的資產階級篡權的政權形式。毛主席也是把三結合的革委會稱為『臨時權力機構』，它只是一種過渡形式……毛主席八九月份總結一月革命和八月國內革命戰爭得出的『群眾專政』的偉大理論，就證明

---

35 省無聯一中紅造會鋼三一九兵團奪軍權一兵，〈中國向何處去？〉，宋永毅等編，《中國文化大革命文庫》第三版（香港中文大學‧中國研究大學服務中心、哈佛大學‧費正清中國研究中心，2013）。下文中楊曦光引文均出於此文庫。

了第一次文化大革命後決不是官僚和陪襯的群眾的三結合專政，而
是『群眾專政』。」「臨時權力機構」革委會的成立，在楊曦光看
來，是毛向勢力強大的「紅色資本家階級」暫時作出「退卻」的步
驟之一，是毛的策略。值得指出的是，楊曦光關於革委會中軍人和
「舊官僚」起主要作用，實際上是舊政權復辟的看法，仍然是當下
很多造反派文革研究者的看法。

　　既然革委會的建立是舊政權復辟，是毛對資產階級的暫時讓
步，那麼無產階級和資產階級的較量就遠遠沒有結束。楊認為，「極
左派」結束這場鬥爭並取得勝利的最終途徑是武裝鬥爭，這就是為
什麼毛主席要「武裝左派」。楊曦光對1967年形勢的分析是，一月
造反派奪權受到挫折，2、3月更出現逆流（即毛澤東所指責的、周
恩來手下的高層幹部掀起的「二月逆流」和造反派學者指出的、在
某些省份發生的「二月鎮反」），造反派受到嚴重打擊……但到了8
月份，形勢好轉，不僅出現了造反派「搶槍運動……在社會主義國
家第一次把全民皆兵變成事實」，而且爆發了「偉大的八月局部國
內革命戰爭」：「八月風暴偉大的創舉就是一個由革命人民自己組
織的武裝力量的出現……如果說一月風暴提出了第一次無產階級政
治大革命的綱領的話，八月風暴就不但充實豐富了這個綱領，而且
解決了這次革命的方法──不但靠「四大」，而靠武裝奪取政權，
靠國內革命戰爭。」可惜，9、10月份形勢再次逆轉，出現了「自上
而下的反革命改良主義逆流」：寬鬆的幹部政策讓走資派上臺，中
央下達九‧五命令（禁止群眾組織搶奪軍隊的武器彈藥，已搶的武
器必須限期歸還）「又使『武裝左派』成為一紙空文，工人階級的
武裝被解除了，官僚們又重新復辟。」

　　不過，楊曦光說，在這樣的曲折反復中，人民也逐漸覺醒，成
熟，極左派的新思潮（「推翻新的官僚資產階級」、「廢除官僚機

構」、「徹底砸爛國家機器」云云）「以敵人眼中的『幽靈』的姿態在革命人民中徘徊」。與此同時，江青11月12日（在中央直屬文藝系統座談會上）的講話裡重提批判17年（1949-1966）和50天（1966年夏天工作組時期）的問題，「重新組織階級隊伍」，「宣布了無產階級文化大革命進入了一個史無前例的新階段的開始」。林彪10月24日（在接見湖南省革命委員會籌備小組和47軍軍長黎原時）的談話中「指明了中國向何處去，湖南向何處去的問題」。這兩個講話「是我們1968年全年進行革命鬥爭的唯一總方針」。楊曦光對江、林二人講話的解讀和評價多有不實之處，往往一廂情願。但這同我在這裡要討論的問題無關。與我的問題有關的是，他對文革派江青和林彪的推崇和讚美，和他對務實派周恩來的敵視與諷刺，形成鮮明的對照。

楊曦光還認為，「推翻資產階級改良主義的產物革委會的統治，重新建立巴黎公社式的政權」很可能會「在一省或數省奪取真正徹底的勝利」（列寧曾說過，社會主義革命可能在一國或數國首先取得勝利），而這個省他認為很可能就是他所在的湖南，那裡最先進的組織就是他所在的「省無聯」（湖南省會無產階級革命派大聯合委員會）。他寫道：林彪的「10.24指示等於宣布湖南成為全國革命鬥爭的先鋒地區，而湖南省無聯的產生發展，就成為9月以來無產階級成長壯大的突出代表。省無聯實際上是積累了1月革命風暴群眾專政的形式——文攻武衛指揮部（民辦的）的經驗而產生的，它是一個比1月和8月更高級的群眾專政權力機構，它相當於蘇聯一月革命被資產階級篡奪時期的蘇維埃，而省革籌又相當於當時資產階級臨時政府，省無聯與省革籌的對立，這就是新的『兩系政權並存』的局面，而實際權力在資產階級臨時政府省革籌手裡。省無聯是可以和蘇維埃比美的新生幼芽，它是比1月和8月更加成熟的『公社』的

雛形。不管資產階級怎樣交替使用鎮壓和慈惠第三勢力活動的改良主義手法，省無聯這一真正的新生紅色政權必定會在大風大浪中不斷成長和壯大。」

　　以上是我對〈中國向何處去〉一文要點的儘量客觀的複述。從今天的角度看，此文的論點很教條，很荒謬，但這並不是楊曦光個人的問題，而是那個時代的問題。至於楊曦光，我覺得他是一個有馬列主義理論背景，長於推理，以至於對毛澤東的思路有相當洞見的知識青年。我感到不容易理解的是，為什麼很多造反派文革學者對這篇脫胎於毛澤東文革理論模式的文章，至今仍舊缺乏批判的思考，儘管楊本人早已放棄了當年的看法。2004年，早已更名為楊小凱的楊曦光辭世，悼念文章中仍有不少讚揚〈中國向何處去〉的文字。例如，劉國凱說：「楊曦光這是個充滿著歷史內涵的名字，它與那個時代青年社會變革者的心跡和磨難緊相聯結。以這個名字署名的〈中國向何處去〉是那個時代進步思想的最高結晶。……在多達八億的人群中，在那個躁動而迷信的年代裡，能石破天驚地指出『紅色資本家階級』業已形成的人有多少？只有一個，那就是年僅十九歲的小青年楊曦光。」[36]鄭義在紀念文章中引用了楊曦光關於文革基本矛盾和終極目的的那段話，並稱讚說：「36年過去，歷史已經把他的這段文字精選為文革異端思想最輝煌的經典……這一共產暴政下飽受踐踏蹂躪的人們內心深處的祕密渴望，小凱表述得最尖銳最深刻。因此，這位青年思想家，這位英勇的代言人付出了沉重的代價。權勢者們所謂『徹底否定文革』，要掐滅的正是以楊小

---

36 劉國凱，〈「造反派」公案未了，楊曦光，你不能走〉（2004），
　　《華夏文摘》增刊，第390期， http://www.cnd.org/HXWZ/ZK04/
　　zk390. gb.html。

凱為代表的這種『實現財產和權力再分配』的覺醒。36年過去，小凱的這一思想不僅沒有過時，反而更見其光輝。」[37]

楊曦光的理想主義應當是單純而真誠的，問題是，純潔的動機和真誠的意願在我們決定某個行為的好壞對錯時是否有任何意義？（更何況我們無法確切知道人在心裡到底是怎麼想的。）更重要的問題是，構成此理想主義並使人為其奮鬥的一整套思想意識形態是什麼？它是否符合人即目的而非手段這一基本的人道主義原則？

文革時期理想主義的理論框架，是從公有制／共有制和階級鬥爭（即馬克思認定的在原始共產主義社會和科學共產主義社會之間的漫長歷史階段中社會的基本衝突和發展模式）的概念演繹出的共產主義意識形態。根據毛澤東對這一思想體系的理解以及在中國的實踐，共產主義烏托邦或理想社會的實現不僅有賴於共產黨通過暴力革命消滅敵對勢力，奪取政權，而且有賴於黨在掌握政權之後繼續以革命暴力清除各色「階級敵人」，並通過強制性的宣傳手段和整風改造全黨全民的思想。和平時期革命暴力的實施集中體現在暴烈的土改、鎮反及不止一次的肅反運動中，而強制改造手段則廣泛運用於向黨交心、知識分子思想改造、反右、反右傾、四清等一系列政治運動中，所有這些運動都旨在清除通往理想道路上的障礙，都是以活生生的人為代價的。

在和平時期從未停止過的政治運動最終在文化大革命中登峰造極：被稱為無產階級專政下繼續革命的偉大實踐的文革，將革命暴力與思想改造（或稱靈魂深處鬧革命）融於一爐，而最為慘烈的革

---

37 鄭義，〈紀念自由的呼喚者楊小凱〉（2004），《華夏文摘·鄭義華夏文集》，http://www.cnd.org/HXWK/author/ZHENG-Yi1/zk0408c-2.gb.html。

命暴力都是以「群眾專政」的名義實施的。文革期間，有大約一百
七十萬所謂的階級敵人死於非命（或被殺害，或被折磨死，或自殺），
他們中的大多數死於「群眾專政」，也就是楊曦光文章中多次提到
的、取代國家機器和官僚體制的理想權力機構，與「公社」同義。
革命的「首要問題」，如毛澤東所說，是辨清「誰是我們的敵人，
誰是我們的朋友」[38]。對敵人要像冬天一樣冷酷無情，決不手軟。
這裡的敵人和戰場上的敵人是完全不同的兩個概念。戰場上的敵人
也是人，但共產主義意識形態以階級劃線，不承認人的共性，把所
謂階級敵人打入異類，於是有了諸如牛鬼蛇神、狗崽子、害人蟲等
等非人化的指稱。通常人對同類都有惻隱之心，對同類施暴會被看
作惡行。然而，一旦敵人被非人化，向他們施暴，甚至殺戮，就有
了正義性，是革命行動，不會有任何顧慮。因此就會有像1966年夏
天紅衛兵對所謂階級敵人大打出手甚至殺害的「紅八月」，和以1968
年為高潮，造成遍地「牛棚」、遍地冤獄的清隊運動。文革後平反
冤、假、錯案的結果顯示，這些受難者幾乎全部是無辜的。

　　回顧共產主義革命在20世紀使幾千萬生靈塗炭的歷史，革命的
參加者多半並非有意行惡，多半是由於真誠地相信共產主義，為清
除通往理想社會的障礙而將同類視為仇敵的。歷史的教訓應當能使
我們看到這種理想主義的反人道的本質，因為它的確會讓信仰者迷
失人性，甚至失掉對生命的敏感。我想以〈中國向何處去〉中的一
個細節為例來說明這個問題。如前所述，作者在文章裡推崇林彪的
10.24講話，在不同的地方提到過四次，想必是認真讀過的。林彪講
話實際上是聽47軍軍長黎原和省革籌小組成員彙報湖南局勢時的插

38　毛澤東，〈中國社會各階級的分析〉，《毛澤東選集》第一卷（北
　　京：人民出版社，1951）。

話，並有周恩來、陳伯達、康生、江青等數位高層幹部在座。彙報的內容包括1967年夏末秋初的道縣慘案，在短短兩個多月的時間裡，有九千多無辜百姓，多半是所謂黑五類分子及其家屬和子女，在湖南道縣及周邊地區慘遭屠殺，對此林彪和謝富治在聽彙報時均有評論。在場的黎原是個關鍵人物：他是軍人，否則林彪不會出現；他還是直接過問道縣及零陵專區「亂殺風」的高級將領，「亂殺風」就是他派遣的47軍6950部隊去制止、平定的。況且，47軍是野戰軍，在執行支左任務的時候，與保守的省軍區及其下屬的地方武裝部相對，是相當同情造反派群眾組織中較為激進的一派的。儘管如此，楊曦光仍從他的極端理念和派性意識出發，將他認同的「極左派」造反派等同於「人民」，強調「舊省委與舊軍區與廣大人民的矛盾，47軍內走資派與廣大人民的矛盾，根本沒有解決，新官僚資產階級與人民大眾的矛盾根本沒有解決，只是以省無聯和『新政權』的矛盾這種新的表現形式出現」，完全不考慮47軍在穩定秩序，保護生命，制止「貧下中農最高法院」之類「群眾專政」殘害生靈等實際工作中所起的作用，似乎道縣慘案受害者的生命完全在他的視野之外，在「人民」之外。

　　人命關天！也許20世紀的歷史給我們最沉痛的教訓就是：我們曾被某種理想主義誤導，為了某種貌似高尚的理想，我們可以去犧牲自己，也可以去殺害他人（因為他們被看作我們實現理想的障礙）。從噩夢中醒來以後，我們應當學會警惕高遠，永遠守住底線：人的生命和人的尊嚴不可侵犯，不管你是什麼階級、什麼種族、什麼信仰、什麼派：保守派也好，造反派也罷。

　　郭建，現任美國威斯康辛大學白水校區英文教授。他的研究著重
於英美文學、比較文學、六十年代世界思想史、當代文化批評理論
及中國現代史。著作及合作包括*Historical Dictionary of the Chinese
Cultural Revolution: 1966-1976*，及《中國當代政治運動史數據庫》。
他還是楊繼繩的《墓碑》、高華的《紅太陽是怎樣升起的》及譚合
成的《血的神話》三部書的英文版的合作譯者。

血腥之夏：
1968年廣西與北京造反派的覆滅

秦　暉

七・二七事件：「造反派真的反了」？

　　1968年7月27日，三萬名工人、解放軍（後來得知叫「工人、解放軍毛澤東思想宣傳隊」）在中南海御林軍8341部隊軍官帶領下，以人海之勢闖入清華，當時正在「武鬥」的清華「井岡山」與「四一四」兩大派都不知怎麼回事，在校內處於優勢的「井岡山」派頭頭蒯大富多方與北京及中央文革當局聯繫了解緣由，但所有電話都不通。在再三聯繫無果後，蒯認為自己已被封鎖，這是「黑手」搞的「反革命鎮壓」，甚至懷疑北京發生了「反革命政變」，遂下令武力抵抗，造成了工人的傷亡。校園被占領後，蒯大富等人狼狽逃出，毛澤東遂於次日召見包括蒯在內的北京造反派「五大領袖」。蒯大富見到自己誓死效忠的毛主席後放聲哭訴黑手的行為，不料毛聲稱「黑手」就是自己，並嚴厲訓斥了蒯大富等人。包括蒯在內的五大領袖從這天起全部從失勢走向垮臺，清華、北大等北京主要高校的造反派也從此土崩瓦解。毛澤東派出的「工人、解放軍毛澤東思想宣傳隊」（以後簡稱「工宣隊」）完全控制了各校，建立了後來史家所稱的「後文革秩序」。

　　幾十年過去，蒯大富對這段戲劇性變故仍感到大惑不解。他在回憶文字和口述中多次說，自己是中央文革一手扶植的嫡系，與當時的很多中央領導保持有可靠聯繫管道，而且作為北京市革命委員會的常委，他與時任北京市革委負責人的謝富治等首都主管也有頻繁的工作聯繫，如果有人通知一聲工宣隊是毛主席派來的，他定會全力配合，怎麼會進行抵抗，以致造成傷亡鑄成大錯[1]？就連當時屬於與蒯大富敵對的「四一四」派頭頭孫怒濤等人，對此也有同感，他們與蒯再對立，也不相信蒯有膽量對毛公然抗命[2]。由於毛澤東在七‧二八召見時一方面嚴厲訓斥，一方面在蒯大富哭訴時毛也激動流淚，還明確聲稱在清華兩派中他反對四一四而偏愛團派，並當面交代在場各領導人不要整蒯，所以蒯大富至今相信毛直到最後還是盡力保護自己的。只是不知怎麼陰差陽錯溝通有誤，導致「歷史因此改寫」。

　　可是，在七‧二七當日參與其事的當局方面，兩個當事人後來卻對此事做出了幾乎截然相反的敘述。首先是當時擔任北京市第二把手——僅次於謝富治的革命委員會副主任（實際是常務副主任）的吳德，他在新世紀初出版的回憶錄中說：

> 清華、北大的武鬥制止不下來，毛主席決定同時組織工宣隊、軍宣隊進駐清華、北大。……決定以後，謝富治讓我趕快找蒯大富，讓他表態服從這一決定。我派人找蒯大富，等了很長時間才把他找到，他不在清華，跑到北航去了。他來後，向他宣

1　2013年6月23日訪談蒯大富，深圳。關於這個話題他也有過多次文字表述。

2　孫怒濤，《良知的拷問——一個清華文革頭頭的心路歷程》（香港：中國文化傳播出版社，2013），頁627。

布了這個決定，要他擁護、執行這個決定。蒯大富答應得很好，說一定執行。當時，想不讓蒯大富很快回去，拖住他，利用談話的時間使工宣隊、軍宣隊順利進去。我們在談話時，工宣隊就進去了。蒯大富提出他要回去了，就讓他回去了。哪知道蒯大富回去後，讓「井岡山兵團」拒絕這個決定，並且用他們自己製造的土武器和手榴彈打死了四五個進行勸導的工宣隊的成員，同時還打傷了幾個。⋯⋯工宣隊進駐，遭到了井岡山兵團的武力對峙。這樣不行，毛主席就召見「五大領袖」。⋯⋯主要是說服他們要文鬥不要武鬥，同時也安慰了幾句。[3]

按吳德的說法，工宣隊進占清華這件大事事先是正式通知了蒯大富的，而且吳德還信誓旦旦地說通知者就是他本人。據說蒯大富當時滿口答應「一定執行」。然而放他回清華後，他卻馬上變卦，下令清華井岡山武力對抗工宣隊，結果造成了流血事件。

吳德的說法符合當時迄今認為蒯大富對流血應負全責的官方說法。但是這個說法的邏輯卻十分混亂。按此說，蒯大富在七‧二七當天是從北航被吳德找去，在清華以外的某個地方接受通知的。而且「我們在談話時，工宣隊就進去了」。這也就是說通知蒯大富與工宣隊的行動是同時發生，而不是事先通知的。這本身就與決定派工宣隊後「趕快」通知蒯大富的說法相矛盾。既然這天直到工宣隊進去時蒯大富還根本就不在清華而且也沒有被通知，他怎麼能夠「一定執行」配合工宣隊進駐的決定就令人費解。何況吳德下文又明言，當時他們本來是想借談話「拖住他」不讓他回清華的，只是

3　朱元石等訪談、整理，《吳德口述：十年風雨紀事——我在北京工作的一些經歷》（當代中國出版社，2008），頁44-45。

後來輕信了他的假意承諾才放虎歸山（由於他的背信棄義導致了流血）。那麼按吳德等人的原定安排，應該是一開始就沒有指望他「執行」什麼決定的？

而蒯大富和其他人的回憶則相反。按蒯的說法，當天上午「沒有任何與往日不同的徵兆」，他與團派的幾個人到北京站接入，11點回來時工宣隊已經大量湧入，最初團派廣播還說熱烈歡迎，後來就發現工宣隊以30倍於清華人員的人海，把清華的各個樓分割包圍，而且開始抓人，把團派的二號頭頭鮑長康和總部委員高季宏等都抓走了，雙方爆發衝突。據說他當時的感覺就像「王洪文在上海圍攻柴油機廠那樣」。蒯等連續給北京市革委和中央文革打電話詢問怎麼回事，卻「沒有得到任何答覆」。到下午三時團派衝出樓外進行「突圍」反擊工人，蒯大富乘機出清華趕到市革委會，找謝富治未果，找到吳德。而就在他離校後衝突進一步升級，工宣隊出現傷亡。吳德告訴蒯已經鬧出人命，嚴厲要求他服從。雙方爭執到晚上，約20時蒯大富才隨市革委的人回到清華，在校外的清華園中學進行談判，達成協議後蒯大富回團派總部，說服他們帶隊撤離。（由於被分割包圍，團派個別據點如9003大樓並未得到通知，在蒯大富等人撤離後仍抵抗了一段時間。）離校後蒯先去了體育學院，找車到城裡電報大樓拍電向中央求救，然後到北航，這時已是28日黎明，蒯在此被找到，趕去參加了毛澤東在人民大會堂的召見，這時蒯大富才知道工宣隊的行動是出自毛澤東的命令[4]。

---

4 蒯大富，〈潮起潮落〉，載米鶴都主編，《回憶與反思：紅衛兵時代風雲人物──口述歷史之一》（中國書局有限公司，2011），頁366-369。其他相關著述如唐少傑，《一葉知秋：清華大學1968年「百日大武鬥」》（香港中文大學出版社，2003）；許愛晶，《清華蒯大富》（中國文革歷史出版社，2011）等，均與蒯大富所述大

　　與吳德所說相反，蒯大富的回憶是他事先根本沒有得到通知，工宣隊進入後是他找的吳德，而非吳德找他。這時清華已經死了人，而到這時吳也只要求他服從，仍沒有告訴他是毛澤東的安排。他們晚上才回到清華，此後也並未發生吳德所說蒯大富背信毀約下令抵抗的事。

　　兩種說法誰更接近事實？最近，毛澤東昔日的心腹近臣謝靜宜又發表了另一種回憶。在七‧二七行動中負有傳達聖旨和彙報行動進展重任的謝靜宜說[5]：

　　毛澤東在7月24日就決定「臨時組織兩三萬工人和部分農民參加的隊伍」進入大學，「捅它這個馬蜂窩。」據說，毛澤東這時「像指揮打仗那樣精神振奮，語言激昂」。而且，毛當時就指出：這樣的行動「有可能會發生流血的，要警惕」。謝靜宜回憶說她當時就「驚呆了，脫口問道：『這是真的啊？』」

　　這裡要指出，所謂「捅馬蜂窩」在那個動亂年代有其特定含義，常用於鎮壓或拔除某個頑固的敵對勢力，如文革期間著名的沙甸慘案，當局派軍隊武力進駐沙甸、剿滅「炮派」回民的行動在文件中就稱為「捅馬蜂窩」[6]，那絕不僅僅是派人去「宣傳」什麼而已。毛澤東決定把不久前還視為心腹「小將」的清華造反派當做「馬蜂窩」給捅掉，而且不惜「發生流血」，無怪乎他「像指揮打仗那樣精神振奮，語言激昂」，而且當時就把謝靜宜「驚呆了」。

　　謝靜宜接著說：毛澤東在做出「捅馬蜂窩」的決定後，首要的考慮就是對清華兩派人士乃至一切與清華沾邊的人嚴密封鎖消息，

（續）————————————

　　體一致，只是一些時間略有差別。

5　謝靜宜，《毛澤東身邊工作瑣憶》（中央文獻出版社，2015），頁175-185，下引謝靜宜回憶錄不另注者均同此。

6　參見沙甸事件相關檔。

而且做得滴水不漏。毛澤東親自交代，參加行動的工人必須來自「與大學沒什麼聯繫的工廠」，「否則，你們還沒動，他們就知道了，這就不好辦了」。

更有甚者，據謝靜宜說：同樣「為了不讓北大、清華的人發覺」，毛澤東不僅布置了嚴格的保密，而且讓北京當局以疑兵之計迷惑「清華的人」：（行動前）「那幾天，由北京市委組織工人在大專院校周圍遊行，高喊『要文鬥，不要武鬥』的口號，不進校，遊一陣子回來。」這樣就給人以並非要採取強制手段進占清華的假象，同時完成了大規模人力部署。27日當天，「指揮小組一聲號令」，三萬多工人、農民、軍人分成8個團，「浩浩蕩蕩向清華大學進發。到後，仍像前兩天一樣，先在學校周圍遊行，麻痹他們一下」。

直到10點鐘準時，8個團「按事先的分工，同時從各大門一齊進校，到達各分工地段」，從而成功地完成了這次「捅馬蜂窩」的突襲占領行動。

顯然，謝靜宜的說法與吳德說的大相徑庭：工宣隊進占清華的決定不僅沒有事先告知蒯大富，而且處心積慮地就是「為了不讓北大、清華的人發覺」。不僅不通知，還嚴格保密。不僅嚴格保密，還一直採取種種疑兵之計「麻痹」清華人直到最後一刻，就是要讓他們做出錯誤的判斷！

謝靜宜這樣說，是否有什麼不利於毛的動機？顯然不會。不要說謝靜宜當年就是與江青、毛遠新等毛澤東家人一起被捕的「文革派」，又長期為毛澤東掌管機密，以細心謹慎、忠心事主著名，就是這篇回憶錄，也是從頭到尾充滿對毛崇敬的語氣，關於「七‧二七」的回憶就是在崇敬口氣下做的，對毛澤東神機妙算的崇拜可以說是溢於言表。完全沒有理由懷疑她會有不利於毛的想法。

耐人尋味的是毛澤東在24日說出「捅馬蜂窩……有可能會發生

流血的，要警惕」這句話。他要警惕什麼？是要警惕發生暴力、避免流血嗎？常人都會想，如果是要避免這樣的後果，假如對手是「敵人」，那就應該擺出兵臨城下的陣勢去與其談判，爭取不流血的「和平解放」。不是講一些「要文鬥不要武鬥」、「實行革命大聯合」之類的空話，而是發出最後通牒：某日前如果你們還不撤離，我就要出動大隊人馬強行解決了。畢竟那「敵人」只是搞搞派鬥，沒有任何實力可與專政機器對抗，用得著「奇兵偷襲」嗎？

而如果對手不是敵人，只是毛澤東的一些昏了頭的崇拜者在內鬥，毛澤東原則上勸說無效，那就更應該明確放話：某日前你們再不聽話，我就要派大隊伍進駐了。或者說，由於你們不聽話，我已決定派大隊伍進駐，你們必須配合、服從。正如如今無論當年「老團」還是「老四」的朋友都共同認為的：「造反派」再怎麼「無法無天」，畢竟兩派都以「毛主席的紅衛兵」自居，七·二七那天只要知道那幾萬工人軍人是毛主席親自派出，是絕沒有人敢於公然對抗的。

總之，無論毛澤東把清華兩派或某一派是看做敵人還是看做自己人，為了避免流血毛澤東都應該向他們攤牌，告訴他們他將要採取的措施，並責令他們不得抗拒而且予以配合——吳德的說法正是按這一邏輯編排的。實際上，這不僅是避免流血的必要條件，顯然也是充分條件。「清華的人」如果是敵則沒有對抗能力，如果是友更不可能有對抗意志。只要他們知道三萬大軍來自毛澤東，流血對抗是根本不可能發生的。

進而言之，事先通知清華不僅是避免流血的「充要條件」，也是極易實現的條件。蒯大富作為中央文革一手扶植的嫡系「小將」，過去一直與「文革首長」保持有直接的聯繫通道，作為北京市革委成員，他也一直與市革委主任謝富治保持工作聯繫，無論通過中央

文革還是通過北京市革委，與他溝通完全是自然之事。

但是按謝靜宜的描述，毛澤東恰恰就是要刻意消除這個條件。

其實，近期一些研究已經指出，毛澤東當時準備採取的行動，其許多內容早就為清華校內，尤其是四一四派的一些人多次建議過。唐少傑指出：四派曾數次向「無產階級司令部」建議對清華實行軍管或直接派群眾隊伍進入清華，檔案中可見的最後一次是在7月26日，即七‧二七前一日。四派提出建議：「可否由謝副總理帶頭，組織北京工人、農民、解放軍、中學生、大學生，連續一個星期每天以幾萬人的隊伍，輪流到清華、北大這樣武鬥最厲害的地方，封鎖最嚴的據點周圍遊行示威，宣傳七三布告，創造和平氣氛，並在此基礎上再採取解決措施，拆除工事、上交武器和全部停止武鬥的問題。」[7]

表面上看，第二天實際發生的事與這個建議在許多方面十分相似。但值得注意的是：首先毛澤東的行動對所有「清華的人」乃至「與清華有聯繫」的人保密，提出上述建議的四一四派也被蒙在鼓裡，毛澤東並沒有尋求他們配合。第二更重要的是：看似類似的建議其實用意完全不同。四派建議派人到清華周圍連續遊行，宣傳七三布告是為的「創造和平氣氛」，以便在兩派關係緩和後「再採取解決措施」。但毛澤東搞的和平宣傳卻是要「麻痺」清華人（包括四派在內），以便發起突然襲擊、使出激烈手段。

很明顯，在三萬大軍突然從四面八方同時湧進校園時，校園內包括兩派頭頭在內約一千的清華人（大部分師生已因武鬥而離校）

7　《清華大學井岡山兵團四一四總部簡報》，清華大學檔案館藏，轉引自唐少傑，〈清華大學文化大革命歷史引論〉，載孫怒濤主編，《歷史拒絕遺忘：清華十年文革回憶反思集》（香港：中國文化傳播出版社，2015），頁52。

無疑都是「不明真相的群眾」——不是蒯大富或沈如槐對他們隱瞞
了真相，而是如謝靜宜所說，是毛澤東刻意「不讓清華的人發覺」
自己的意圖，而且用種種計謀把他們「麻痺」到了最後一分鐘。這
樣，當這一千人發現自己陷於三萬多人海突如其來的圍攻時，平心
而論，他們有幾個人能正確判斷當時的局勢，而不發生「誤會」？
恐怕區別只在於對「誤會」的反應方式而已。對於當時在武鬥中完
全處於劣勢、實際已經陷於絕境的四一四派而言，他們的「誤會」
更可能在於把圍攻者看成是自己的救兵（其實後來證明毛澤東對四
一四並無好感，只是這時他首先要整的是蒯大富），不加抵抗完全
合乎情理。即便不認為是救兵，抵抗幾百名團派圍攻已經精疲力竭
難乎為繼的「老四」也不可能再去抵抗新闖入的三萬人，尤其是該
派主要據點科學館在武鬥後期已被圍困得山窮水盡，幾度突圍不
成，如今能出去自然求之不得。

　　而對於占優勢的團派而言，突然闖進幾萬人犁庭掃穴要把其逐
出校園，他們能不震驚？所謂的「黑手發動反革命政變」，所謂「工
總司踏平上柴事件的重演」，這類「誤會」難道只是蒯大富等少數
人才會有？在這樣的「誤會」下，擁有武裝而且已經進行了百日武
鬥的他們會如何反應，難道還用問嗎？

　　這裡要指出的是：按謝靜宜的回憶，「宣傳隊」進入清華後，
七・二七行動總指揮部曾同團派談判，為緩解衝突，市領導決定「限
工農宣傳隊只准走的路線，以及規定哪些路線、地區不能進、不能
通過」。這本是保障有秩序地「和平解放」清華所必須的規則。當
年從傅作義手中「和平解放」北平也是這樣的，否則大軍一進城就
不受協議約束隨意亂闖，乃至闖進傅作義司令部去抄家抓人，那還
能叫「和平解放」？

　　但是，毛澤東知道這一規定後卻大為光火——

「主席觀看完地圖站起來氣憤地說：『大學是工人、農民和全國人民辦的。什麼這條路能走，那條路不准通行？是誰規定的？沒有道理。對工人、農民和全國人民來講，條條道路都是（可以）通行的。什麼這條路線不能走，那個地段不能進？豈有此理，（這）是犯了路線錯誤。』」[8]

於是，毛澤東親自下令取消了宣傳隊進清華後一切行動的任何空間限制，並且不容任何商談。顯然，毛澤東的說法完全體現了他時常自詡的「無法無天」風格，根本沒理可講：大學是「全國人民」辦的，所以「全國人民」就可以不受限制地在校園裡亂闖？那中南海理論上也屬於「全國人民」，「全國人民」也可以進中南海亂闖嗎？即便在文革中最亂的時期？實際上就是後來工宣隊管制下的清華園，「全國人民」不能隨意進入的空間禁區又何嘗更少？

但毛澤東當時這樣說，顯然也不是基於什麼民粹主義或無政府主義。這個時候的毛澤東早已不是煽動「造反」的那個毛澤東，他派三萬大軍進校就是去彈壓「造反派」的，只不過他明顯是要在這一過程中擴大事態、人為地增加三萬大軍與千餘學生發生衝突的機率。

而另一方面，他又布置三萬人進占校園時都不帶槍。要知道這突襲清華的三萬「宣傳隊」雖然沒帶槍，更沒放槍，但他們絕非僅僅是來「宣傳」的——儘管他們要「宣傳」的「七三布告」等本身已經是全面鎮壓造反派的布告，但是此前清華人並沒有誰意識到自

8　謝靜宜，《毛澤東身邊工作瑣憶》（中央文獻出版社，2015），頁180。按：謝靜宜說的是三萬人進駐後毛澤東對市領導約束宣傳隊活動的批評。但實際上從全文來看，毛澤東應該是在24日決定捅馬蜂窩時就主張宣傳隊在清華可以為所欲為、去所欲去，只是市領導沒有領會他的旨意，還有點放不開手腳，致引發毛澤東的惱怒。

己會與廣西四‧二二劃為一類。事實上，毛澤東授意的疑兵之計也正是要讓「清華的人」相信那些人僅僅是「宣傳隊」，而非「占領軍」。這就是毛澤東要他們事先在清華校外連續「宣傳」了兩天、直到當天10點八路總攻發動之前還圍著學校和平「宣傳」的用意。如前所述，這種和平宣傳的目的並不在於施加壓力迫使清華人主動退卻以避免流血。恰恰相反，毛澤東的用意是「麻痺」清華人，避免打草驚蛇防止「敵方」感知壓力做出妥協，使預定10點整發起的「捅馬蜂窩」戰役沒法進行。

因此毫不奇怪，雖然「捅馬蜂窩」者沒帶槍，更沒動槍，但這就如光著膀子捅馬蜂窩，只能增加他們被「馬蜂」狂螫的機率。螫死了人的「馬蜂」難辭其咎，如此策劃的人又該負什麼責任？毛澤東當時的衛士陳長江曾回憶，毛聽周恩來報告說清華發生流血死亡後脫口而出曰：「造反派，真的反了?!」唐少傑認為這與謝靜宜的回憶有所不同。其實現在看來，毛如果真講了那句話，恐怕也不會是意外驚訝，而是計謀成功後的驚喜語氣。正如唐少傑另一處評論的：「這再次印證了文革中的一句流行話語：『政治鬥爭就是要引導對方犯錯誤。』」[9]

至今有些人還說：蒯大富發動武鬥，有罪在先，憑什麼工宣隊進來要先通知他？這種說法顯然混淆了兩個完全不同的問題：蒯大富有罪是一回事，為防止工宣隊傷亡需要事先通知是另一回事。後一件事不是要為蒯減罪，而是要維護工宣隊員的安全。哪怕此前蒯已是罪不容誅，毛澤東直接下令軍警抓他歸案也就罷了，為什麼要用這種「引蛇出洞的陽謀」搭上幾個工宣隊員的生命呢？

9　唐少傑，〈評謝靜宜《毛澤東身邊工作瑣憶》〉，《炎黃春秋》2015年第5期，頁80-81。

七・二五接見與七・二七行動：從廣西看清華

　　為什麼？我們不妨看看在七・二七的前幾天，蒯大富乃至清華、北航造反派在「無產階級司令部」眼中已經成了什麼樣子。

　　熟悉廣西文革史的人都會記得，七・二七幾天前的7月24日深夜至25日凌晨「中央首長最後一次接見廣西兩派赴京代表團」。當時，以毛澤東親自批示「照辦」的「七三布告」為起點，對「廣西四・二二」的大規模剿滅已經在南寧等地進行了半個多月，這次接見其實是正式宣布對「廣西四・二二」組織的死刑判決。「接見」後不久，四・二二的代表們便被全數扣押入獄。

　　就在這次歷時數小時的「接見」中，包括周恩來、陳伯達、康生、姚文元、謝富治、黃永勝、吳法憲、溫玉成等在內的陣容龐大的中央首長們異口同聲，一面倒地嚴厲斥責廣西四・二二。除了談廣西的事外，斥責中的一個重要內容，就是向在場的四・二二人員追查所謂的「清華—北航黑會」的情況，尤其是點名追查蒯大富。這些處理國家大事的首長們一個個彷彿成了「專案組」的審訊人員，不僅聲色俱厲、不依不饒，而且追問之具體、口氣之武斷令人驚訝。周恩來首先指責四・二二人員「參加了清華、北航的黑串聯會」。康生點名要四・二二代表朱仁把會議情況「原原本本、老老實實地寫出來」，「你在會上怎麼講的，蒯大富是怎樣講的，什麼人怎樣講的，會上、會下又怎樣講的，給我寫出來。你不要認為我們不知道，不是缺你的材料，是看你能不能挽救！」陳伯達斷言四・二二參加「黑會」是去朝見「黑司令部」，大喝要與會者「把你們的黑司令部端出來！」周、康和陳三人都輪番追問「開了幾次會？在哪裡開的？誰主持的？到了多少人？清華誰去了？」吳法憲說：「你

們『彙報團』（按：當時各派來京人員正式名義都叫某某組織赴京彙報團）不向中央彙報，到清華、北航彙報，彙報什麼？你們到底幹了些什麼？」陳伯達並說：蒯大富、韓愛晶「狂妄自大」，成了危險人物，「蒯大富最好去勞動，韓愛晶最好去勞動」。周恩來最後要求四・二二人員回去寫交代，「一定要把你們這六百多人（按：四・二二代表遠沒有這麼多，『六百多人』似指各省來京及北京高校造反派人員被認定參與『黑會』者的總數）的活動、串聯黑會都寫出來。」[10]

　　這份接見紀錄表明幾點：1.「中央首長」們認定廣西的問題並不孤立，各省及北京的造反派正在形成一個統一的「黑司令部」，而「清華—北航黑會」就是一個重大標誌。2. 清華（當然是指「清華井岡山」）與蒯大富被置於這個「黑會」的重要位置。而且從反覆點名追查清華和蒯大富（有趣的是除了陳伯達提出韓愛晶和蒯都要「去勞動」外，當場再沒有人提到韓，除並列指責「清華、北航」以外也沒人單獨提到北航，卻幾次單點了清華）的語氣看，中央首長們已經完全把其看做整肅對象，不但整材料整到了廣西人那裡，陳伯達還明確說要把蒯清洗出政治舞臺。3. 與會的「中央首長」很多，而且來自我們現在知道其間矛盾很大的各個派系，如中央文革文人集團和林彪軍人集團，以及超越諸集團之上的（也有人認為是

10　中央辦的毛澤東思想學習班廣西班辦公室記錄整理，〈中央首長接見廣西來京學習的兩派群眾組織部分同志和軍隊部分幹部時的指示〉，注明的整理時間為1968年7月26日，28日起該檔在廣西以傳單、號外等形式大量散發。本文據宋永毅等編，《中國文化大革命文庫》第三版（2006）光碟收錄文本。按：1967-68年間中央首長每次接見廣西兩派的紀錄都有兩派和廣西官方（軍方）各自整理的兩三個文本，但最後一次接見時四・二二事實上已經失敗，所以只有這一個文本。

自有一集團的）周恩來等，但他們這時在處理造反派的問題上高度
一致，顯然，只有「偉大領袖毛主席的戰略部署」能夠整合出這樣
的一致。4. 由此我們也可以看出七‧二七那天毛澤東如果講了「造
反派，真的反了」，那也不會是意外驚訝的語氣。因為這次接見中
「首長」們的口氣其實就是肯定造反派「真的反了」。所以，與其
說是「團派」對七‧二七的抗拒使毛澤東驚訝於「造反派真的反了」，
毋寧說正是他們覺得「造反派真的反了」才布置了七‧二七的「捅
馬蜂窩」行動。

　　讀了這份紀錄，誰還會認為兩天後的數萬「工宣隊」進占清華
之舉有可能事先通知蒯大富？誰還會覺得蒯大富那天到處打電話都
碰壁只是陰差陽錯的溝通問題？

　　那麼，這四‧二二人員參與了的「清華—北航黑會」究竟是怎
麼回事呢？

　　七‧二五接見在七‧二七之前僅兩天，但接見紀錄公布、讓世
人讀到則已經是在七‧二七事後。接見中周恩來說：今天講的內容
「反正朱仁是會傳出去的（意指傳給蒯大富這類「黑會」中人），
我也不怕你傳出去。」這顯然是講反話，接見後不久即失去自由的
朱仁及其他廣西人大概不可能給蒯大富們通風報信（且不說他們根
本還不認識）[11]。我們現在知道「清華井岡山」是非常重視搞情報
（所謂「動態」）的，但這兩天他們似乎對此一無所知，或者風聞
了也未重視。直到現在，清華文革中人寫回憶錄雖未汗牛充棟也已
經卷帙頗為浩繁了，七‧二七也是這些回憶錄經常提到的，卻未見
到有誰提及這件對清華井岡山似乎是相當致命的事。後來我曾當面
問過蒯大富等一些井岡山要人是否記得有這麼個會議，居然沒人能

11　2014年8月10日訪談中筆者就此問過朱仁本人。

說出個所以然[12]。儘管其實毛澤東在七‧二八訓斥蒯時就指責他和韓愛晶串聯各省造反派，「又在清華開會，又在北航開會。還在什麼和平里開會。很多是外省來的，又是廣西的四‧二二，四川的反到底，遼寧八‧三一的一部分，錦州的糟派，黑龍江的炮轟派，廣東的旗派……不要搞這套。」（林彪接話：「我們沒有開九大，他們就開了」。）但是，事後無論蒯還是清華井岡山其他人談起七‧二八召見，談起他們垮臺的緣由，大都還是講搞了「百日武鬥」、武力對抗工宣隊等惹怒了領袖，幾乎沒人提到這個「黑會」。不但如此，後來從毛澤東時代蒯大富被捕坐牢直到鄧小平時代正式判刑，列舉的罪狀中也沒有再提這件事。

　　為什麼？我想原因其實也簡單：那實際上根本就不是什麼大不了的事！蒯大富他們沒當回事，一直就沒往心裡去。而「中央首長」們其實當時對事情的整個經過也已經查的一清二楚。首先，七‧二八召見時韓愛晶就已解釋：

　　「那個會不是我們召集的。可以調查，是廣東武傳斌召集的。我有病，住院前在體院。學校裡打來電話，接待兩個省革委會常委。別人講『上有天堂，下有北航』。五四學代會，好多外省造反派頭頭我沒有熱情接待，大家說：老大作風，驕傲自滿，又說我們是富農，不革命了。於是我說接待了。送行時他說要開全國形勢串聯會，我說北京開會就是黑會，北京還有天派地派之分，很複雜。我同意找幾個可靠的造反派頭頭、革命委員會負責人聊聊，只搞情況，不談辦法。我、蒯都去。後來我住院了。會議一開，大家都感到不妙，

12　就我所見，似乎只有當時北航紅旗的戴維堤在其自傳《逝者如斯》中介紹了此會的始末。但是他與武傳斌一樣也稱之為「北航黑會」，不認為有清華的什麼事，其實清華受此會的影響應該比北航更甚。

地質（學院東方紅）參加了籌備會就不參加了，蒯大富聽了一會嚇跑了，井岡山也嚇跑了。同學紛紛給我反映情況，我說趕緊寫報告，誰知批評已經下來了。」[13]

其實不用韓愛晶解釋，七‧二五接見廣西兩派代表時，周恩來對情況已經很清楚，他當時就說：「大革命時我在兩廣待過，我為你們難過，兩個當黑會主席的，一個是廣東的武傳斌，一個是廣西的朱仁。」儘管這個說法也不確切（見下文），但無論蒯大富還是韓愛晶，清華（井岡山）還是北航（紅旗）都不是會議的主角，他是很了解的。

武傳斌當時是廣東「旗派」頭頭、廣東省革委會常委。他近年在接受筆者採訪時回憶說：當時「是我在北京參與串聯，組織，主持，在北航召開了一次有十幾個省、市在京上訪的造反派大會」，即中央首長接見廣西兩派時所說的「北航黑會」，「之所以拉上清華，那是因為在大會的第一天，我把老蒯也請來上了主席臺。但我從未聽過『清華、北航黑會』的說法」；「回廣州後，在廣東省革委會全會上批判我時，省的主要領導傳達中央領導講話時，定性為『北航黑會』。『清華—北航黑會』如有存在，也可能另有所指。」後來他又略作更正說：「68年7月16日第一天的會議是在清華開的，老蒯參加了不到一個小時就走了，僅對各地造反派來北京，來清華表示了歡迎和支持，沒有更多的講話。7月17日的會是在北航開的。」[14]而根據七‧二五接見時四‧二二參會代表白鑒平所說，會議是18、19日開的，與武傳斌四十多年後的回憶有兩天之差，應以白鑒平當

13　七‧二八召見紀錄，見宋永毅等編，《中國文化大革命文庫》第三版（2006）光碟收錄文本。

14　武傳斌電郵（日期不詳）。

時的說法為準。另一代表高壽儀說：「是廣東『旗派』掌握會場」[15]。
這也與武傳斌的說法一致。

　　至於周恩來指為與武傳斌一起成為「黑會主席」的朱仁，是七·
二五接見中被多位中央首長連珠炮式審問追逼得最緊的一位。據接
見紀錄，當時他在追問下「轉彎抹角、吞吞吐吐承認在清華主持了
這次黑會，說有十幾個省、三十多人參加」[16]。但是，近年筆者採
訪他時，朱仁否認了「主持」之說，只是說自己發言介紹了廣西的
情況，並且說他參加的會議只有一天，是在北航開的，沒有在清華
開過，如果清華也開了，那自己並沒有參加[17]。

　　這個說法與當時作為柳州四·二二代表的錢文俊所說可以互相
印證。錢文俊近年接受筆者採訪時說：會議似乎是開了兩天，但第
一天通知他們到清華，卻因為當時清華武鬥，校園一片混亂，根本
找不到會場，實際沒有開成會，會是第二天在北航開的。有個清華
的到場（錢說他不認識蒯大富，不能確定是不是他）講了不長的話，
主要就是潑冷水。遼寧八·三一的人提議各省造反派應該聯合起來
成立一個全國性組織，他大驚失色，表示這絕對做不得。也有人說，
全國性組織不可行，那就退而求其次，搞個各地造反派互通消息的
聯絡站怎麼樣？清華的人說那也不行，他們不能參與這樣的事。弄

15　中央辦的毛澤東思想學習班廣西班辦公室紀錄，〈中央首長接見廣
　　西來京學習的兩派群眾組織部分同志和軍隊部分幹部時的指示〉，
　　1968年7月26日整理，宋永毅等編，《中國文化大革命文庫》第三
　　版（2006）光碟收錄文本。

16　中央辦的毛澤東思想學習班廣西班辦公室紀錄，〈中央首長接見廣
　　西來京學習的兩派群眾組織部分同志和軍隊部分幹部時的指示〉，
　　1968年7月26日整理，宋永毅等編，《中國文化大革命文庫》第三
　　版（2006）光碟收錄文本。

17　2014年8月10日訪談朱仁，南寧。

得大家很喪氣。最後也就是大家發發牢騷，覺得各省造反派都危機四伏前途渺茫，沒有任何結果就散了[18]。

　　錢文俊說的這個清華人基本可以確定就是蒯大富。四十多年後筆者採訪蒯大富時，他對這個會已經沒什麼印象，但後來想起說是有這麼一個會，他當時就害怕跟各省這些人混在一起，但礙於武傳斌他們的面子到北航去了一會兒。「有人提出成立各地造反派聯合組織，我跟中央文革和周總理這些首長打過那麼多交道，當然知道這是大忌，要惹大禍的，就斷然否定了這個餿主意。有人又說那就辦個聯絡站保持聯繫，我說即便搞聯絡站也要先請示中央文革，得到中央的明確同意才能搞，否則是絕不能搞的。說完我就離開了。」[19]

　　四十多年後各人的回憶有些細節出入完全可以理解，但綜合這些回憶和1968年當時披露的情況，基本事實大致已很清楚：1968年盛夏時，各省造反派都已面臨嚴重危機（曾短暫得勢的大都已經失勢，從未得勢的則面臨更嚴厲的鎮壓），他們的群眾紛紛成為文革難民流入北京，他們的頭頭們也紛紛組團赴京「上訪」。廣東的武傳斌就出頭讓這些難兄難弟們（「革命造反派戰友們」）搞了個聚會。

---

18 2013年7月8日電話訪談錢文俊。

19 2013年6月23日訪談蒯大富，深圳。按：清華四一四方面的消息說蒯大富的發言則相當火辣：「1.除河南、青海外，全國現在是保守派掌權；2.現在不是中央支持造反派的問題，而是反之；3.全國局部地區可能發生內戰。」（見邱心偉、原蜀育主編，《清華文革親歷大事日誌》，1968年7月23日條，此資訊為孫怒濤先生提供，謹致謝。）但多名與會者都沒有這個印象。

所謂「黑會兩主席」

　　為什麼是武傳斌？因為他領導的廣東旗派這時也處在轉捩點上。旗派在1967年3月曾與偏向「老保」的廣州軍區有過衝突，但毛澤東發出擊退保守的「二月逆流」的旨意後，周恩來借布置廣交會之際飛到廣東，於4月18日在廣州欽封旗派是革命造反派，其對手則是「保守」的，並要求廣州軍區支持旗派。我們知道，這一年北京曾多次隔空表態、乃至派出「首長」（如到武漢的謝富治和王力等）前去直接支持各地造反派，使之從逆境中鹹魚翻身，但由周恩來親自去現場欽點造反派的還只有廣東。旗派因此聲名大噪。人們現在知道廣州軍區及其司令員黃永勝對旗派心裡是反感的[20]，但也不得不予以支持。1968年2月廣東省革命委員會成立時，黃永勝是主任，武傳斌是常委，兩人關係一如北京的謝富治與蒯大富。

　　1968年3月楊成武倒臺後，黃永勝到北京官升總參謀長，旗派卻與此後的廣州軍方及廣東省革委主流關係惡化，這其實和全國其他地方的造反派兔死狗烹由盛轉衰是同一趨勢。但與其他一些省份的造反派（如廣西四‧二二）相比，旗派當時面對的形勢尚不那麼險惡，武傳斌也並不甘心。他認為廣東軍方變臉是黃永勝離開的結果，而黃永勝還是支持自己的。於是便與另一位省革委會旗派常委邱學科一起到北京找黃永勝告狀。到北京沒能見到黃永勝（黃其實正要整他呢），卻發現各省落難造反派紛紛來京上訪，難民們的慘狀也讓他深感震驚。眼見這些人求訴無門，自我感覺尚不那麼壞的武傳斌便出頭聯絡這些「造反派戰友」開了那個會，無非是想分析

20　葉曙明，《遲澤厚訪談錄》。

一下形勢，研究怎麼能把自己的訴求上達天聽，並沒打算成立什麼
全國性組織（會上遼寧與會者提出的這個建議並非原先所料）。遠
在南國的武傳斌畢竟不如北京人那麼敏感，不知道這是犯了大忌。
但他在北京開會總要有東道主，找的自然就是北京的「造反派戰友」
韓愛晶蒯大富們。韓、蒯儘管當時還風頭十足，但經過兩年的「政
治經驗」已經不是1966年時的「初生牛犢」，他們是知道禁忌的。
韓同意接待武傳斌，是因為武與他一樣是省級革委會常委，而且據
說還有黃永勝支持，屬於他所說的「可靠的造反派頭頭、革命委員
會負責人」，並不是朱仁那樣的在野人士。儘管這樣，韓仍然沒有
參加武傳斌主持的會，只是提供了會場，出席會議的北航紅旗成員
侯玉山和祝春生據說還很不客氣地批評了外省人的過激言論。而這
個情況康生也知道[21]。

　　就廣西四‧二二而言，參加這個會議也是稀稀拉拉的，在京四‧
二二成員有的只去了北航，有的只去了清華，筆者所知的與會者中，
兩校都去了的似乎只有白鑒平。更有趣的是，被康生誣為「黑手」、
周恩來指為「黑會主席」的朱仁並不是四‧二二赴京彙報團的正式
成員，而是彙報團已經在京多日後，由於南寧事態危急，他自己決
定上京「報告情況」，甚至連車票也是自己買的[22]。在四‧二二及
其赴京人員中朱仁並不在領導層，康生之所以盯住他，只因為他是
廣西自治區黨校教師，被認為有理論水準。而四‧二二「柳鐵工機
聯」一位中學紅衛兵此前寫有一篇觀點激進的文章〈今日的哥達綱

21　戴維堤，《逝者如斯》之73〈北航黑會〉，烏有之鄉網站。
22　2014年8月10日訪談朱仁，南寧。後來他被說成是四‧二二代表團
　　的副團長。但是，僅憑他在京期間一直住在和平里難民區而不是官
　　方安排的代表團駐地政治學院（多個受訪者均肯定了這一點），就
　　足以證明這個說法不是事實。

領〉，當時與湖南楊曦光（楊小凱）的〈中國向何處去？〉、清華周泉纓的〈四一四思潮必勝〉等都是中央點名的異端「大毒草」。康生僅以「中學生不可能看過《哥達綱領》」為理由，就一口咬定中學生寫不出這篇文字，肯定有「黑手」代筆，而黨校教師朱仁就是代筆者，也就是四‧二二中的「黑手」。其實，不要說中學生完全可能看過馬克思已全文引錄過的《哥達綱領》[23]，就是沒看過，當時的學生不少也從我國共運史宣傳中知道哥達綱領是德國工人運動中愛森納赫派與拉薩爾派「無原則合併」的結果，那篇文章不過是借此典故來表達其不願與對立派「老保」合流之意，與《哥達綱領》文本的內容毫無關係，何以非得看過那文本才寫得出來？更何況在南寧工作的朱仁根本不認識在柳州的作者。

正如北航的戴維堤後來所說：「現在看來，在所謂的北航黑會問題上，韓愛晶和北航紅旗本來是沒有什麼錯誤和責任的——如果講理的話。第一，韓愛晶一開始就反對開這個會，他藉病拒不參加，當時能做到這點，就很不容易了。第二，文革中中國人有『四大』自由，這是毛澤東支持和倡議的。群眾組織頭頭聚在一起開個會，交流一下文革資訊。就算發發牢騷，講了幾句出格的話，但沒有密謀武裝暴動，沒有違反憲法的任何行動，憑什麼叫『黑會』？這是

---

23 接見中有人說看過馬克思的《哥達綱領批判》，康生駁斥道：「我說的是《哥達綱領》」。但《哥達綱領》全文本身只有短短四節，馬克思認為它「差不多每一個字都應當加以批判」，因此在《哥達綱領批判》一文中「逐條逐句」地引錄該綱領並予以駁斥。這些引文其實就是《哥達綱領》的全文。（參見《馬克思恩格斯全集》中文第一版第19卷，頁8、11-35）因此根本不存在看過《哥達綱領批判》卻沒有看過《哥達綱領》的問題。康生這樣駁斥，其實恰恰表明他這個「馬列主義權威」倒真可能沒有看過馬克思的這本「經典著作」。

對人權的嚴重褻瀆。『北航黑會』不是黑會，正像二月逆流不是逆流一樣。但是，可悲的是，在大人物面前，有時候是很難講理的，因為他們是『神』。連韓愛晶、蒯大富等人也把此會當成了黑會，真是可笑之極！這件事情產生的影響和後果是嚴重的。『北航黑會』和清華武鬥事件使毛澤東大傷腦筋，最終導致他老人家作出了大決策。」[24]

北航如此，清華就更不用說。儘管「黑會」是武傳斌張羅的，北航韓愛晶只是勉強接待了他，清華連接待方也不是，會議實際上也是在北航開的。有的回憶說蒯大富在會上露了個面但沒怎麼說話，有的回憶說他講的話是潑冷水。但有一點是一致的，那就是清華與這個會的關係比北航更淡薄。武傳斌與戴衛堤都說他們聽到的指責是「北航黑會」而沒有清華的什麼事。但實際上，從七‧二五接見時周恩來指責「清華、北航的黑串聯會」，吳法憲說四‧二二是「向清華、北航彙報」，其他中央首長也反覆追問清華有誰與會、蒯大富講了什麼，直到七‧二八召見時毛澤東指責的「又在清華開會，又在北航開會」，顯然當局追究清華和蒯大富要甚於北航和韓愛晶。

另一方面，廣西四‧二二只是受武傳斌之邀與會的眾多各省組織中普通的一個，既非會議的發起者，也非接待者，更不像遼寧八三一那樣在會上有特別敏感的發言。當時七三布告已經發布，廣西屠殺正酷，北京的四‧二二代表團是不太可能挑頭當什麼「主席」的。後來戴衛堤的回憶對四‧二二人員會上的表現也沒有什麼印象。武傳斌第一次接受筆者電郵訪談講述會議經過時，也沒有提到朱仁。後來他接受加拿大學者譚家洛的訪談，則提到朱仁幫他聯繫了

---

24 戴維堤，《逝者如斯》之73〈北航黑會〉，烏有之鄉網站。

很多人，起了很大作用，但也沒有說朱仁就是會議主席。後來人們廣泛訪談了北京、廣西、貴州等地的「黑會」參與者，有人說記得當時朱仁坐在主席臺上，但是也有人說沒這個印象，蒯大富甚至說不知道這個人。與朱仁很熟的錢文俊否認朱仁是主席，說「記得朱仁是後來出現的，他住和平里，廣西很多上訪的人都住在那裡，他從那裡跑來，開頭不在。」[25]這與朱仁近期的說法是類似的。朱仁當年曾在威逼之下「吞吞吐吐」地承認自己是主席，由此「惡名」遠揚，幾十年後的回憶者是可能有先入為主的印象的。不過即便朱仁當過這個角色，他也並非四・二二代表團成員，當局卻把四・二二拔高到突出的位置，周恩來說四・二二的人是「黑會」兩主席之一，毛澤東列舉的與會者頭一個就是廣西四・二二。作為當時全國被鎮壓得最慘的造反派，四・二二那時被「槍打出頭鳥」，毛澤東批示「照辦」的「七三布告」就是針對廣西頒布的，是全國第一個公開出動正規軍隊剿滅造反派的布告（以後才有針對陝西的七・二五布告、針對山西的七二三布告等）。而七・二七工宣隊占領清華，就是打著宣傳七三布告的旗號。

關於黑會的近期討論：「清查」何以虎頭蛇尾

自2014年後，關於「黑會」的調查與討論漸趨活躍。一方面，對與會者的訪談繼續深入，有些爭議點已基本可以確定：1.「黑會」會期實際只有一天，即7月18日在北航。先前所傳17日在清華的「預備會議」實際因武鬥事前就已經取消，只是一些未得到更改通知的人到了清華，但並未開成會，至今沒有找到一個與會者表明參加過

25　譚家洛訪談錢文軍，2016年2月1日　（洛杉磯─南寧電話）。

所謂清華的會議。錢文俊過去說在清華開過，後來解釋了他記錯的原因。本身就住在清華的與會者王雲生斷然否認17日在清華開會的可能。而18日雖曾有次日繼續開會之議，但19日只有極少人到，也沒有開成。2. 除蒯大富本人外，其他與會者或者說沒有見到蒯，或者說他只是露了一下面，沒講什麼話。而絕大多數外地與會者其實就是想見見大名鼎鼎的蒯司令，蒯如果講了什麼，是不可能沒人有印象的。因此先前所傳蒯的話，無論是朱仁在威逼下供出的「兩個司令部的鬥爭」和四一四情報中的那些積極話語，還是蒯本人回憶的那些反對設立聯絡站等消極話語，他是否真的講過都十分可疑。3. 會議的起因就是中央文革對各地造反派來京人員不理不睬，難民訪民處境艱難，希望蒯、韓等傳說中的通天人物能幫助向中央文革傳話或遞材料。大多數與會者說他們當時對這個會並不重視，也沒有抱多少希望。對建立全國造反派組織的事，絕大多數與會者沒有印象，王雲生說很多人包括他自己都提過搞個聯絡站交流情況，卻否認會上有過建立全國性組織的動議。

　　而最重要的一點，就是無論北京、廣東、廣西還是貴州的與會者都共同回憶：「黑會」一開始被看得非常嚴重，成為他們被逼供的主要內容，也是他們失去自由的直接原因。但是自七‧二八召見後，對「黑會」的追查卻奇怪地不了了之，很快就不再被提起。甚至包括蒯大富在內的與會者後來被懲罰時所開列的理由中都沒有再提黑會的事。不少人對此迷惑不解。

　　筆者的解釋是：當初這個會本身就沒什麼大不了，只是為了整北京那幾大造反派「領袖」要找個事。到了七‧二七那天，團派對抗打死了工宣隊的人，引起公憤，毛澤東的意圖已經達到，整他們的理由已經有了。而且事實上幾大領袖也已經垮了，也就用不著找那個其實中央明知道沒什麼油水的理由了。其實，強制「收官」、

搞掉造反派已成為毛澤東的大主意,「黑會」不過是提供了個口實,沒有這個口實,毛澤東也會下手。以他的「神機妙算」,可以在下手中再找口實。果然,清華團派打死工宣隊成了更好的口實,「黑會」也就可有可無了。如今我們重視這個會,主要是作為當時局勢的一個象徵,作為全國造反派走向終結的一個拐點來研究,並非因為「黑會」本身有什麼了不起。正如譚家洛所言:「黑會」事件與廣西的關係,其實就是一個象徵:「殺雞儆猴。廣西為甚麼如此慘烈?廣西就是結束文革的雞。因此韋國清得放手大開殺戒。十萬犧牲,血祭文革,終落幕。」[26]

　　但另一方面,有朋友則從「黑會」討論中受到啟發,力圖坐實中央首長們追查「黑會」時講的那些後來已不再提的話,他們引用當時關於「黑會」的所有最極端的材料,強調「黑會」本身的嚴重性,以證明團派和廣西四‧二二,或者具體說是蒯大富和朱仁等確實有當初所說的那些罪過。其實,這些材料很多都已得到澄清,一些當事人前後不一致的說法也已有了解釋,而更重要的是如前所說:中央後來放棄了對「黑會」的追查,這最有力地表明他們知道追究這事其實油水不大,當初只是在工宣隊員不幸遇難事件發生前,需要這麼一個整倒造反派的口實,現在更好的口實已經有了,就不必再下那個功夫了。

　　我們知道,整個文革中有過多少無中生有的冤假錯案,相反地,由於為尊者諱,投鼠忌器而化有為無的「虛無」做法也是不勝枚舉。卻就是沒有一件並非因為為尊者諱,而是把本來就要整肅的人確實犯過的事給隱藏起來予以庇護的例子。蒯大富、朱仁等後來都是長期坐了牢的,關於「黑會」最極端的資料也沒有涉及什麼需

26　譚家洛訪談綜記,承告致謝。

要投鼠忌器的尊者，我們知道當時中央的所有頭頭腦腦之間無論有什麼矛盾，在對待這件事上都是完全一致，不應該有什麼可顧忌，但為什麼後來就是不提這件事了呢？

現在看來謎底已經清楚了：蒯大富們當初即使不抵抗，清華園也未流血，他們的下場也未會更好（就像沒有抵抗的韓愛晶等人的下場一樣），因為已經有一個「組織全國造反派總部和中央對抗」的罪名在等著他們了。這個罪名後來不再提，是因為已經有了一個更為合適的罪名——打死了「宣傳停止武鬥」的工人。如果沒有這個罪名，清查「黑會」的動作恐怕是不會無疾而終的。顯然，從毛澤東決定「捅馬蜂窩」時起，蒯大富們就在劫難逃了。

這樣說當然不是為蒯大富等人開脫什麼，其實造反派本身為毛澤東所利用，在文革中所幹的那些壞事是明擺著的。蒯大富發動百日武鬥，就是他最著名的壞事，無論怎麼說他都難辭其咎。毛澤東當初說文革就是共產黨與國民黨鬥爭的繼續，事關奪權，是你死我活的階級鬥爭，要為全面內戰而乾杯；江青說要武裝左派，提倡「文攻武衛」。蒯大富就拿雞毛當了令箭。他後來多次回憶說他當時看到工宣隊的人海攻勢，立即想到王洪文工總司如何踏平上柴聯司。其實我推測，他在這之前也一直有這樣的聯想。只是他原來以為自己扮演的是毛澤東寵倖的王洪文，沒想到這一幕毛澤東安排他做了上柴聯司！

而四一四方面在被圍攻的一百天中，無數次地向中央文革、北京市以及一切可能的途徑尋求上面的保護，從錐心泣血的表忠，到抬屍遊行、靜坐請願的壓力，可謂是軟硬兼施，哀怨並致，但就是不見一絲效果。毛澤東說蒯大富不聽話，試問毛澤東除了那些昨是今非變來變去的「原則」，對清華百日究竟說過什麼話？筆者曾當面問胡鵬池、但桑兩位先生：七‧二七之前，你們是不是內心覺得

已經被中央和毛澤東拋棄了？他們都說確實有這樣的感覺。但結果
卻是：毛澤東把他們當做釣餌給蒯大富造孽，最後讓團派做了上柴
聯司，卻沒有讓四派成為工總司，而是來了個螳螂捕蟬黃雀在後，
這種翻雲覆雨的手段，豈是團四雙方的書生所能料及！

四·二二還是四·一一：清華文革、外省難民與「黑會」

　　現在已經很清楚，毛澤東當時策劃的根本就不是什麼進校「宣
傳」。筆者前曾指出：在這場事先不打招呼的突然性強制行動中，
三萬多人包圍一千在校學生，不僅「強行繳械」、拆毀武鬥工事，
做了「制止武鬥」所必需做的事，而且大大超出這個範圍，全面查
抄了學生組織的辦公室和住處（當時謂之「抄家」），抓了不少人。
兩派學生包括住在校內沒有參與武鬥的人員一度都被全部趕出校
園。宣傳隊從此成為清華的主人（儘管最初還沒計畫長駐）。所以，
這是一次典型的強制占領行動，儘管占領者沒帶槍，但甚至不能說
是「和平解放」。因為和平解放也是要有協議的。而團派即便不抵
抗也未發生不幸的流血事件，他們也是被強制攆走的，已經不是「傅
作義」了[27]。

　　而現在有跡象表明，除了捅掉清華造反派這個「馬蜂窩」之外，
當時採取這一行動似乎還有一個目的，就是清除當時寄宿清華園內
的外地造反派難民。

　　早在十餘年前，唐少傑就提到，在七·二七那天的「17時至20

27　秦暉，〈「否定」並未徹底，「真相」仍待揭示〉，見孫怒濤主編，
　　《歷史拒絕遺忘：清華十年文革回憶反思集》（香港：中國文化傳
　　播出版社，2015），頁12。

時，住在13號樓的數十名外地造反派進京上訪人員，在團派的鼓動下，用團派提供的武器，衝出大樓，加入追趕、襲擊工宣隊隊員的活動，致使一些工人受傷。」[28]

後來的一些資料表明事件遠遠沒那麼簡單。有些人回憶說工宣隊似乎首先是與廣西人發生衝突的。如當年團派人員孫耘先生回憶說：「廣西四・二二與清華的確有割不斷的聯繫。當時在清華團派控制區住有不少外地的避難、上訪人員，以四・二二的最多。據說最早起來反擊工人強行進樓的就是他們這些人。」[29]

而當時住在和平里「難民營」的廣西四・二二成員胡寧寧回憶：

> 發布七三、七二四布告前後我正在北京。那時我們就意識到毛要收官了。七二四布告的第二天，幾乎北京家家都將這兩個布告貼在門上，通過街道發到每家。……我是27日晚（從京西賓館抗議現場）出來的。聽說十萬工人包圍了清華園。28日一早我就去了，因為那有我的一個親戚。去後聽說前晚井岡山（有說是住在清華裡的四・二二）扔了幾顆手榴彈，炸死了人。[30]

不過這兩人事發時都不在現場，他們都是聽人說的。而筆者見過的當時住在清華園內的廣西四・二二成員尚沒有證實這些說法。例如QLN說，他們三兄妹當時都是通過廣西籍清華團派學生安排，作為避難者住在並非武鬥區的7號樓裡，並不是井岡山組織出面接待的。當時清華學生大部分已離校，鋪蓋還在，鑰匙在留校同學手裡。

28　唐少傑，《一葉知秋：清華大學1968年「百日大武鬥」》（香港中文大學出版社，2003），頁29。

29　孫耘電郵，2014年9月15日。

30　胡寧寧電郵，2016年4月14日。

那時人也樸實，見老鄉逃難而來，開門入室，打開鋪蓋就睡，（離校）同學都理解，也不需要誰批准。很多四‧二二難民都是這樣住進清華的。七‧二七當天他們根本不知道發生了什麼事，只見忽然人海般大批的工人團團包圍了宿舍樓（安排他們寄住的廣西籍清華學生JLH在另一時間接受訪談時證實了上述情況，並補充說，當時經他安排的廣西難民就有二十多人。七‧二七那天的包圍者雖沒帶槍，但很多人都手持大棒，並有軍人帶領，把他們嚇得不輕），強令所有的人出來接受檢查。圍攻者把清華學生和外地人甄別分開後，就把樓清空，讓清華的人全部離校「投親靠友自找住處」，他們這些廣西人則統統被集中到和平里統一遣返[31]。筆者見過的幾位當時在現場的廣西人說法大同小異，他們並沒有與工宣隊發生衝突。當然，鑑於當時廣西「難民」並非統一有組織地滯留清華，他們未必能代表「難民」全體，也不能排除那些傳說的可能性。

但筆者認為，也有很大可能是把貴州四‧一一傳成了廣西四‧二二。因為就現在所知，工宣隊與外地人最嚴重的衝突似乎是與清華園內的貴州411派人員發生的。當年411在京頭頭王雲生回憶：

（四‧一一人員居住的）10號樓成了中央文革暗探的眼中釘，早就被盯住了。……727工宣隊和解放軍攻進清華，十號樓是主攻目標之一。十號樓外面是沙地，操場，當時是非常有組織的進攻。我們加起來兩百人不到，包圍的至少有五千人。其他樓不圍，就把我們團團包圍起來。從第一層開始，抓人就打，打得頭破血流，是8341部隊公開帶頭的。我們如果被抓回（貴

31　邱令娜電話採訪，2016年5月1日；金利華訪談，2016年6月7日，上海。

州）去肯定會坐牢，不行，只有堅決反抗。拆了床拿來堵住樓
梯，他們上不來就放火，是兩個解放軍親自放的火。打得很慘
烈，死了一個工宣隊。我們上了頂樓，掀起屋頂的磚瓦扔下去，
房頂上40多人，已經準備要跳樓了，後來是清華井岡山幾個戰
鬥隊打開血路救了我們。728早上冒大雨突圍，一兩萬師生員
工從後門冒雨步行撤往昌平……。

事後想，為什麼旁邊的2、9、11樓就沒有被宣傳隊進攻？後來
才知道，他們是兵分三路，主要對付四一四、井岡山和我們。
這都是和「北航黑會」有關聯的，認為你們肯定是組織了全國
造反派總部和中央對抗。[32]

　　幾十年後的回憶多有失準之處，例如「一兩萬師生員工撤往昌
平」，那時在校清華人肯定不會有那麼多，衝突的激烈程度也可能
有所誇大，「至少五千人」圍攻一座不大的宿舍樓之說不會有統計
依據。但考慮前述許多傳聞，這事的大致框架是可信的。貴州四‧
一一和廣西四‧二二是難兄難弟。1967年8月筆者在貴州目睹過李再
含鎮壓四‧一一的慘景：滿城大搜捕，大街上看到那些人五花大綁
被打得渾身是血。直到1970年我在滇黔桂邊區插隊時，還見過南盤
江對岸貴州冊亨縣岸邊「李再含是個大壞蛋，大權在手就蠻幹，他
控制貴州兩年半，把貴州搞的稀巴爛」的標語。當然比起對廣西四‧
二二的大屠殺，貴州只是小巫了。廣西殺人如麻，難民眾多，在北
京也比貴州有名，加上家喻戶曉的廣西七三布告，七‧二八召見時
毛澤東還特地點出了北京高校收留廣西四‧二二人員的問題。所以，
當時把貴州四‧一一人員的事誤傳為廣西四‧二二是完全可能的。

32　譚家洛採訪王雲生，2016年2月3日。承譚先生惠示，謹此致謝。

當然，也可能是清華園裡的貴州人與廣西人都與工宣隊發生了衝突。

　　而這件事使人們把清華文革與全國文革聯繫在了一起，當時在北京的外省文革難民也進入了人們的視野。

　　在那個血腥的夏天，全國鎮壓、屠殺「造反派」的並不只廣西和貴州——1967年各地的鎮壓，受害者中還有四川「產業軍」、湖北「百萬雄師」這樣的「老保」，當然更多的還是青海8.18這樣的造反派。而到1968年，更加殘酷的鎮壓就幾乎只針對所謂的造反派（及被強行與造反派綑綁、指為造反派社會基礎的底層賤民和「狗崽子」，他們也正是1966年9月前文革初期「老紅衛兵」暴力的主要受害者）了。

　　當時在北京有大量的各省各派赴京代表團（私下被叫做「控訴團」，當局承認的名稱是「彙報團」，實際就是上訪團）。作為當局承認的群體，他們的活動人所共知。但是，當時北京更多的還是代表團以外自行來京的造反派難民和訪民。其中有的直接就是躲避戰亂和迫害而來，有的是因其他原因來京後家鄉陷入戰亂而無法回鄉。按王雲生的說法，僅貴州四・一一難民在北京最多時即達10萬人。「在貴州造反派被打散了，這時等於在北京建立了一個機構，把總部設到北京來了。我們有辦公室、值班室，還有戰報，我是戰報的主編。」[33]10萬人的說法可能誇張，但貴州四・一一當時主要就是在北京的貴州流亡者中活動倒是真的。

　　廣西四・二二那時也有大量的難民在北京，於是除了官方安置於西郊解放軍政治學院內的四・二二「代表團」之外，在和平里地區形成了相當規模的廣西流亡者安置區，在一片尚未竣工的宿舍樓群內，房間、過道、陽臺都住滿人，各棟樓間也棚戶林立，幾難插

33　譚家洛採訪王雲生，2016年2月3日。

足，按現在的說法實際就是難民營。由於那裡條件惡劣，有關係的
人都盡可能寄住在北京各學校。當時一則因長期停課而且校園動
盪，學生多不在校，空出的宿舍使外地籍的學生有條件接待他們的
老鄉。二則「大串聯」時期北京學生到各地受到熱情接待，也結識
了那裡的不少「戰友」，這時「戰友」流亡北京，北京學生自然反
客為主，予以接待。三則1966-67年間清華井岡山、北航紅旗等北京
幾大名校造反派在外地廣設聯絡站（通常就是當地籍的學生在運
作），也形成不少關係，這時當地難民循關係而來，也可能得到幫
助。

　　這樣，在外地大鎮壓時期，北京的該地難民或曰政治流亡者群
體往往規模龐大，形成當時一種獨特的政治景觀，很值得文革史研
究者注意。這些人有家難歸，擔心回去後受迫害，迫切要求中央「解
決問題」。而他們又不像正式的「代表團」那樣因受官方接待對風
向變化較為敏感，更容易「不識時務」，「執迷不悟」，所以一般
比「代表團」更為激進。廣西四・二二代表團在七・二五接見後已
經完全蔫了，甚至已經失去自由，但和平里的不少難民仍然情緒激
動。據胡寧寧回憶，當時他們風聞七・二五接見內容後很憤怒，「為
抗議韋（國清）歐（致富）欺騙中央，決定（再次）衝擊京西賓館。
為了挽回四・二二最後的希望，我們學校（南寧三中）在京的四・
二二都參加了。」這次罕見記載的最後一搏一直持續到8月1日，那
天「凌晨被解放軍拖上幾十輛大卡車」押回了和平里，難民們這才
「徹底感到完了」[34]。

　　和平里的難民是如此，清華園裡的難民，無論貴州四・一一還
是廣西四・二二應該也類似。據王雲生回憶：「清華園成了貴州造

34　胡寧寧電郵，2016年4月14日。

反派在北京的主要據點。當時給我們安排了整整一棟樓，就是10號樓。開始四層都是我們的，我們有差不多一百人，……後來我們的人走了不少，剩下約一百人不到。這時重慶反到底、815、廣西四‧二二、湖南湘江風雷、黑龍江……被打散的，上京告狀的，陸續通過關係住進來了，占用一、二樓，他們大約有七、八十人。大家都是被地方軍政當局打壓的，同病相憐，情況大同小異。」

王雲生還稱：毛澤東七‧二八點了「北航黑會」。中央七二四布告出來後我們就感到形勢不利，毛下手了。七‧二五中央接見廣西，他們更不利，可以拔據點了。看來中央對廣西，對全國會有大的行動。沒想到兩天以後十萬人就開進清華。工宣隊打進清華，我從側面看得清楚，我全程參與了，沈如槐、唐少傑不如我現場看得清楚。後來反省，毛早就預謀有這麼一次，下死手，打入另冊，打入十八層地獄。後來把「北航會」升級，也有這個因素[35]。

筆者當時不在北京，不過就在夏天北京出現如此景觀之前，春夏之交的廣西首府南寧已經出現這樣的場面：自2月開始廣西各縣陸續建立革委會，幾乎是每「建革」一縣的前後，就在該縣出現一場掃蕩、剿滅四‧二二的大鎮壓乃至大屠殺。致使各地、縣的四‧二二成員大量逃往四‧二二尚有生存空間的南寧市（以及桂林、柳州）。當時筆者親見南寧四‧二二控制區到處都是外地難民，他們同樣有家難歸——後來的處遺資料揭示，他們一旦回去，死於非命的概率高達三分之一[36]，因此他們的態度比南寧人更激進。在廣西當局

35　譚家洛採訪王雲生，2016年2月3日。

36　《廣西文革大事年表》（廣西人民出版社，1990），頁115-116載：廣西四‧二二解放路控制區陷落後，外地被俘者7012人「交各縣拉回去『處理』」，結果被打死2324人，當作「要犯」長期關押246人。

完全不給活路的情況下，面對這些外地「戰友」，四‧二二高層想妥協也沒了退路。

正是在這樣的絕境下，四‧二二犯下了搶奪路經廣西的援越軍火以圖自保的致命大錯。從而導致七三布告（以及後來的七二四布告）出臺，毛澤東以此為契機，從縱容地方當局屠滅造反派轉為公開下令鎮壓地方造反派，省會的四‧二二因此徹底覆滅。

而這一過程又導致各省造反派難民湧向北京。數以十萬計的各省在京難民[37]的悲慘狀況，就是王雲生所說的「北航黑會」的出現背景。而這個「黑會」又給北京的造反派招來滅頂之災，早已安排「輪到小將犯錯誤」的毛澤東，於是就有了七‧二七的「捅馬蜂窩」行動。就這樣，從七三之前到七‧二七，造反派的覆滅從地縣到省會再到全國，走完了「偉大戰略部署」的全過程，而可憐的大量難民從地縣流亡省會，再從各省流亡北京，他們見證了這一血腥的過程。

螳螂捕蟬，黃雀在後

就在占領清華次日的七‧二八召見中，出現了這樣充滿殺氣地把廣西和北京相聯繫的話語：

毛澤東：有人講，廣西布告只適用於廣西，陝西布告只適用於陝西，在我這裡不適用。那現在再發一個全國性的布告，誰如果還繼續造反，打解放軍、破壞交通、殺人、放火，就是犯罪。

---

37 貴州一省的在京難民會有10萬是令人難以置信的，不過各省在京難民總數達到甚至超過10萬，應該完全可能。

如果有少數人不聽勸阻，堅持不改，就是土匪，就是國民黨，
就要包圍起來，還繼續頑抗，就要實行殲滅。

林彪：現在有的是真正的造反派，有的是土匪、國民黨，打著
我們的旗號造反。廣西燒了一千間房子。

毛澤東：在布告上寫清楚，給學生講清楚，如果堅持不改，就
抓起來，這是輕的。重的實行圍剿。

林彪：廣西燒了一千間屋子，還不讓救火。

毛澤東：國民黨還不是這樣！這是階級敵人一種垂死掙扎。燒
房子要犯大錯誤。

林彪：我長征進廣西，和白崇禧打仗，他也用此計，先放火冒
充共產黨。現在是舊計重用。

韓愛晶：蒯大富是騎在虎背上下不來。

康生：不是你說的那種情況！

毛澤東：騎虎下不來，我把老虎打死。

周恩來：廣西佬躲在你北航。國防科委系統你怎麼召集會議？

毛澤東：你們把廣西四‧二二藏起來了。廣西學生住在北航。

康生：他們想控制全國運動。[38]

　　這是遲到的蒯大富趕來之前諸位首長對北航韓愛晶的訓斥。這
些話的核心就是「造反」如今已經被禁止，「誰如果還繼續造反」
就要被鎮壓，「還繼續頑抗，就要實行殲滅」。廣西四‧二二已經
被描述成殺人放火的「土匪」、「國民黨」、「殲滅」的對象（真
相詳見後述），而以清華、北航為代表的北京造反派幾乎被當做四‧

38　〈七‧二八召見紀錄〉，見宋永毅等編，《中國文化大革命文庫》
　　第三版（2006）光碟收錄文本。

二二的後臺，他們不僅窩藏「土匪」（「廣西佬躲在你北航」），還「想控制全國運動」，加之林彪說的驚人之語：「我們沒有開九大，他們就開了」，這明顯與陳伯達所說的全國造反派開會成立「黑司令部」同義。

當時蒯大富人尚未到，談話就涉及了蒯大富「騎虎難下」的問題。毛澤東宣稱：「騎虎下不來，我把老虎打死。」在當時語境下，韓愛晶說蒯大富騎虎難下，有為蒯開脫之意，即蒯大富受制於人，身不由己。但蒯大富騎的什麼虎？受誰的牽制？無非有上下兩個可能。「上」當然不是後來講的「林彪、四人幫一夥」（當時他們都與毛澤東一起喝斥韓、蒯等，而且言辭比毛還厲害），只能是說蒯「奉旨造反」慣了，一下子難以適應完全相反的、鎮壓造反的新聖旨。若如此，這個「虎」就是發布聖旨的毛澤東了，毛澤東自己還能「把老虎打死」嗎？另一可能是指「下」，是說蒯大富想轉向，他手下的群眾不幹，那老虎就是指他們。而毛澤東怒稱要「打死」他們以便讓蒯下來，顯然就是基於這樣的理解。可見，毛澤東如果說對「壞頭頭」蒯大富尚有一絲憐意，對「不明真相的群眾」則已殺氣騰騰了。

另一方面，召見時大家已經知道占領清華時工宣隊死傷慘重（以北京「武鬥」的標準而言），但毛澤東對此卻毫無所動。正如孫怒濤所說：「在長達五個半小時的召見談話中，毛澤東沒有說一句對死難工人表示悲痛和哀悼的話，沒有說一句對731個受傷的工人、解放軍戰士表示安慰和問候的話，也沒有對下屬交代一句要他們高度負責地妥當做好善後工作的話。沒有！統統沒有！當毛澤東在人民大會堂的湖南廳裡談笑風生、指點江山的時候，……要是他們（死傷者）知道了他們心中的紅太陽……對蒯大富與對工人這樣冰火兩重天的態度，他們會覺得死得其所嗎？會覺得傷得值得嗎？」

其實，更過分的是這次召見中，國家最高三人的下面這段對話[39]：

> **毛澤東**：井岡山他們這個作法不好，我說的是蒯司令的井岡
> 山，打死了四個人，打傷針織總廠五十個，就是這個社會影響。
> 我也不是看一個人，損失就最小最小最小。
> **林彪**：值得，損失最小。
> **周恩來**：林副主席說得好，損失最小最小，成績最大最大。

這豈止是沒有「表示悲痛和哀悼」而已，「損失最小最小，成績最大最大」，自得之情是溢於言表啊。

在對蒯派群眾和工宣隊員雙方都表現得很冷酷的同時，毛澤東唯獨對蒯大富本人表現出很溫情。雖然「召見」的主調是訓斥，但與其他首長一味聲色俱厲不同，毛澤東（一定程度上還有江青）訓斥之餘不但為蒯大富流了淚，還當面痛貶蒯的政敵「四一四」，表示兩派聯合仍要以蒯為主，還叮囑臣下不要整蒯大富。儘管這一切後來都沒兌現，但很多人尤其是蒯大富自己仍然覺得這是「揮淚斬馬謖」，毛澤東對自己一手扶植的造反明星還是有感情的。

的確，人非草木，不能說毛澤東在拿原先的心腹「小將」祭旗時沒有一點憐惜。然而這和「揮淚斬馬謖」還是大有區別。且不說當年孔明「斬馬謖」時，他那政治家的「揮淚」也有濃厚的作秀意味，但「失街亭」畢竟不是孔明的安排。而七‧二七採取這種派出數萬人迅雷不及掩耳地搞掉一個「黑司令部」的做法，蒯大富們會有什麼反應，偉大領袖難道真的沒有意料到嗎？受命闖入的數萬軍

---

39 孫怒濤，《良知的拷問──一個清華文革頭頭的心路歷程》（香港，中國文化傳播出版社，2013），頁635。

人和工人徒手面對驚恐之極且擁有武裝的蒯大富們會遭遇什麼，揮淚的領袖也沒有想過？在事先不打招呼的情況下命令徒手的人海對有槍的被圍困者「強行繳械」還要「抄家」，能不出「意外」？如果對蒯不打招呼是偶然，何以聶韓譚王等其他造反派也一概被蒙在鼓裡？領袖揮淚訓斥之餘煞有介事地當面告訴臣僚不要整蒯大富，何以他不久還是身陷囹圄？如果是工宣隊員的「意外」犧牲「改寫」了蒯大富和「井岡山」的歷史，那麼沒有抵抗工宣隊的其他四大造反派頭頭為何也遭到同樣命運？

　　近年披露的一些內情更令人吃驚。如當年海軍清華軍宣隊的朱勇說：七‧二七當天清華的事他們也一無所知，次日即七‧二八才聽說，並到清華參加了8341部隊主導的占領。而這個海軍軍宣隊本是早在2月13日就奉命進清華宣傳制止派鬥的，在校兩個多月與兩派都混得較熟。但4月23日「百日大武鬥」開始後，他們卻於25日奉命撤出清華，撤出後並未解散，而是集中駐於宣武區待命，並一直與校內兩派人員有聯繫，明顯是準備再入清華的。可是，七‧二七當天的行動卻對他們保密。把這些先前已經進校做過不少工作、熟悉情況、清華兩派也都認識的人撂在一邊，卻另派三萬陌生人闖關而入。這樣決策究竟是為什麼？無怪乎採訪者李仕林驚呼：「啊……，簡直沒想到，居然是這種情況。四十五年後，我才知道，太難以置信了。」[40]其實另有資料顯示，七‧二七那天還是叫了幾個海軍軍宣隊的人「帶路」，而且此前還派其中一人（憑過去的關係）到清華團派總部取來清華校園地圖以布置行動[41]。但詭異的是這幾人對包括朱勇在內的其他絕大多數軍宣隊同事守口如瓶，而取圖者對給

40　李仕林，〈朱勇訪談錄〉（待刊）。
41　見許愛晶，《清華蒯大富》（中國文革歷史出版社，2011），頁341。

他地圖的清華人也不吐一字。

聶元梓後來說：「我始終困惑的是：為什麼不直接跟蒯大富說一聲呢？他不僅是清華學生組織的頭頭，他還是北京市革委會的常委，我還是副主任呢，為什麼就不告訴我們呢？」[42]蒯大富和當時與他對立的孫怒濤也都認為這事如果通知了蒯，就不會發生慘案。但有趣的是他們都不認為這事是毛澤東的故意。蒯大富相信毛澤東的善意，孫怒濤如今其實是不信的。但他認為，毛對是否通知蒯大富的問題是疏忽了，他既不是存心通知也不是存心隱瞞，只是沒過問這樣的「細節」而已。但他又找材料證明毛對這次行動「非常重視」，不僅決定發動、而且實際指揮了整個行動，甚至還「蹲在地上指點地圖」，「哪個單位牽頭，哪些單位配合，派多少工人參加，怎麼進清華，現場哪些人指揮」都是由毛決定的[43]。與這些具體的細節相比，是否對行動對象保密實際上關係到敵我判斷，這難道還是「細節」嗎？

事實上毛澤東完全明白這是說不過去的，所以他「召見」時搪塞說：「直接沒打招呼，間接是打了招呼的。」這叫什麼話？招呼打了就是打了，沒打就是沒打，什麼叫「間接打招呼」？誰都知道那時要打的不是什麼毛主席希望停止武鬥實現聯合這種關於領袖「偉大戰略部署」的招呼，而就是關於27日三萬人進清華出於毛主席指令，要求清華配合這種「戰術部署」的招呼。這樣的招呼無論直接還是間接的，有過嗎？顯然沒有。但毛這樣說，也表明他知道不好解釋。沒有這樣的招呼，發生「誤會」幾乎不可避免。瀕臨絕

---

42 轉引自許愛晶，《清華蒯大富》（中國文革歷史出版社，2011），頁347。

43 孫怒濤，《良知的拷問——一個清華文革頭頭的心路歷程》（香港：中國文化傳播出版社，2013），6頁28-629。

境的四一四固然不會抵制絕處逢生的機會，校園本來就一統天下無人挑戰、也早就厭惡武鬥的韓愛晶或許也不會反應過敏，但這種邏輯能適用於當時的團派嗎？

從七‧二五接見可以看出，起碼周恩來、康生、陳伯達和林彪麾下那幾大軍頭都已把蒯大富看成敵人。毛澤東如無同感，難道他們能聯合起來對毛設局？朱勇等人提供的資訊也顯示那時對七‧二七行動的保密何等嚴格。其實，對那些被指為先於中共召開了反對派「九大」、窩藏各地「土匪」、甚至要聯絡各地「土匪」組織「黑司令部」以「控制全國的運動」的「造反」者，這樣應對難道值得奇怪？當然，正如韋國清未必真信他手下編造的「反共救國團」領導「廣西四‧二二」之說一樣，毛澤東與中央首長們也未必真信關於清華造反派的上述離奇說法。但是欲加之罪何患無辭？按「英明領袖的偉大戰略部署」，如今已經「輪到小將犯錯誤」了，他們不犯行嗎？至於毛召見時對蒯大富的憐惜和揮淚，不能說完全沒有一絲真情，但政治紙牌屋中毛唱白臉別人唱紅臉的遊戲我們見得還少嗎？就在這場召見中毛不是還大講劉少奇的病情、顯示他親自過問「救活」劉少奇嗎？承蒙領袖如此關心的劉少奇此後還活了幾天？他是在怎樣的境遇中死去的？

廣西「處遺」披露的事實：為什麼「制止武鬥」後殺人更多？

無論如何，經過七‧二五接見和七‧二八「召見」，本來風馬牛不相及的廣西文革和清華文革搭上了關係。但是廣西造反派與清華造反派的遭遇就不是一個數量級的了。

前面提到七‧二八召見時，毛澤東等人大罵廣西四‧二二殺人

放火。這件事到了改革時期的1980年代已經有了官方的平反結論：
「廣西四‧二二控制區——解放路、民生路、上國街、博愛街等，
被解放軍和『聯指』[44]炮擊起火。南寧市革委會、南寧警備區司令
部和廣西聯指卻宣傳廣播說是『廣西四‧二二』匪徒放火焚燒街道
民房」[45]。當年七‧二八召見時林彪就此事罵四‧二二是國民黨：
「我長征進廣西，和白崇禧打仗，他也用此計，先放火冒充共產黨。
現在是舊計重用。」長征時的情形且不論，可笑的是現在事實證明：
1968年在廣西「用此計」的恰恰是林彪支持的共產黨官員韋國清及
其御林軍。

　　而工宣隊進清華宣傳的「七三布告」，也已經在廣西被否定。
1983年5月13日廣西區黨委發出〈關於對「七三」布告重新認識及對
外表態口徑的請示〉，並於5月20日得到中共中央批准。該文件稱：
「當時中央發布布告是為了防止大規模武鬥，但布告本身確實存在
錯誤，主要是把當時群眾組織的一些嚴重錯誤行動，定為反革命事
件，……調動了軍隊和武裝民兵，鎮壓一部分群眾，並導致大量亂
殺人的後果。」文件提出，即使為了安定團結在公開場合迴避提七
三布告，也「應當把七三布告的問題在適當範圍內講清楚」，並開
展平反糾錯和追究特別嚴重的大屠殺責任的工作[46]。事實上經中央

44　即「廣西無產階級革命派聯合指揮部」，文革前和文革中廣西當權
　　派韋國清支持的所謂「老保」組織，「四‧二二」的對立派，當時
　　始終處於強勢地位。
45　中共廣西壯族自治區委員會整黨領導小組辦公室編，《廣西「文革」
　　檔案資料》（1988年）第18冊，頁287，據宋永毅等編，《中國文
　　化大革命文庫》收錄文本。
46　中共廣西壯族自治區委員會整黨領導小組辦公室編，《廣西"文革"
　　檔案資料》（1987年）第1冊，頁3-5，據宋永毅等編，《中國文化
　　大革命文庫》收錄文本。

指示後廣西不久就不再「迴避」，而是公開了這些「問題」。按官方的說法：「從此，壓在人們頭上長達十五年之久的『七三布告』才得撤銷，文革中八萬四千多冤魂才能得以平反昭雪」[47]。

當時廣西到底殺了多少人？《廣西「文革」檔案資料》第1冊「前言」說是「八萬五千多人」。宋永毅先生曾根據這套資料中的各縣死亡資料自行匯總統計，「大約是十五到十六萬」[48]。參加「處遺」[49]的中央工作組成員、公安部幹部晏樂斌說：「有名有姓有地址的死亡人數有八點九七萬人」，「另外，全區失蹤二萬餘人，無名無姓的死者三萬多人。」[50]而前南寧市委副書記袁家柯在他寫給中央組織部的處遺申訴書中說是「20多萬」[51]，這也是廣西民間流傳的說法。即便據1980年代「處遺」時官方宣布的各種「不完全統計」中最小的一個數字（指逐個核實後有名有姓有死亡情形可查、處遺中分別落實了政策的、精確到個位的數字），文革中廣西也有84293人死於非命，其中「七三布告」後的鎮壓就死了49272人，占文革非正常死亡的58.3%。如以革委會成立為分界，則革委會成立前（即包括廣西四‧二二這類造反派能夠「作亂」的整個時期）死亡12457人，占14.7%；而革委會成立後（即剿滅造反派的過程中和

---

47 中共廣西壯族自治區委員會整黨領導小組辦公室編，《廣西「文革」檔案資料》（1987年）第7冊，頁129，據宋永毅等編，《中國文化大革命文庫》收錄文本。

48 宋永毅，〈血雨腥風中的廣西文革真相：讀十八冊廣西文革檔案資料〉，《開放》2013年10月號，頁75-78。

49 即「處理文革遺留問題」的簡稱，在廣西當時這是個家喻戶曉的語詞。

50 晏樂斌，〈我參與處理廣西文革遺留問題〉，《炎黃春秋》2012年第11期。

51 袁家柯，《申訴書》，袁家柯家藏副本。

造反派被消滅後）死亡71816人，占比高達85.3%[52]。另一個對比更為驚人：在這八萬四千多死難者中，兩派武鬥死於「戰場」者僅3312人，而其餘96%的死亡即80981人都是戰後屠殺「俘虜」、「貧下中農法院」屠殺「黑五類」以及在其他「非武鬥情況下，被亂打死、逼死」的。

官方「處遺」文件稱：「從以上統計數字中我們可以看出：在『文革』十年期間1.廣西殺人多是在有領導有計劃地進行的；2.殺人多是在非武鬥情況下，被個別或集體加以殺害的。」[53]

官方文獻還指出「七三布告」下達後的殺人，不僅數量多，而且很集中。如桂林地區文革期間死亡人數11918人，（其中）在「布告」後死亡的9087人，占死亡總數的90%左右。賓陽縣由於縣革委主任、（駐軍）694師副師長王建勳等積極貫徹「七三布告」，僅7

---

52 按：廣西自治區革命委員會成立於1968年8月26日，時在「七三布告」發布50多天後、也在對四・二二的「剿滅」結束後。有人提出：何以整個「七三布告」後死的人占比只有60%不到，而內含的「革委會成立後」死亡占比卻高達85%？其實細看處遺資料即可明白：這裡所謂的「革委會成立後」並非僅指自治區革委會，各地、市、縣分計的死亡數都是以當地革委會成立來分前後的。而各地市縣革委會成立均在自治區革委會之前（第一個縣級革委會成立於2月20日），而且（除桂林市等個別例外）均為韋國清支持的一派掌權，成立後即以剿滅當地四・二二為第一任務。到「七三布告」發布時大部分地市縣的剿滅已經完成。剿滅過程中各地鳥四・二二成員大量逃亡南寧、柳州、桂林等大城市。「七三布告」發布後這些城市的四・二二也被剿滅，自治區革委會遂在「捷報」聲中成立。所以，各地革委會成立後的死亡數比「七三布告」發布後的死亡數更大是很自然的。

53 中共廣西壯族自治區委員會整黨領導小組辦公室編，《廣西「文革」檔案資料》（1987年）第7冊，頁127，據宋永毅等編，《中國文化大革命文庫》收錄文本。

月下旬到8月上旬的十多天裡，就打死逼死3681人，占該縣文革期間（非正常）死人總數的90.34%。南寧市在貫徹「七三布告」的很短時間內，僅圍剿四‧二二據點解放路等就打死1558人，為「七三布告」前死亡人數261人的六倍[54]。

　　發布「七三布告」據說就是為了「制止武鬥」，但事實是這個「布告」導致了廣西流血成河，死了比「布告」之前多得多的人。至今為止宣傳的文革圖景，都是說「造反派」如何造成亂世，尤其是「造反派的武鬥」為文革非正常死亡的主要原因。可是「處遺」資料以鐵的事實表明：至少在廣西，當權派和所謂「老保」鎮壓造反派，遠比造反派野蠻和殘暴得多（造反派當然也相當野蠻，這是我這個曾經的造反派群眾從不想置疑的）。絕大多數的文革冤魂，不是死在造反派存在的「亂世」，而是死在造反派被剿滅的過程中和剿滅後造反派不復存在的「新秩序」下；不是死於武鬥中的雙方「內戰」，而是死於「有領導有計劃的」專政機器對全無反抗能力的弱勢者的大規模虐殺；不是死於黨政在「造反」中癱瘓的「無政府狀態」下，而是死於「新生的紅色政權」革命委員會的有效控制下。一句話，他們不是死於「造反派」之手，而是死於「維護秩序」和「重建秩序」的文革前軍人和官員主導的政權──當時的「革命委員會」名義上是「軍、幹、群三結合」政權，實際上無論廣西還是全國各省，林彪垮臺前絕大多數是軍人主導，林彪垮臺後「軍政府」色彩明顯弱化，文革前官員成為主導。但無論哪個時期，「群眾組織」代表都只是跑龍套的，不要說造反派，就是如廣西在鎮壓

54 中共廣西壯族自治區委員會整黨領導小組辦公室編，《廣西「文革」檔案資料》（1987年）第7冊，頁128，據宋永毅等編，《中國文化大革命文庫》收錄文本。

了四‧二二之後進入革委會的「老保」組織功臣雖然算是飛黃騰達了，也仍然是跑龍套而已。

當權派鎮壓造反派的標本

廣西的事如今已經相當有名。我們不必尋找什麼民間野史和回憶之類，1980年代廣西官方編輯整理的處遺資料中，當年鎮壓四‧二二時令人髮指不忍卒讀的殘酷場面就連篇累牘堆積如山。諸如逼迫兒子當眾親手砍殺自己父親（永福、都安、巴馬等縣）、殘殺被害者後又強姦輪姦其妻女，姦後殺死並剜乳割陰、取肝而食，滿門抄斬並洗劫房屋財產供兇手私分（武宣、蒙山、邕寧、融水、浦北等縣）、殺人後變相販賣其妻女勒索「改嫁費」（浦北、資源等地）等等。正如讀過這些「處遺」材料的人形容的：「殺人手段殘忍至極，成批殺人到處有之，成批敲死有之，成批爆破致死有之，成批戳死有之，成批擲下礦井有之，成批丟下山洞有之，剖腹挖肝有之，割肉挖眼有之，割頭示眾有之，吊割陰莖有之，先姦後殺有之，殺夫姦妻、殺父姦女有之，成批溺死有之。廣西大地，腥風血雨，冤案如山，悲慘狀況，史無前例。」[55]請問在整個文革時期，在全國範圍內，「造反派迫害走資派」何時、何地，有哪一次殘暴、野蠻、血腥到如此程度？

處遺材料還證實，當時廣西共有武宣、靈山、隆安、天等、浦北、上思、武鳴、崇左、馬山、欽州、合浦、上林、邕寧、容縣、賓陽、都安、忻城、鐘山、來賓等19縣和柳州市發生了殺人後挖食

55 〈廣西文革武鬥慘況〉，http://club.china.com/data/thread/4411668/2717/93/77/6_1.html

肝膽及人肉、甚至割食活人的駭人事件——而且很多地方是成批
地、有規模地發生：隆安發生21起，靈山發生25起，武宣竟達75起。
後來曾有人說這與廣西少數民族的落後傳統有關，並特地指武宣縣
70%人口為壯族。這種說法是完全站不住腳的。筆者根據處遺資料
中「吃人」事件的地點和規模在廣西民族分布地圖上作了標注。如
下：（△表示地點，其大小表示吃人事件的數量）

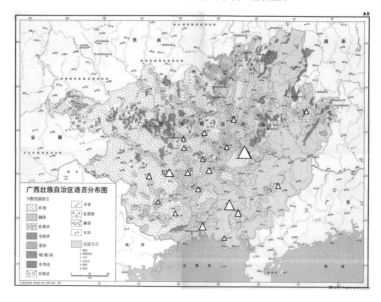

　　圖中明顯可以看出：廣西民族分布的基本情況是東部主要為漢
族，西部少數民族為主，由西至東少數民族人口比例遞減、漢族比
例遞增。而那些極端殘忍野蠻的吃人事件全部發生在中、東部的漢
壯混居地帶，其中吃人案例次多的靈山和浦北、欽州、合浦、容縣
等地基本是漢族區，少數民族人口極少。而廣西少數民族人口比例
最大、經濟社會也最不發達的西部（百色、河池兩地區）反倒沒有
這種事。

　　進而論之，其實我們現在講的民族分布是1950年代「民族識別」運動和後來的政策下形成的，實際上就文化、社會特徵論，廣西真正具有原生態民族特點的地方只有西部的百色、河池一帶，中東部居民無論血緣上的「族源」如何，實際文化社會狀態早已高度漢化。按民國時期的人口統計口徑，廣西只有63萬左右的少數民族[56]（其定義與我們現在不同，如白崇禧是穆斯林，但他從不認為自己是「回族」，而只認為是信伊斯蘭教的漢族，與信基督教的蔣介石也是漢族一樣），基本都在前述的西部，文革中那裡根本沒有發生吃人事件，而吃人案例最多的武宣按這一標準其實也是漢族（至少是漢文化）區。

　　顯然，文革中廣西的吃人慘劇與「民族文化」沒什麼相關性，那麼它與什麼相關？處遺資料明確顯示：武宣縣被吃者75人都是造反派四·二二成員、傾向四·二二觀點的幹部、群眾，以及根本沒有派別表現但卻被指為造反派「社會基礎」的「黑五類」及其家屬，包括支持四·二二的2名黨員、3名幹部在內。而參與吃人的130人中，居然有黨員91人、幹部45人，非黨非幹的「群眾」只有21人。吃人案例第三多的隆安縣同樣如此：參與吃人的41中，黨員36人，幹部8人，「群眾」只有2人；處遺時該縣因吃人罪行被處分、判刑共21人，居然全部是黨員，三人是幹部[57]。根據處遺—整黨總結時統計，當時全廣西共有近五萬黨員在「非武鬥」狀態下參與殺人，其中20875

56　據《中華民國三十六年度廣西統計年報》。按此為民國時期廣西人口統計中少數民族（時稱「特種民族」）最多的一次，還有幾次人口統計的少數民族人數和比例更少。見盧露，《從桂省到壯鄉：現代國家構建中的壯族》，北京大學博士論文，2013，頁59-60。

57　黃家南，〈血雨腥風的歲月——廣西文革實錄〉，2014年自印，頁556-562。（此書實為處遺檔案18冊的資料摘編）

人是入黨後殺人，9956人因殺人「有功」入黨，17970人「與殺人有
牽連」。根據「宜粗不宜細，宜寬不宜嚴」的原則，處遺的結果是
全廣西共有2.5萬黨員被開除黨籍[58]。

　　很明顯，這種暴行的來源是二位一體：一是文革前就不斷宣傳
並步步強化的「階級鬥爭，你死我活」觀念及據此在社會上製造的
以「出身」、「成分」好壞區分貴賤的現代種姓制度，在一定條件
下走向極端就變成了「高種姓」對「低種姓」的虐殺。二是文革前
當權派以地方駐軍、各級武裝部和官辦民兵組織、基層政權為依託，
組織、支援、發動所謂「老保」對觸犯了他們的「造反派」實行報
復性鎮壓。而這些造反派有的純粹因為相信了某種上邊灌輸的說法
而「奉旨造反」，有的則與過去積累的官民矛盾和體制積弊有關。
儘管真正的低種姓賤民極少敢參加「造反」，造反派也盡可能迴避
這些人，但是他們的對手總是要把這兩者歸到一塊，以便於鎮壓。

　　廣西的暴行之殘酷程度固然極端而罕見，但其基本行為邏輯卻
並不罕見。如聞名的湖南道縣大屠殺，過去儘管其殘暴已廣為人知，
但其原因卻極少分析，甚至常常歸之於「造反派殺人」。後來詳情
披露：其實恰恰相反，當時的情況是湖南省城造反派「湘江風雷」
崛起後，「老保」勢力強大的湘南各縣基層組織以武裝部、官辦民
兵為支柱，為「防止湘江風雷下鄉」，在鎮壓當地弱勢的造反派之
餘，對被指為造反派社會基礎的「黑五類」和其他賤民「先發制人」
實行斬草除根的屠殺，據說這可以阻止造反派勢力蔓延[59]。實際上，
道縣所在的湘南與廣西接壤，廣西北部很多地方的屠殺，如成立「貧

58　宋永毅，《血雨腥風中的廣西文革真相：讀十八冊廣西文革檔案資
　　料》，《開放》2013年10月號，頁75-78。

59　參見譚合成，《血的神話：西元1967年湖南道縣文革大屠殺紀實》
　　（香港：天行健出版社，2010）。

下中農最高法院」、「向階級敵人刮十二級颱風」之類，都是湘桂兩地互相交流、互相取經的。

這種當權派假手所謂「老保」殘害「造反派」的事件，當然不止發生在廣西和湖南。宋永毅主編的《文革大屠殺》一書，收集了湖南道縣大屠殺、內蒙古內人黨大血案、廣西四・二二被剿殺、青海二二三事件、廣西賓陽慘案、北京大興縣慘案、雲南沙甸事件等共七宗大規模集體屠殺事件。其中除大興慘案發生於尚未有「造反派」「保皇派」之分的1966年「紅八月」、內人黨與沙甸事件事涉民族關係外，其餘四宗屠殺都是發生在1967-1968年的大亂期間，而且都是當權派屠殺「造反派」和被莫名其妙指為後者社會基礎的「黑五類」——事實上沙甸事件也有當權派鎮壓造反派的因素：沙甸回民在1967-68年間是深深捲入了「派鬥」的，他們屬於「炮派」，而與當地軍方支持的偏於保守的「八派」對立。雲南的「後文革秩序」一直是八派掌權鎮壓炮派，林彪事件後原駐軍調離，受壓的炮派民眾誤以為形勢有變，遂起而提出訴求，後被壓制；而沙甸（回民鎮）炮派的訴求則帶有民族、宗教內容，更遭到嚴厲鎮壓[60]。

廣西有多特別？兼論韋國清並非「中共桂系」與「壯王」

清華的情況當然與廣西大有不同，死亡的規模也完全不可比，但耐人尋味的是不少人也指出：以「宣傳七三布告制止武鬥」為由頭進入清華的工宣隊，在其掌權時期，清華的「非正常死亡」也比

60　Wang Xian, "Mao's Revolution and Ethno-Religious Conflict: Muslim Uprising in Southern Yunnan（1971-1975）"，（德）科隆大學文革50周年學術研討會論文。

蒯大富得勢時更多！

　　當然，廣西的情況不僅與清華，與其他各省相比也有些特別之處。最明顯的是廣西文革前第一把手韋國清文革中成立革委會後仍然是第一把手。當時絕大多數省市自治區第一把手都曾倒臺過，全國類似韋國清這種情況的僅有河南的劉建勳和黑龍江的潘復生[61]。但是，劉潘二人都是得了內線消息第一時間出來支援當地造反派的弄潮兒，隨著形勢變化後來實際掌權的時間也不長，唯有韋國清從未支援過造反派[62]，而且一直主政廣西，他到廣州和北京高升後，廣西的權力也一直在他扶植的親信手裡，直到1983年中央為解決廣西處遺問題專門調整自治區領導班子前，廣西實際上一直在他的勢力控制下。

　　不過，人們切莫因此以為韋國清是個中央奈何他不得的地方「諸侯」或「藩鎮」，傳說他因為與越南有特殊關係所以為中央所仰賴，更是沒有道理[63]。韋國清是廣西壯族人，而且是廣西右江蘇

---

61 劉建勳文革之初已調離河南就任北京市委書記處書記，但由於繼任的文敏生不受中央文革信任，又被中央派回河南去取代文並支持造反。潘復生則是從哈軍工的一些「通天」人物中得到消息，出來領導「東北的新曙光」的。

62 當然韋也不會「反潮流」地抵制「造反」。有資料提及1967年「一月奪權」時區黨委在西園開會並同時在北京的韋國清請示對策，韋回復表示應支持「造反大軍」奪權。這顯然是韋在京了解「聖意」後的應景表態。當時舊「老保」已經失語，新的分野尚未出現，廣西幾乎只有「造反大軍」一種聲音，全國更是毛號召奪權的「一月風暴」席捲而來，在此一面倒的短暫特殊時間表態並無實際意義，何況也未公開。這與潘復生、劉建勳在社會尚有爭議時就「站出來」公開支持造反派是完全不同的。

63 與外國（哪怕是親密的「兄弟國家」）有特殊關係，對中國高官尤其是封疆大吏而言恰恰是惹禍的大忌。

維埃紅七軍出身，有人因此認為他的執政有地方或民族或紅七軍背景，甚至稱他為「鄧小平（紅七軍領導人）嫡系」、「中共的桂系」、「廣西王」或「壯王」。但實際上，韋國清在當時廣西人心目中主要是個「南下幹部」，他治桂的最大特點恰恰在於一直以嚴厲打擊「地方主義」、「民族主義」為動力取悅於中央。

我們現在知道，1949年政權更迭後一個大概率現象是：中央對廣大「新區」的地方幹部，包括地下黨與地方游擊隊不信任，主要依靠中央派去占領該地的「大軍」轉業幹部和下派外地籍幹部（在華南新區就是人所共知的「南下幹部」）來執掌權力，並與本地幹部存在矛盾，以致發生「反對地方主義」的鬥爭。在廣東這種鬥爭影響尤為深遠，以致文革中很多地方的「造反」都帶有同情「地方主義」、反對「南下幹部」的色彩。同屬廣州中央局（初期的華南局和後來的中南局）控制的廣西地區也有這個問題，儘管不如廣東明顯。

但是，當時在「反對地方主義」問題上還有個耐人尋味的現象，即早年革命時從地方來到中央的當地籍幹部一旦作為「欽差」被派回原籍去收拾「地方主義」，這些在中央鍍過金、回地方要避嫌的人整起一直在地方的幹部群眾來，往往比外地籍「南下幹部」更狠更嚴酷。例如原汕頭地下黨的吳南生抗戰時到延安，1949年被派回廣東，在反地方主義時他打擊汕頭地方幹部就特別賣力，當時一些原東江縱隊1946年北撤後又被中央派回來的人，對那些沒有北撤而是留下堅持鬥爭的東江系幹部也是如此。

韋國清則是更為典型的例子。當年紅七軍從廣西轉戰到中央蘇區後命運多舛，兩任軍長一個（李明瑞）被冤殺一個（龔楚）叛逃。而韋國清屬於到江西後轉入中央系的幸運者，他對七軍的不幸者並無同情心。原紅七軍首任軍長張雲逸組建的1949年後廣西最初的黨

政班子在「反地方主義」中受到衝擊後，韋國清於1955年作為副欽差空降廣西，擔任不久後接著空降的欽差劉建勳的副手收拾廣西這個攤子，並且在劉走後全面掌管廣西。韋國清到任的次年，廣西就發生了統購統銷下強征農民口糧導致規模性餓死人的1956年「平樂事件」，開後來三年「人禍」時期全國性大饑荒的先河。而廣西領導層中對這種「高高在上，不關心群眾死活」的做法不滿的人，則很快被劉、韋以「黨內右派」、「地方主義」、「地方民族主義」的由頭加以清除。劉建勳到任後第一件大事，就是在韋國清支持下進行高層「反右補課」，在全國性反右高潮已過的1958年，揪出了以副省長陳再勵為首的「右派反黨集團」，正如後來廣西官方黨史所說：「一個副省長被打成『右派反黨集團的頭目』，省委八個部中六個部長被打成『右派反黨集團』成員和右派分子，其中四個部長被開除黨籍，一個部長受留黨察看處分，另一個部長被撤銷職務，在省委內部處分這麼多領導幹部，在黨史上是罕見的，在全國各省市中也是絕無僅有的。」[64]而這些人的主要罪狀正是為餓死的廣西民眾喊冤，犯了「地方主義」或「地方民族主義」[65]，儘管他們中的一些人也是非桂籍、是漢族乃至南下幹部，但是因為對廣西百姓心慈手軟，居然就成了廣西壯族人韋國清「反地方主義—地方民族主義」的靶子！

---

64 黃榮，〈關於所謂「陳再勵右派反黨集團」的來龍去脈〉，《廣西黨史》1999年第5期。

65 這些人中的王夢周等其實也是南下幹部，而當時一些廣西地下黨游擊隊的人因1949年後就不受重用，又升不到省委高層「右派集團」的行列，因此當時又把桂籍幹部黃榮、陳岸和區鎮等人加進去，與上述諸人一起構成個「地方主義、地方民族主義」反黨集團。文革後這兩個「集團」均被平反。

　　有趣的是，儘管當初中央派去整「地方主義」的欽差們後來未必一直得寵（廣東的陶鑄等人文革中就失寵罹禍了），但當時去收拾廣西的劉建勳、韋國清兩人，在文革中卻都是封疆大吏中鶴立雞群的「不倒翁」。從某種意義上講，韋國清可以說是「廣西的史達林」：他作為壯族人卻依靠「南下幹部」用中央集權主義打壓壯族人，就如當年喬治亞人史達林以「比俄羅斯族更狂熱的」大俄羅斯沙文主義來鎮壓喬治亞同族一樣。

　　關於壯族，韋國清的名言是：「壯族（與漢族相比）沒有特點，依我看，這恰恰是壯族的特點，這正是壯族區別於其他少數民族的地方」。據說他曾要求《劉三姐》主角的服裝不要突出壯族特色，而要突出「勞動人民」特色[66]。而今聞名天下的「壯族歌仙劉三姐」，本是源自廣東漢族地區的民間傳說，傳入廣西後於1950年代末被當時廣西區黨委文教書記、廣東籍漢族幹部伍晉南調集文化力量將其打造成廣西壯族的「文化名片」。可是文革中韋國清狠整伍晉南，炮製「大毒草」《劉三姐》成為伍的大罪之一，整個文革十年中這「壯族歌仙」一直被「壯族人民的優秀兒子」韋國清封殺……。

　　壯族是否如韋所說的那樣「沒有特點」、是否「區別於其他少數民族」而高度漢化，是個可以商榷的問題。筆者其實也覺得當年的「民族識別」多少有點照搬蘇聯民族理論「製造民族」之嫌。但問題在於韋國清的上述思想並非是要求對各族都一視同仁，恰恰相反，他實際是對廣西各族都一視同「不仁」。他絕非壯民族主義者，但也很難說是大漢族主義者，而只是個極權主義者。從1955年在廣西任職以來，韋國清都極善於揣摩聖意，在人事上高度依靠外來幹

66　蒙雄強，〈壯族上將韋國清的點點滴滴〉，《文史春秋》2010年第3期。

部和「南下幹部」。廣西地下黨、邊縱游擊隊出身的地方幹部、「紅
七軍老戰士」乃至他故鄉東蘭鳳山一帶的壯族鄉親被他整得最厲
害。在1958年「反對地方主義和地方民族主義」的整肅中，很多地
方幹部都被扣上「壯王」、「壯二王」（也叫「親王」）的帽子[67]。
而鳳山「革老」（革命老人，即紅七軍老戰士[68]）大都反韋，使該
縣成為四・二二在廣西農村地區少有的根據地，文革中也被韋屠殺
得最厲害——全縣人口1.3%死於非命，死人比例為全廣西之冠，其
中「革老」就有149人遇害[69]。

　　同為「東鳳老區」而與鳳山毗鄰的韋國清家鄉東蘭縣儘管是聯
指占優勢，當時並未成為「剿匪」重點，但韋政權鎮壓過後即成立
「地下黨問題專案組」，俗稱「大案」組，由韋國清指定親信劉重
桂負責，除了在桂東南當年地下黨游擊隊活動中心大肆迫害外，還
上溯到蘇維埃時期，專門「以東蘭縣為審查重點」，把該縣的「革
老」249人打成「叛徒、變節分子和有嚴重問題的人」，「右江地區
很多老幹部、老赤衛隊員及其家屬被污蔑為『鄧小平的徒子徒孫』、
『鄧小平反革命修正主義的社會基礎』，後果極為嚴重」[70]。韋國

67　廣西區黨委處理地下黨遺留問題領導小組，《關於廣西反地方主義
　　和反地方民族主義問題的複查報告》（1983年6月18日），中共廣
　　西區黨委桂發（1983）41號檔附錄，載中共廣西壯族自治區委員會
　　整黨辦公室編：《處理「文革」遺留問題／清理「三種人」檔彙編》
　　第四冊（1987年4月），頁139。

68　當地又有「三老」之說，即老紅軍、老赤衛隊員、老游擊隊員，總
　　之也是參加過右江蘇維埃運動的老人。

69　中共廣西壯族自治區委員會整黨領導小組辦公室編，《廣西「文革」
　　檔案資料》（1987年）第5冊，頁195-196，據宋永毅等編，《中國
　　文化大革命文庫》收錄文本。

70　廣西區黨委處理地下黨遺留問題領導小組，《關於為廣西地下黨遭
　　受迫害問題的平反報告》（1983年7月7日），中共廣西區黨委桂發

清的東蘭壯族同鄉兼紅七軍老戰友韋祖珍文革中被中央調回廣西與他搭檔做第二把手，沒兩年就被韋國清借九・一三事件之機打成「林彪死黨」，幾乎整死[71]。韋國清的老首長紅七軍軍長李明瑞在蘇區肅反中被冤殺，延安整風時期已平反並宣布為烈士，1949年後其在廣西的家屬因此很受尊敬，但文革時韋國清和廣西當局在帶頭「批鄧」[72]的同時又宣布李是反革命，「大有鞭屍揚灰之勢」，家屬也被整得「家散人亡」[73]，直到韋國清調離廣西、文革結束，經鄧小平直接過問，才恢復了歷史的公正。

(續)—————

（1983）45號檔附錄，載中共廣西壯族自治區委員會整黨辦公室編：《處理「文革」遺留問題／清理「三種人」檔彙編》第四冊（1987年4月），頁151。

71 所謂「林彪死黨」到底能否成立，黃永勝吳法憲等人固然與林彪關係密切並與張春橋、江青等人有矛盾，但是否與林共謀反毛，這都是歷史上的疑問。但無論如何，黃吳等人至死都未能翻案。而韋祖珍文革後很快獲平反，可見他與林系其實沒什麼瓜葛，其被整完全是因為他那個老鄉的構陷。有趣的是，平生轉戰南北的韋祖珍只回桂工作了兩年就被韋國清趕出廣西幽禁他鄉，臨終仍要求落葉歸根並終於葬在了廣西，而主政廣西20年的韋國清卻化桑梓為怨府，最終選擇了北京作為他安息之地。

72 韋國清本人不僅在1967年1月出面具名「揭發」鄧小平，1976年廣西當局（其時韋已升遷，繼任者為其提拔的安平生）還先於全國率先點名批鄧、並建議中央在全國公開點名。1980年代的「否定文革」理論上是要否定造反派的，在廣西「處遺」卻主要是為造反派討公正，這樣的處遺能夠實現，除了直接過問廣西問題的胡耀邦、習仲勳、宋任窮、李銳等人可貴地堅持了實事求是外，也與廣西當局這次跟風失算有關。

73 李秉元，〈沉痛悼念我的父親李明瑞烈士〉，http://dangshi.people.com.cn/GB/144964/145228/8953925.html

兩個極端之間：造反派的共同命運

　　韋國清何以能成為政治不倒翁是另一個話題。這裡要說的是：
他在廣西的作為並不是一個「土司」、「諸侯」的行為，反映的也
不是什麼地方或民族的「傳統」，而就是一個成功揣摩聖意的跟風
者、一個極權體制下地方官僚的無法無天，這在當時不能說沒有代
表性。只是由於韋國清從未失勢，反對他的造反派廣西四·二二也
就從未像「井岡山」在清華那樣一度得勢。廣西因此也成為當權派
鎮壓造反派的一個極端典型。而在清華，文革初期工作隊打倒了蔣
南翔，毛澤東又打倒工作隊並扶植蒯大富得以稱霸清華園一年多。
但是我們不妨設想：如果蔣南翔與工作隊是一回事而且從未倒臺(假
如清華有個「韋國清」)，蒯大富（假如他還會「跳出來」做清華
的「四·二二」）的遭遇又會如何？

　　在清華，工作隊扶植的「保爹保媽派」狠整過蒯大富，但他們
很快就在毛澤東和中央文革干預下垮臺了，後來的清華嚴格地說沒
有典型的「老保」。四一四是從「井岡山」中分裂出來的，當然，
從「四一四思潮」重建文革前秩序（「打天下不能坐天下」論）的
想法看有點接近於「保」，但基本上還是被毛澤東看成造反派中的
異端，後來和團派同歸於盡都被毛澤東卸磨殺驢了。不過幾年後（請
注意：無需四十年）回頭看，老四的人還是比老團的人更能被體制
接納，但比他們兩者都更能的，還是當年的「老保」。那麼，假如
「老保」始終沒垮，清華園又會是什麼樣呢？蒯大富等人又會如何？

　　在當時的中國，清華與廣西幾乎是兩個極端了：由於在皇城根
下直接得到毛澤東和中央文革的扶植，「老保」早就沒了影蹤，造
反派之得勢天下第一，「百日大武鬥」中蒯大富亟欲踏平四一四的

氣焰與廣西「老保」踏平四・二二的聲勢一度近似——但僅僅是「一度」。別看毛澤東在「召見」時貶損四一四，但毛澤東其實是絕對不容蒯大富踏平四一四的（否則十個四一四也不可能「絕處逢生」！）。然而，毛澤東卻非常樂見廣西「聯指」踏平「四・二二」。如果說在清華這一個極端中造反派的下場最終也還是比「老保」慘（請注意，我這裡指的不是他們在鄧小平時代的下場，而是指在毛澤東時代的下場），那麼處在另一個極端的廣西四・二二下場就不必言了。

事實上，無論韓愛晶、蒯大富們如何自命為「可靠的造反派頭頭、革命委員會負責人」並竭力與外地那些「不可靠」的、在野的、弱勢的造反派劃清界線，最高層還是把他們歸為了一類。從林彪那句「我們沒有開九大，他們就開了」，足可見這種「我們」與「他們」的區別何等牢不可破！儘管蒯大富與廣西四・二二毫不相干，蒯大富之曾經得寵於毛澤東和韋國清始終恨四・二二入骨更是兩個極端，但就是因為那個其實蒯大富與四・二二都並非主要角色的「清華、北航黑會」，他們最終還是被搞到一起了。其實，即使沒有這個「黑會」，他們的命運也不會有多大不同——正如七・二七當天蒯大富「誤判」了形勢而韓愛晶並未誤判，但他倆的命運也沒有多大不同一樣。

其實，這個「黑會」雖然被當局強加了莫須有的「重要性」，但當時各地造反派，無論曾經得勢的還是從未得勢的，都感到大難臨頭，紛紛來京鳴冤求救，以至於聚到了一起，這還是非常富於象徵性的。據說當時北航紅旗的祝春生在會上曾大罵那些與會的「不可靠的」外地造反派，說他們「反軍」惹禍，還自誇我們北航紅旗從來不「反軍」，從來跟解放軍保持一致，所以能夠屹立不倒。而且據說康生看了這個發言紀錄還說講得好——可是話音未落，祝春

生還是進了黑牢[74]，並沒有比那些「反軍」的傢伙幸運多少。

上海並非例外：論王洪文何以持續受寵

如今我們已經知道，其實按英明領袖的「偉大戰略部署」，1967年已經「輪到小將犯錯誤」了。只是由於武漢七二〇事件陳再道的意外犯上，毛澤東、江青又「額外」地寵了一次造反派。但是沒過多久，「偉大戰略部署」還是回到了原定的軌道。

毛澤東在文革初期利用造反派狠整劉少奇等他假想的政敵，主要是在北京的事。因此他寵幸北京造反派倒是比較特殊的。這一點就是上海也比不上。人們一般都以王洪文為造反派得寵的典型，其實，王洪文之所以能夠在毛生前一直得寵，恰恰是因為他這個「造反派」非常另類，非常不典型。有人認為毛澤東拋棄蒯大富而久寵王洪文，是因為毛的意識形態重工人而輕知識分子。其實大不然。當時工人造反派比學生栽得更慘的例子不勝枚舉，事實上「一月風暴」以後，各地對造反派卸磨殺驢大都就是從「工總」之類的工人組織下手、而不是從學生組織開始的。廣西、廣東、湖南、湖北等地尤為典型。各地軍方「支左」後，收拾造反派大都是首先拿工人組織開刀，因為學生社會經歷相對單純，不易找到把柄，而工人，尤其工人中那些呼風喚雨者往往經歷相對複雜，當局鎮壓較易找到藉口。所以1967年後各地的「逆流」和「反逆流」常常是以軍方首先把工人組織打成「反革命」，而學生造反派為之打抱不平，與軍方發生衝突的模式演進的。

而王洪文能夠持續得寵的主要原因，既不在於他是工人、也不

---

74 戴維堤，《逝者如斯》之73〈北航黑會〉，烏有之鄉網站。

在於他是造反派，更不在於他是「工人造反派」。他主要就是因為死保張春橋，而與張的得寵共始終。至於他反對劉少奇，甚至他反對陳丕顯曹荻秋這些上海的「走資派」，則與他的「工人」身分[75]一樣，都不是他持續得寵的主要原因。

我們知道身在上海的王洪文不僅對打倒劉少奇沒什麼貢獻，甚至在上海的造反中他本來作用也不是最大的。他原是上棉十七廠的保衛幹部，直到1966年11月間「造反」大潮形成、舊市委垮臺已成定局時他才出來參與組織了「工總司」。不要說與北京早在這年初夏就奉旨發難的聶元梓和奉旨前就先忤逆了王光美的蒯大富相比，就是與上海最早起來造舊市委反的復旦「紅革會」等學生組織相比，甚至與上海工人中先於他而造反的潘國平等人相比，王洪文的「造反功勞」也不是很大的。他崛起的奧秘就是在「安亭事件」中搭上了張春橋，而後王張投桃報李又搞掉了其他造反派——先是王洪文力保張春橋，鎮壓了炮打張氏的「紅革會」等「老造反」，再是張春橋支持王洪文，血腥鎮壓了反王洪文的造反派「上柴聯司」及上柴之外的「支聯派」。

除這兩個鎮壓外，也許更重要的是還有一個鎮壓，即早在「一月革命」時就成為「上海特色」的鎮壓「經濟主義」。儘管當時愣說「經濟主義」是「走資派」煽動的，但如今真相大白：據起草人

---

75 王洪文其實是保衛幹部，並非真正的工人。不過當時工人組織的頭頭很多都如此，如湖南的葉衛東、湖北的朱洪霞、廣西的白鑒平等。其實就是傳統的工人運動中，出頭「代表」工人的往往也不是工人，如當年安源的李立三、江岸的施洋，只要真出於工人的推舉授權，其工人代表的資格就不是問題。有趣的是文革中工人造反派被鎮壓時，不是工人的頭頭就成了「階級異己分子」，而受寵的王洪文自然沒有此厄。

之一朱永嘉舉證，作為「一月革命」最重要文獻而名震天下的上海1967年1月8日那個「反對經濟主義」的「緊急通告」，本來正是「上海最大走資派」陳丕顯簽發的，陳也參與了造反派討論「通告」的會議，張春橋卻並未參與其事。後來毛誇獎「通告」，張卻反過來誣陷陳丕顯等「走資派」煽動「經濟主義」，是他和造反派發出「通告」鎮壓了這股「歪風」[76]。

其實誰都知道，所謂「經濟主義」恰恰就是「造反」與老百姓（尤其是下層百姓）利益相關的部分，如臨時工、合同工、輪換工要求轉正，下鄉知青要求返城、榮復轉退軍人要求改善待遇等。但凡「造反」如果在為高層權爭火中取栗之外還有百姓自己的利益訴求，那就是「經濟主義」。反「經濟主義」是典型的矛頭向下，與「造走資派的反」完全相反。如果說廠保衛幹部鎮壓臨時工也叫造反，那與「貴冑紅衛兵」毆打「狗崽子」的「造反」有何區別？為什麼後者就叫做「老保」？而今天的城管抓小販也可以叫「造反」嗎？

北京的造反從未提出反「經濟主義」的問題，毛澤東也不指望他們提出，因為毛對他們的利用就是為對付劉少奇。上海則不同，反「經濟主義」是「一月革命」的最醒目特徵。沒有張春橋搶下發明權的這個「創造」，「一月革命」是不可能有後來的地位的。後來各地仿效上海的「奪權」基本都失敗了，取代舊黨政的「革命委員會」基本都是「軍政府」或廣西那樣的「舊政府」。上海則不是，因為早在「反經濟主義」時，基於百姓利益訴求的「造反」在那裡已經消滅，而在其他地方都是要靠「軍政府」或「舊政府」來消滅，

76 金光耀，〈朱永嘉與他的「文革」口述〉，載《開放時代》2015年第3期，頁210-211。

才能建立「新秩序」的。

正是這三個鎮壓，而不是他先前的「造反」，決定了王洪文能夠繼續高升。

這裡有爭議的可能是「上柴聯司」，今天它被研究者認為是個十分特殊的案例：它主要由草根群眾與「17年受壓制者」組成，而且反對本廠領導，這與當時造反派一般社會學特徵相符。其對立派則多黨團員與政工幹部，更像是保皇派。但由於上層矛盾的特殊原因，上柴聯司遲遲未捲入對上海市委的「造反」，很多成員還參加過市裡的「保皇派」（即「赤衛隊」），而其對立派則投靠工總司，更早參加了市裡的「造反」。因此一些人把上柴聯司視為「保皇派」，王洪文後來鎮壓它時也是這麼說的[77]。其實，由於官場矛盾和社會矛盾錯綜複雜，當時的組織對一個或一級官府造反，而對另一個或另一級官府親近，是常有的事，何況聯司作為整體也並未參加過赤衛隊，倒是參加過工總司（只不過參加較晚，而且主要聯繫的是工總司中與王洪文內訌的那些人），更重要的是，到1967年1月後，還有誰不造舊市委的反？筆者認為從群眾性「造反」體現出對「17年」官僚體制不滿這一點看，定義「造反派」應該主要看社會學特徵和意識形態背景，而不是看對某個具體當權者的態度。對17年體制（有時未必是對整個體制，而是對自己在體制下的具體生存狀態，比如受工作隊的壓制等）不滿，但又接受當時官方意識形態、並以此為「造反」理由的，就是「造反派」。——如果對體制不滿而且反對當時的意識形態，那在當時就算是貨真價實的「反革命」，而不是

---

77 參見李遜，〈砸「聯司」大武鬥之前——上海柴油機廠兩大派群眾組織對立的形成及社會化過程〉，http://www.aisixiang.com/data/38262.html

「造反派」了。

　　就此而言，上柴聯司無疑屬於造反派，而且比王洪文更典型。另外，造反派在當時的另一個特徵就是它是當時特殊形式的組織多元化的產物，大一統的官辦組織無論持何種觀點都不能說是「造反派」。從這一點看，1967年8月上海的造反派也應該是上柴聯司，而不是王洪文及其工總司。

　　換言之，與其說王洪文與蒯大富類似，不如說「上柴聯司」與廣西四・二二更類似。1967年盛夏幾乎同時發生的兩件事：武漢陳再道支持「百萬雄師」鎮壓「三鋼三新」與上海張春橋支持「工總司」鎮壓「聯司」派，性質其實差不多。毛澤東當時對兩者的態度截然相反，很大程度上就是因為陳再道這個莽漢冒犯龍威驚了聖駕，而張春橋又恰恰是毛的近臣。但是這樣的截然相反造成政策混亂，近一年後才調整過來，於是武漢的「三鋼三新」也被拋棄了——而在武漢以外，這一次不但「四・二二」的結局比上柴聯司更慘，連「清華井岡山」也成了上柴聯司的北京版——蒯大富看到數萬工宣隊進校時，頓時想到的恰恰就是工總司踏平上柴的情景[78]！

　　因此我們可以說，如果把清華井岡山作為造反派一度受寵的極端，而廣西四・二二作為造反派從未受寵的另一極端，那麼清華這一極端其實比廣西更特殊、更不普遍。北京以外的全國各地，甚至包括過去常被視為造反派持續受寵典型的上海在內，在這兩個極端之間其實都更接近於廣西，而不是更接近於清華。

　　當然，即便是清華，最後也是在發展方向上（儘管不是在殘酷程度上）向廣西看齊了。

78　許愛晶，《清華蒯大富》（中國文革歷史出版社，2011），頁343。

餘論

　　在此我們要問：是領袖利用了造反派，還是造反派利用了領袖？由此也兼論「人民文革」的問題。回顧清華文革與廣西文革的往事，令人歎息，更令人深思。作為兩個極端，似乎再也沒有比清華造反派與廣西造反派差別更大的了。不說早先的受寵與否，直到七三布告發布時，四‧二二在廣西正被別人「踏平」，而井岡山在清華還要「踏平」別人。但這麼大的差別也沒有避免他們很快還是殊途同歸都被毛澤東鎮壓下去。而對於武傳斌發起、北航主要接待的「黑會」而言，清華井岡山和廣西四‧二二其實都算不得主角，而且事實上兩者並沒有聯繫（兩者都只是各自與武傳斌有接觸），但在中央首長嘴裡，事情卻變成了廣西的「土匪」進京向清華的「黑司令部」「彙報」！更怪的是「黑會」的真正主角武傳斌蒙受的後果也遠沒有清華人和廣西人那麼慘：武傳斌後來三進三出囹圄，但時間都不長且始終未獲刑。而清華老團獲刑者累累，四‧二二更是被浸在了血海裡。很多人都說清華文革在全國文革中具有最突出的典型意義，其實，就造反派先受領袖利用後被領袖鎮壓而言，清華無疑是造反派被利用（後來也被鎮壓了，只是並非最慘）的典型，廣西則是造反派被鎮壓（先前也曾利用過，只是價值不大[79]）的典型。兩者合起來倒是構成了中國文革最完整的典型圖景——尤其是「造反派」由興到亡整個生命歷程的典型圖景。

---

79 處遺資料表明，四‧二二組織的形成與1967年春中央文革駐廣西記者王荔奉命進行的工作有重要關係。但是不久上面就不再認為有這個必要，王荔被調，一走了之，留下四‧二二任韋國清宰割了。

對於像廣西四‧二二那樣的造反派被殘酷鎮壓和野蠻屠殺，今
天是怎麼譴責也不過分的。當然這並不意味著四‧二二就是正確的。
「奉旨造反」結果卻被「引蛇出洞聚而殲之」固然可悲，但他們所
奉之旨也很不人道，他們也喝過「狼奶」，得勢起來也會很凶，就
像清華井岡山得勢時那樣。廣西四‧二二作惡遠比鎮壓者少，原因
並不是他們的主張正確，只是因為他們沒有得勢的機會罷了。我一
直認為，無論就17年極權體制下積累的官民矛盾來說，還是就「五
十多天來」當權派首先發動「反右式文革」整老百姓（如工作隊整
崩大富們、血統論下的貴冑打擊賤民）造成的新民怨而言，文革中
的群眾「造反」形成如此規模，並不能僅僅用「奉旨」來解釋，它
是有社會土壤的，即使今天看來也有值得同情的一面。但是這也就
如舊時的農民反官府一樣，值得同情並不意味著它就不會得勢作
惡，更不意味著它（如海外一些「人民文革」論者所言）就是「民
主派」。把中國文革時的造反派混同於波蘭的團結工會是完全不對
的。在當時的中國，有社會土壤的造反仍然得「奉旨」發難，值得
同情者也做了不少火中取栗的傻事和烏煙瘴氣的壞事。不過，首先
這只是十年文革中無數壞事的一小部分，其次這是領袖利用造反派
作惡（利用完又鎮壓了他們），而不是造反派利用領袖作惡，這個
基本事實是不能顛倒的。

　　現在看來，當時完全沒有被利用（不是他們拒絕被利用，而是
毛澤東從一開始就沒想利用，而只想打壓）的「造反」，恐怕只有
所謂上海一月革命中被張春橋王洪文等人鎮壓下去的「經濟主義」
造反──從這一點也可以看出所謂毛澤東發動文革的動機是「底層
情結」、他想為下層謀利益而打擊官僚之類說法的荒誕。最底層的
勞動者要求改善待遇，不僅在社會主義名義下應該天經地義，資本
主義也都還承認勞工運動合法嘛。即便當時的經濟條件難以滿足他

們的這些要求,也不能剝奪他們提出要求的權利吧!然而文革中無論局勢多麼混亂多麼「無政府」,「經濟主義」的訴求空間當局是一點不肯給[80]。當局如此,主流造反派也與這類訴求劃清界線。尤其是上海,當時不僅王洪文這種「另類造反派」,就連紅革會這樣的「典型造反派」也參與了鎮壓「經濟主義」。廣西也是如此,當時南寧有個要求回城的下鄉知青組織「青年近衛軍」要求加入四‧二二,但四‧二二一些頭頭認為這些「沒有戶口的社會青年」不配成立組織,一直不承認他們。直到後來面臨覆滅時,「青近」頑強抵抗,死亡慘重,在生死關頭部分四‧二二成員終於與之攜手作困獸之鬥。

　　但即便如此,近年筆者做訪談時發現,當年四‧二二中一些大中學生和公職人員仍然不願與「青近」為伍,儘管這時知青回城早已獲得承認。

　　可以說,造反派與弱勢民眾反抗體制的關係可以從三個角度來考察:第一是後者是否同情前者;第二,前者是否支持後者;第三,其他方面(當局或正統人士,特別是對造反派與弱勢賤民均持敵視態度的「老保」)如何看兩者的關係。從第一個角度看,不滿及反抗體制的弱勢民眾和賤民確實一般都同情、至少在兩派對立時相對同情於造反派,這是不爭的事實。廣西的「青近」同情四‧二二,北京的遇羅克同情四三派,上海的王申酉同情紅革會,長沙《新湖

80　文革中一度可以成立各種「群眾組織」,但三種弱勢者的組織是不被允許的:一是臨時工、合同工、輪換工等「三工」組織(他們會要求「轉正」),二是下鄉知青組織(他們會要求返城),三是榮復轉退軍人組織(他們對低劣的安置政策不滿)。由於利益訴求明確,這三類群體參與「造反」非常積極,但他們的組織通常很快就被取締。

南報》諸「右派」同情「湘江風雷」等等都是明顯的例子。

　　但從第二個角度看，造反派支持不滿及反抗體制的弱勢民眾和賤民的例子卻非常少。相反，即便是那些不僅在1966年反「官僚」、而且在1967-68年又「反軍」的激進造反派，一般也是迴避反體制的弱勢民眾和賤民的。除非面臨生死存亡的絕境，他們一般不願與後者為伍，免得「受連累」。當然，面對「老保」和正統派打壓的他們，一般也不會去積極欺負後者。不過一旦他們有機會變成主流，他們也會與後者劃清界線，乃至鎮壓後者——儘管他們很難有這種機會。

　　可見中國一般造反派（個別人可能例外）與「人民文革論」所說的「民主派」距離有多大。然而從第三個角度講，當時正統派與「老保」倒是非常熱衷於把造反派與弱勢賤民弄到一起，一方面藉此「抹黑」造反派，另一方面以剷除造反的社會基礎、預防造反派坐大為由，對弱勢賤民施加駭人聽聞的暴力，甚至是「斬草除根」的大屠殺。文革中最血腥的事件大都屬於此類。也正是正統鎮壓者的這種做法，強化了一般人對於造反派與弱勢賤民有密切聯繫的印象。而實際上這種聯繫雖不能說沒有，卻遠沒有那麼密切。

　　揭示這些真相的意義重大。1980年代鄧小平「徹底否定文革」本是對的，但當時的歷史局限決定了這一「否定」仍然是基於當權派利益本位的立場，因此不僅「徹底否定」其實並不徹底，更重要的是也有失公正：那時的「否定文革」主要就是「否定」造反派，文革被描述成「造反派迫害走資派」的單一圖景。以至於文革過去四十多年後，一些年輕人知道的文革就是「毛澤東支持『造反派』整『走資派』，鄧小平抬舉『走資派』肅清『造反派』」。這個「事實判斷」很少有人質疑，雙方只是價值判斷相反：有人說毛主席支持人民反官僚是對的，有人說老百姓犯上作亂不行，鄧小平平定造

反才對了。如果只是在這樣的「事實」上討論，那就永遠不能搞清文革災難的教訓、也沒法認識改革的意義。其實不僅是中國人，就是傅高義這樣的外國學者也如此，他在《鄧小平時代》一書中仍然把遲群等人稱為「造反派」[81]，其實這些人恰恰是毛澤東派來鎮壓「造反派」的——但是遲群治下被整死的人卻要比「造反派」蒯大富治下更多。

文革中當然有「造反派」迫害「走資派」的一幕，但絕非僅僅有這一幕，而且如果我們承認「十年文革」之說，那麼這一幕其實非常短暫。重要的是幾個被忽視的「真相」：「造反派」得勢時確實也很野蠻，但那時鎮壓他們的人往往更野蠻，總的來說在那十年中，「造反派」的受難百倍於「當權派」和「保皇派」。而就造反派本身來說，他們受難最慘的主要是在毛澤東時代，而非鄧小平時代。

另一方面，「走資派」（老幹部）長期受大難、改革後才解厄者固然不少，但其中受「造反派迫害」只是一瞬，90%的時間他們受的是「常規黨內迫害」，與根本沒有造反派之說的蘇聯克格勃黑獄沒什麼本質區別。「彭陸羅楊」受難時，「造反派」還遠沒有問世，而王光美一直被關押到改革前夕，難道那是蒯大富關的？

更耐人尋味的是中國歷史上常見的「名實」分離，說的與做的相反。正如今天幾乎100%的當年「右派」都已平反，但「反右」仍被認為「必要」一樣，當年毛澤東把95%的「造反」者都收拾了，理論上「造反」卻仍被說成是對的。而與毛生前對造反派的殘酷鎮壓相比，鄧小平時代雖然理論上整體否定了造反運動，並清理了一

---

81 傅高義，《鄧小平時代》，馮克利譯（香港中文大學出版社：2012），頁121。

些「三種人」。但不僅這種處理無法與毛澤東的鎮壓相比，而且事
實上，大量造反派的冤案卻是在鄧時代得到糾正的。關於文革，無
論是官式的「徹底否定」還是毛左的「毛主席支持民眾反官僚」論
都迴避了一個基本事實，那就是把「造反派」打入十八層地獄的事
絕大多數是發生在毛澤東時代，而不是在鄧小平時代。

　　而真正帶有「人民文革」色彩的造反，如前述的「經濟主義」
造反，毛澤東時代不但官府鎮壓之，主流「造反派」也往往排斥之，
反倒是在改革初期，很多這類「造反」（典型的就是1979年前後的
知青回城抗爭）取得了成功！

　　鄧小平時代以清理「三種人」的名義把殘留在黨政機關中的一
些曾經的造反派予以驅逐，一些人還被判了刑。但其實到1976年時
仍然得勢的「造反派」人士不但已經極少，而且大都像王洪文那樣
以鎮壓其他造反派的方式交過「投名狀」，實際上已不再是造反派
而只是文革新貴。這場「清理」對「造反派」的打擊其實遠不如毛
澤東時代的鎮壓。更有不少如蒯大富這樣的人其實在毛澤東生前已
經坐牢很久，但那時盛行的是不講任何理由和程序的隨意關押、無
限期的黑牢；即使放出來也是「黑五類」式的賤民，無法擁有正常
生活。鄧小平時代開始講「法治」，把他們正式審判定罪，判了刑
期。儘管從今天的角度看，那種審判實際還是「政治掛帥」，「法
治」水準很低，也未必公正，但由於此前的羈押折抵刑期，他們中
不少人其實在毛澤東時代坐牢的時間還長於鄧小平時代。出獄後儘
管也受到歧視，但程度比毛澤東時代對賤民的歧視差得遠，他們基
本上都能恢復正常生活。

　　更應該指出的是：鄧小平時代雖然理論上徹底否定了在毛澤東
時代受到理論肯定的「造反派」，實際上卻有很多毛澤東時代鎮壓
造反派的冤案，是在鄧小平時代被平反的。這實在是歷史的弔詭！

例如改革年代獲得平反的最出名的幾個文革中遇害（個別的是文革中被捕，而在「凡是派」的時代遇害）的異議人士（有的平反後被宣布為烈士），當年他們其實並非同一立場，其中因反對打倒劉少奇而被害的張志新自然不是造反派（她應該算「保守派」），但遇羅克（因編輯造反派的《中學文革報》反對保皇派的「血統論」而遇害）、李九蓮、鐘海源（都在軍人政權鎮壓造反派時遇害）等多數人其實都屬於造反派。還有那些活著的人：上海的胡守鈞、陳卜昌、侯美度、全向東、邱勵歐，武漢的魯禮安、湖南的楊曦光（即後來名滿天下的楊小凱）、廣西的錢文俊等，他們不僅是造反派，而且多數還是造反派中最激進者，他們都是毛澤東時代坐大牢、鄧小平時代獲平反的。

那時冤死的人除了「賤民」以外，肯定以造反派居多——至少比「走資派」和「保皇派」多，這些被平反者自然也是如此。典型的是筆者的家鄉廣西等地，文革中對「造反派」成千上萬地大舉屠殺，可謂慘絕人寰。那也是鄧小平時代被平反、得以恢復公道的。1983-87年間「處遺」中被懲罰的一些殺人者按當時的政治口徑都被指為「造反派」，其實他們固然罪有應得，但說他們是「造反派」就與事實剛好相反了——他們是文革前當權派的御林軍。而大量的廣西「造反派」恰恰是在鄧小平時代從地獄回到人間的。

因此就不難理解，儘管今天有不少不懂歷史的年輕人從「造反派反官僚」的角度同情文革，但實際上在1970-80年代之交，走出文革、實行改革是包括絕大多數前「造反派」和「走資派」在內的幾乎所有國人的共識。只是當時改革主導者是復出的當權派（文革中所謂的「走資派」），按他們的意圖進行的改革固然基本上符合上述共識並且取得了很大的成功，但偏見和扭曲還是不少，改革之路遠比當時人們想的複雜和坎坷，對文革的反思自然也是如此。

　　秦暉，1953年生，文革時期為廣西四二二成員，四二二覆滅後上
山下鄉9年，1978年成為文革後恢復招生的首屆研究生，1981年獲
碩士學位，現為北京清華大學歷史系教授，著有《問題與主義》、
《傳統十論》、《走出帝制》、《共同的底線》、《南非的啟示》
等二十餘本著作。

如何理解文化大革命及其啓發[1]

郝志東

以銅為鏡，可以正衣冠；以史為鏡，可以知興替；以人為鏡，可以知得失。
——《舊唐書·魏徵傳》
唐貞觀十七年（西元643年），唐太宗李世民在魏徵去世後所作的感歎。

為了理解中國的今天「為什麼」（why）是這樣的，我們就必須理解文化革命中到底發生了些「什麼」（what）事情。
——《毛澤東最後的革命》「前言」。[2]

「文化大革命」會不會再來？別看我們已經改革開放了，從我們的某些思

---

1 本文是郝志東和黎明所著《平定縣裡不平定：山西省平定縣文革史》一書的前言。書的前言和結語在撰寫過程中，徵求了文革研究的專家如宋永毅、魏昂德（Andrew Walder）、Lynn T. White以及平定縣多位文革過來人的意見。各位都提了很好的建議，作者也對初稿作了相應的修改。我們在這裡一併向他們表示誠摯的謝意。該書即將由台灣思行文化傳播有限公司出版。

2 Roderick MacFarquar and Michael Shoenhals, *Mao's Last Revolution,* Cambridge（Massachusetts：The Belknap Press of Harvard University Press, 2006），p. 1. 作者的中文名字分別為麥克法夸爾（也名馬若德）和沈邁克。該書已經譯為中文，題名《毛澤東最後的革命》，由香港星客爾出版有限公司於2009年出版了簡體版，台灣左岸文化出版有限公司在同年出版了繁體版。上面這段話為本文作者自己的翻譯。

維方式、社會問題上可以看到，「文革」長長的影子還存留著。

——白岩松[3]

　　關於文化大革命，人們可以問「十萬個為什麼」。但是由於篇幅所限，我們只問五個「為什麼」。我們的為什麼，既來自於我們對目前國內外對文革研究的理解，也來自於我們對本書所描述的山西省平定縣文革史的觀察。所以我們在問為什麼的時候，既會介紹別人研究的成果，也會介紹本書的內容，同時介紹本書的特點或者對文革研究的貢獻。我們會著重討論這些問題對今天中國社會與政治發展的啟發。這幾個為什麼包括：

1.　毛澤東為什麼要搞文革？他是否有一個總體的策略、規劃，如果有，執行情況如何？他的文革思維對今天有什麼啟發？

2.　紅衛兵是怎樣被發動起來的？他們為什麼會如此聽話？紅衛兵運動對今天的社會運動有什麼啟發？

3.　文革之中為什麼會有兩派之鬥？這種派別之爭有什麼意義？兩派鬥爭對今天的政治與社會發展有什麼啟發？

4.　文革為什麼會有暴力？如何理解文革中的暴力？這和今天政治和社會上的暴力有什麼關係？

5.　為什麼說文革對個人的傷害、使人對社會失去希望才是最嚴重的傷害？

3　見張英對白岩松（記者，中央電視台主持人）的訪談，〈我還在央視，我該幹什麼？白岩松的新聞長跑〉，載於《南方週末》，2014年5月22日。

　　在本書的結語部分，我們會探討文革反省的困難與必要性，並和前言中的這些「為什麼」相呼應。在討論所有這些問題時，我們會力圖比較全面、公正地看待歷史。

　　在文革發生50年之後，無論是我們的被訪者，還是我們身為本書作者，都希望對我們的後輩有個交代。與此同時，正如上面的引文所顯示的，無論是古人還是今人，中國人還是外國人，都認為應該以史為鑑，認為只有知道歷史，才能理解現在；只有學習前人的教訓，才知道今天的人們應該怎麼做。不少研究者也都強調文革和今天政治與社會發展的聯繫[4]。這些也正是我們寫作本書的目的。

　　關於文革的研究或者回憶的書籍與文章，儘管已經不少，但是好多文革檔案還沒有解禁，需要研究的問題仍然很多，正如Jonathan Unger所指出的，尤其是對基層文革的研究，現在還非常缺乏[5]。從宏觀的角度來研究文革的著作有前引麥克法夸爾（馬若德）和沈邁克的書，以及其他如較早的高皋、嚴家其合著的十年文革史，王年一、金春明、卜偉華等人的著作[6]。也有一些專題性的研究，比如宋永毅、孫大進關於文革異端思潮的研究，宋永毅關於地下讀書運動

4　如 Richard Curt Kraus, *The Cultural Revolution: A Very Short Introduction*（New York: Oxford University Press, 2012），p. 4.

5　見Jonathan Unger 關於基層文革（城鎮、鄉村、工廠、少數民族地區、政府機關、中學、大學等）迫切需要研究的討論，"The Cultural Revolution at the Grass Roots," *The China Journal*, No. 57（Jan. 2007），pp. 109-137. 關於文革研究現狀與問題，也參見卜偉華，〈關於文革史研究的幾個問題〉，三味書屋的博客，見新浪博客，http://blog.sina.com.cn/s/blog_51cb51180100edp8.html，2009年8月1日。

6　高皋、嚴家其，《「文化大革命」十年史》（天津人民出版社，1986）；王年一，《大動亂的年代》（河南人民出版社，1996）；金春明，《「文化大革命」史稿》（四川人民出版社，1995）；卜偉華，《「砸爛舊世界」：文化大革命的動亂與浩劫（1966-1968）》，中華人民共和國史第六卷（香港中文大學出版社，2008）。

的研究,印紅標關於青年思潮的研究、Andrew Walder (魏昂德)
的北京紅衛兵的研究,唐少傑關於清華大學武鬥的研究,Lynn
White、蘇楊、鄭義各自關於暴力的研究等等[7]。關於毛澤東、周恩
來、劉少奇、鄧小平等中央領導人的研究就更不勝枚舉了,如齊慕
實,迪特默,高文謙、傅高義等等[8]。也有研究一省或一市的文革史
的著作,如高華和程鐵軍的內蒙文革史,王紹光的武漢文革史,裴
宜理和李遜的上海文革,Keith Forster 的浙江文革,唯色的西藏文
革,石名崗主筆的山西文革等等[9]。另外還有無數的回憶錄,如閻長

---

7   宋永毅、孫大進,《文化大革命和它的異端思潮》(香港田園書屋,
     1997) ; Song Yongyi, "A Glance at the Underground Reading
     Movement during the Cultural Revolution," *Journal of Contemporary
     China,* 2007, 16(51), May 325-333; 印紅標,《失蹤者的足跡:文
     化大革命期間的青年思潮》(香港中文大學出版社,2009);Andrew
     Walder, *Fractured Rebellion: The Beijing Red Guard Movement*
     (Harvard University Press, 2009);唐少傑,《一葉知秋:清華大學
     1968年「百日大武鬥」》(香港中文大學出版社,2003);Lynn T.
     White, *Policies of Chaos: The Organizational Causes of Violence in
     China's Cultural Revolution* (Princeton, New Jersey: Princeton
     University, 1989);Yang Su, *Collective Killings in Rural China during
     the Cultural Revolution* (Cambridge University Press, 2011);蘇楊,
     〈文革中的大屠殺:對湖北、廣東和廣西三省的研究〉,載於宋永
     毅(主編),《文化大革命:歷史真相和集體記憶》;鄭義《紅色
     紀念碑》(華視文化公司,1993)。其中,Lynn White 的書其實是
     將文革看作一個暴力行為,並不是直接像蘇楊那樣討論暴力。另外
     他的書也可以看作是對上海的研究,因為他所使用的是上海的個
     案。
8   Timothy Cheek (齊慕實)(編),*A Critical Introduction to Mao*
     (Cambridge University Press, 2010);蕭延中,《晚年毛澤東》(春
     秋出版社,1988年版);厄洛爾·迪特默(Lowell Ditmmer),《劉
     少奇》(華夏出版社,1989);高文謙,《晚年周恩來》(明鏡出
     版社,2003);Ezra Vogel (傅高義),《鄧小平時代》(香港中
     文大學出版社,2012)。
9   高華、程鐵軍,《內蒙文革風雷:一位造反派領袖的口述史》(香

貴、王廣宇對文革小組等的回憶，鄭念的上海回憶，季羨林的牛棚雜憶，吳德的北京回憶，王力的反思，徐景賢的十年一夢，徐友漁所編的回憶錄，以及黃永勝、吳法憲、李作鵬、邱會作等人的回憶錄[10]。

回憶類的書籍和文章為文革研究澄清了不少事實，提供了很多素材[11]。本書關於平定文革的研究，除了口述歷史之外，也引用了很多回憶的文字，這對了解當事人的經歷和感受很有幫助。回憶錄、

(續)

港明鏡出版社，2007）；王紹光，《超凡領袖的挫敗：文化大革命在武漢》（香港中文大學出版社，2009）；Elizabeth J. Perry and Li Xun, *Proletarian Power: Shanghai in the Cultural Revolution*（Boulder Colorado: Westview Press, 1997）；Keith Forster, *Rebellion and Factionalism in a Chinese Province: Zhejiang, 1966-1976*（Armonk, New York: M.E. Sharpe, 1990）；唯色，《殺劫》（敘述西藏文革）（台灣：大塊文化，2006）；石名崗（主筆）《文革中的山西》（香港：天馬出版有限公司，2015）。

10 閻長貴、王廣宇，《問史求信集》（紅旗出版社，2009）；鄭念，《生死在上海》（上海百家出版社，1988）；季羨林，《牛棚雜憶》（中共中央黨校出版社，1998）；吳德口述，《十年風雨紀事：我在北京工作的一些經歷》（當代中國出版社，2004）；王力，《王力反思錄》（香港北星出版社，2001）；徐景賢，《十年一夢：前上海市委書記徐景賢文革回憶錄》（時代國際出版有限公司，2003）；徐友漁（編），《1966：我們那一代的回憶》（中國文聯出版公司，1998）；黃正，《軍人永勝：原解放軍總參謀長黃永勝將軍前傳》（香港新世紀出版社，2010）；吳法憲，《歲月艱難：吳法憲回憶錄》第三版（香港北星出版社，2009）；李作鵬，《李作鵬回憶錄》（香港北星出版社，2011），邱會作，《邱會作回憶錄》（香港新世紀出版社，2011）。

11 比如涉及到江青和毛澤東的關係時，人們通常會引述所謂延安時期中共給毛和江的約法三章，結果閻長貴通過多人的回憶，證明是以訛傳訛。毛澤東和江青在文革中的關係也不是中共官方後來認定的反對關係。見〈歷史學者座談《毛澤東最後的革命》〉，載於《往事》第101期，2010年10月18日，座談會日期為2010年6月26日，地點為北京。

口述史、檔案材料等多種資料相互印證，有助於我們在較大程度上
還原歷史。

　　但是上述研究，多為縣域以上城市和地區的研究。關於縣域的
文革，我們看到的很少。我們知道的有關於湖南道縣大屠殺的研究，
記述一個縣裡的大事件，還有Dongping Han關於山東一個縣在文革
中的經濟與教育發展，但是主要集中在發展上面，而不是一個全面
的縣域文革史[12]。所以像我們這樣的研究，一個縣域比較全面的文
革史，還沒有看到。我們的書應該說是填補了一個文革研究的空白。

　　另外在研究文革史時，著重文革這個大事件對個人的影響的著
作還不多見。而我們的著作則特別強調文革對個人、家庭、朋友的
影響。這是當今歷史研究的一個特點，也是本書的一大長處。

　　一般文革研究，通常也會涉及我們上面提出來的五個為什麼。
但是從縣域的角度來看這些為什麼，來看文革的發生和發展及其對
基層老百姓的影響，來了解像白岩松所說的人們如何仍然生活在文
革長長的身影中，卻是其他人很少涉及的問題。希望我們的書能夠
融合到文革研究的大範疇裡去，為文革研究提供一個縣域的視角，
了解縣域文革和全國文革的同於不同，以及文革研究的現實意義，
為方興未艾的文革研究添磚加瓦。

　　關於文化大革命，中共中央在〈關於建國以來若干歷史問題的
決議〉中，已經有了結論：

　　　實踐證明，「文化大革命」不是也不可能是任何意義上的革命

12　譚合成，《血的神話：西元1967年湖南道縣文革大屠殺紀實》，第
　　二版（香港天行健出版社，2012）；Dongping Han, *The Unknown
　　Cultural Revolution: Life and Change in a Chinese Village*（New York:
　　Monthly Review Press, 2008）.

或社會進步。它根本不是「亂了敵人」而只是亂了自己，因而始終沒有也不可能由「天下大亂」達到「天下大治」。在我國，在人民民主專政的國家政權建立以後，尤其是社會主義改造基本完成、剝削階級作為階級已經消滅以後，雖然社會主義革命的任務還沒有最後完成，但是革命的內容和方法已經同過去根本不同。對於黨和國家肌體中確實存在的某些陰暗面，當然需要作出恰當的估計並運用符合憲法、法律和黨章的正確措施加以解決，但決不應該採取「文化大革命」的理論和方法。在社會主義條件下進行所謂「一個階級推翻一個階級」的政治大革命，既沒有經濟基礎，也沒有政治基礎。它必然提不出任何建設性的綱領，而只能造成嚴重的混亂、破壞和倒退。歷史已經判明，「文化大革命」是一場由領導者錯誤發動，被反革命集團利用，給黨、國家和各族人民帶來嚴重災難的內亂。

其實我們這本書也是要討論為什麼說文化革命「不可能是任何意義上的革命或社會進步」。十年動亂，所為何來？辛辛苦苦十幾年，一夜回到文革前。無論是老幹部還是造反派都重頭再來。這十年，對很多人來說，其實不光是辛苦，而是災難。所為何來？多少人因文革而死。逝者已矣，但是所為何來？下面我們來看一下前面提到的幾個為什麼。

一、文革的起源：

毛澤東為什麼要搞文革？他是否有一個總體的規劃與策略；如果有，那麼在基層的執行情況如何？毛的文革思維和鬥爭方式對今天有什麼啟發？

　　我們可以看到，文革後中共對文革的評價儘管談到「嚴重性」時比較到位，但是談到「原因」時卻顧左右而言他。國內外學者對文革起源的分析，多少和毛澤東自己關於路線分歧的說法有所契合，但是他們也指出了權力鬥爭的問題。這一點是毛澤東語焉不詳的。他在談到和劉少奇的鬥爭時，都有冠冕堂皇的理由，很少承認自己是在和劉少奇爭權奪利。平定這個地方文革的發生和發展也基本是按照毛澤東的規劃所進行的，儘管毛澤東並沒有預料到文革開始後事情進一步演變的複雜性及中央試圖整合各方面力量、重新建立政權的難度。我們會著重強調文革思維對我們今天政治和社會發展的影響。

1. 毛澤東對文革起源的解釋，對文革的規劃以及本書所描述的平定文革的實際運行過程

　　平定文革的歷程，似乎可以證明毛澤東搞文革是有計劃、有規劃、有策略的。當然他或許並不總能控制局勢，所以他的計畫也在變化，但是他搞文革並重新建立政權的初衷至死不渝。就是在今天，毛澤東的思想遺產，還在深刻地影響著當代人的思維方式。我們還面臨著選擇未來道路的困擾。那麼他搞文革的初衷，根據他自己的說法，是什麼呢？林彪在1969年中國共產黨第九次全國代表大會上作的政治報告，應該已經講得比較清楚[13]：

　　毛主席曾經用簡潔的語言說明了這場大革命的必要性：「這次

13　林彪，〈在中國共產黨第九次全國代表大會上的報告〉，1969年4月1日報告，4月14日通過，載於《新華網》，http://news.xinhuanet.com/ziliao/2007-10/11/content_6863297.htm，上網日期2015年7月28日。

> 無產階級文化大革命，對於鞏固無產階級專政，防止資本主義
> 復辟，建設社會主義，是完全必要的，是非常及時的」。
> 毛主席特別指出：「社會主義和資本主義之間誰勝誰負的問題
> 還沒有真正解決」。「無產階級和資產階級之間的階級鬥爭，
> 各派政治力量之間的階級鬥爭，無產階級和資產階級之間在意
> 識形態方面的階級鬥爭，還是長時期的，曲折的，有時甚至是
> 很激烈的」。

所以，無產階級文化大革命就是要防止資本主義復辟，消滅資產階
級，至少打敗資產階級，建設社會主義。那麼，誰是這個資產階級
的代表呢？林彪接著說，

> 現已查明，劉少奇早在第一次國內革命戰爭時期就叛變投敵，
> 充當內奸、工賊，是罪惡累累的帝國主義、現代修正主義和國
> 民黨反動派的走狗，是走資本主義道路的當權派的總代表。他
> 有一條妄圖在中國復辟資本主義，使中國變成帝國主義、修正
> 主義殖民地的政治路線。他又有一條為他的反革命政治路線服
> 務的組織路線。多年來，劉少奇招降納叛，搜羅了一幫子叛徒、
> 特務、走資派，他們隱瞞了自己的反革命的政治歷史，互相包
> 庇，狼狽為奸，竊取了黨和國家的重要職務，控制了從中央到
> 地方許多單位的領導權，組成了一個地下的資產階級司令部，
> 對抗以毛主席為首的無產階級司令部。他們同帝國主義、現代
> 修正主義、國民黨反動派勾結著，起了美帝、蘇修和各國反動
> 派不能起的破壞作用。

換句話說，文化大革命的目的就是要將劉少奇及其在中央和地方的

代表揪出來，將權力從他們手上奪過來。之後，要建立革命委員會，
清理階級隊伍，改革不合理的規章制度等，總之是要建立起來一個
新政權。林彪說，

> 這場上層建築領域中的大革命，同一切革命一樣，根本問題是
> 政權問題，是領導權掌握在哪個階級手裡的問題。全國各省、
> 市、自治區（除台灣省外）成立了革命委員會，標誌著這個革
> 命取得了偉大的、決定性的勝利。但是革命並沒有結束。無產
> 階級需要繼續前進，「認真搞好鬥、批、改」，把上層建築領
> 域中的社會主義革命進行到底。
>
> 毛主席指出：「建立三結合的革命委員會，大批判，清理階級
> 隊伍，整黨，精簡機構、改革不合理的規章制度、下放科室人
> 員，工廠裡的鬥、批、改，大體經歷這麼幾個階段。」我們要
> 按照毛主席的指示，一個一個工廠，一個一個學校，一個一個
> 公社，一個一個單位，深入細緻地、踏踏實實地、合理地完成
> 這些任務。

即使在建立政權之後，階級鬥爭也還會繼續，無產階級還要和
資產階級繼續鬥爭。這就是所謂的「繼續革命」的理論。老的資產
階級消滅了，還會有新的資產階級產生。所以鬥爭是長期的，不會
停止的。林彪說，

> 一切革命的同志必須清醒地看到：思想政治領域中的階級鬥爭
> 是決不會停止的。決不因為我們奪了權，無產階級同資產階級
> 的鬥爭就消失了。我們必須繼續高舉革命大批判的旗幟，用毛
> 澤東思想批判資產階級，批判修正主義，批判各種違反毛主席

無產階級革命路線的右的或極「左」的錯誤思想，批判資產階級個人主義，批判「多中心即無中心論」。我們要繼續把叛徒、內奸、工賊劉少奇搞的那一套買辦洋奴哲學、爬行主義批倒批臭，把毛主席「獨立自主、自力更生」的思想在廣大幹部和群眾中牢固地確立起來，保證我們的事業繼續沿著毛主席指出的方向前進。

那麼用什麼辦法來進行文革以及建立革命委員會之後的繼續革命呢？林彪在中共九大的政治報告中說，

正如毛主席在一九六七年二月一次談話中指出的那樣：「過去我們搞了農村的鬥爭，工廠的鬥爭，文化界的鬥爭，進行了社會主義教育運動，但不能解決問題，因為沒有找到一種形式，一種方式，公開地、全面地、由下而上地發動廣大群眾來揭發我們的黑暗面。」現在，我們找到了這種形式，它就是無產階級文化大革命。只有發動億萬群眾，大鳴、大放、大字報、大辯論，才能把混入黨內的叛徒、特務、走資派揭露出來，粉碎他們復辟資本主義的陰謀。

這就是放手發動億萬群眾搞大鳴、大放、大字報、大辯論。首先發動的是大中學校的紅衛兵，然後是工人、農民與解放軍。而且無產階級文化大革命今後每隔七、八年就要再來一次[14]。

14　關於毛的這個說法，見許成鋼，〈我的文革十年〉，載於香港中文大學中國研究服務中心主辦的民間歷史網，http://mjlsh.usc.cuhk.edu.hk/Book.aspx?cid=4&tid=1304，上網日前2015年10月17日。

　　上面林彪所描述的文革的起源、方法與過程，既代表了毛澤東的思路，的確也正是平定文革發展的歷程。本書的章節安排，以平定文革發展的歷程為線索。讀者可以看到文革的思想動員、組織動員、對紅衛兵的「鍛鍊」、「訓練」和「磨練」、鬥走資派、平定的兩次奪權、兩派在奪權過程中的鬥爭包括武鬥、大聯合與建立革命委員會，以及清理階級隊伍、一打三反、清理三種人等鞏固革命政權的措施。我們看到的是一個有組織、有計劃地摧毀政權然後再建立政權、鞏固政權的過程。當然這個過程並不順利，這也是在毛澤東的預料之中的，正如林彪所說的那樣，**思想政治領域中的階級鬥爭是決不會停止的，走資派還在走，所以須要繼續革命。這個鬥爭是長時期的，曲折的，有時甚至是很激烈的。**

　　平定文革的歷程一方面從經驗上證明了毛澤東對文革有個總體的規劃、計畫和策略，並且一直不遺餘力地推行他的計畫，包括只有鄧小平承諾永不翻案才會重新啟用他。另一方面，平定文革的實際運行也說明毛澤東「用兵」並不是「真如神」。他應該沒有預料到全國各地的造反派都分成了兩派，並且似乎都有不可調和的矛盾，也許還真「有根本的利害衝突」。正如我們下面要討論的，在平定乃至整個山西，由全國勞模陳永貴（大寨大隊所在的昔陽縣是平定的鄰縣）支持的一派和解放軍支持的另一派之間所發生的政治鬥爭也無法平息。對鄧小平的啟用，他也是後來才意識到，「永不翻案，靠不住啊」。當然他應該更沒有想到，自己的得力助手王洪文、張春橋、江青、姚文元，在他去世後不到一個月，就被抓捕並被關在秦城監獄了。他所設想的自己死後資本主義復辟時，左派會打著他的旗號起來造反，也沒有兌現。儘管左派的確在打著他的旗號批判資本主義，但是批判和造反畢竟是兩回事。

　　另外林彪所說的發動群眾自下而上揭發陰暗面的方式，其實在

反右的時候已經試過了，而且是不成功的。那麼為什麼林彪還要說現在剛剛找到這種方式？毛澤東難道是從反右中得到什麼啟示，並且有信心這次能夠成功嗎？抑或他認為自己能夠控制運動的走向，不會像反右那樣，引火上身？毛澤東或許也在走一步看一步，看步行步，他或許認為只要有解放軍的支持，事情就會朝著自己所設想的方向走。

資本主義似乎復辟了，左派有很多意見，習近平也在力挽狂瀾，試圖保住紅色江山萬萬年。但是要在政治、經濟、社會問題上完全走「老路」，可能性也不是太大，儘管我們還要拭目以待。總之，毛預見了資本主義復辟，但是他並沒有想到左派幾乎沒有力量扭轉乾坤。習近平似乎是他們的唯一希望，但是讓習近平完全走毛的路，恐怕也有困難。

我們還是回到平定文革的經歷和毛澤東的計畫上來。本書第一章首先介紹了平定簡史，討論了文革前平定的發展以及各種政治運動。這些運動應該說是為文革奠定了基礎。第二章我們介紹了平定學毛選、學雷鋒、王傑等英雄模範，批「黑幫」等運動。我們可以把這些運動看作文革的思想動員。第三章談平定紅衛兵的興起，這是文革的組織動員。第四章介紹破四舊、立四新、批鬥牛鬼蛇神，這實際上是一次「練兵」，因為「這次運動的重點是整黨內那些走資本主義道路的當權派」。四舊、牛鬼蛇神，是需要清理的，但不是重點。所以這些文革早期的運動或許起到了毛澤東所講的「亂了敵人，鍛煉了自己」的目的。第五章介紹紅衛兵的長征，我們可以把這個運動看作是對紅衛兵的培訓與磨練。他們到各地去學習革命經驗，很多人步行到延安等革命聖地去緬懷中共的革命業績。最終的目的是我們在第六章講的鬥走資派，和第七、第八、第九章講的奪權。由於陳永貴所支持的紅總站與解放軍所支持的兵團兩派相持

不下，奪權以及建立新的政權就顯得比毛澤東想像得還要複雜得多。

照原來毛澤東的想像，上述過程包括後面的建立和鞏固革命委員會三年就可以結束，但是文革還是搞了十年。或者像全山西包括平定的情況一樣，時間更長[15]。這說明毛澤東儘管有個大的設想，但也是在看步行步。於是有了書中的第十章、第十一章和第十二章所講的武鬥初起、武鬥升級以及武鬥傷人、死人的嚴重後果。正如我們在第十三章所描述的，在解放軍的強壓下，兩派終於可以大聯合、建立革命委員會了。但是又如我們在第十四章和第十五章所描述的，之後在鞏固革命成果的過程中，也就是清理階級隊伍、一打三反、清理三種人的過程中，在學大寨運動中，人們看到的仍然是兩派鬥爭，清理地、富、反、壞、右、叛徒、特務、內奸、死不改悔的走資派等九種人，而且這個時期的非正常死亡人數遠遠超過了武鬥時期。革命的隊伍一定要純而又純，階級鬥爭要進行，而且永遠不會到底，要繼續革命。這也正是本書最後一章即第十六章所討

---

15 毛澤東在1967年7月13日召見林彪、周恩來、中央文革小組等人時宣布文革一年（1966）開張、二年（1967）看眉目，定下基礎，第三年（1968）結束。之前，他也說過半年結束、一年結束的話。這正好也應了他自己的話：階級鬥爭是不依人們的意志為轉移的。見胡鞍鋼，《毛澤東與文革》（香港：大風出版社，2008），頁257。關於文革分期問題，本書採取十年文革的看法，至於山西在文革正式結束後仍然在搞文革式階級鬥爭，是文革思維的繼續的問題，也可以說山西還在搞文革，正如當今的中國文革思維仍然在主導著很多人的思維方式一樣。我們常說某某某在搞文革。但這畢竟不是文革。所以文革還是應該以毛正式發動文革的1966年算起到毛去世為止。見周倫佐，〈觀察文革歷史的五種觀念視鏡及其他：讀《文革中的山西》前言隨感〉，載於石名崗博客 http://shimg88888. blogchina.com/2615387.html，上網日期2015年10月17日。石名崗等認為山西的文革延續了十二、三年。在基本分期問題上，我們和周倫佐的觀點也即通常的十年文革觀點相同，儘管山西的情況可能確實比較特殊。

論的階級鬥爭的邏輯。階級鬥爭看來還是不能停止，還要繼續搞下去。這和毛澤東的設想是一致的。一切都在按毛澤東的計畫進行，但是一切似乎又飄忽不定。正如一位學者所指出的，群眾被發動起來之後，運動就會以自己的邏輯、由自身產生的動力來運行[16]。

2. 毛後的中國共產黨以及國內外學者對文革起源的評價

1981年6月27日中國共產黨第11屆中央委員會第6次全體會議一致通過了〈關於建國以來黨的若干歷史問題的決議〉，全面否定了文革。如前所述，決議說文化大革命「是一場由領導者錯誤發動，被反革命集團利用，給黨、國家和各族人民帶來嚴重災難的內亂」。決議所說的錯誤發動，是指毛澤東對形勢的錯誤估計。決議說，毛澤東認為：

> 一大批資產階級的代表人物、反革命的修正主義分子，已經混進黨裡、政府裡、軍隊裡和文化領域的各界裡，相當大的一個多數的單位的領導權已經不在馬克思主義者和人民群眾手裡。黨內走資本主義道路的當權派在中央形成了一個資產階級司令部，它有一條修正主義的政治路線和組織路線，在各省、市、自治區和中央各部門都有代理人。過去的各種鬥爭都不能解決問題，只有實行文化大革命，公開地、全面地、自下而上地發動廣大群眾來揭發上述的黑暗面，才能把被走資派篡奪的權力重新奪回來。這實質上是一個階級推翻一個階級的政治大革命，以後還要進行多次。

---

16 Hong Yung Lee, *The Politics of the Chinese Cultural Revolution: A Case Study* （Berkeley: University of California Press, 1978）, p. 1.

這也正是前述林彪講話的實質。決議所說的反革命集團是所謂的「林彪反革命集團」和「江青反革命集團」，後者即「四人幫」——王洪文、張春橋、江青、姚文元。好像毛澤東、周恩來、劉少奇、鄧小平等人都沒有責任。儘管毛澤東犯了錯誤，但他仍然是犯了錯誤的「偉大的無產階級革命家」。而這兩個反革命集團才是壞人，毛澤東被他們利用了。

但是，國內外的文革研究者認為問題並不是那樣簡單。換句話說，毛澤東和劉少奇之間的確有路線之爭，就像林彪所說，儘管分歧並不像他所說的那麼誇張。比如劉少奇等認為在大躍進失敗之後國民經濟的困難時期，的確應該發展一些私人經濟，如自留地、自由市場、包產到戶等，對其他一些社會主義和窮國家要減少援助，但是毛澤東認為這是發展資本主義，削弱中國共產黨在國際共產主義運動中的領導地位。在斯大林死後，毛澤東認為自己可以當國際共產主義運動的領袖。毛澤東也的確認為劉少奇控制了從中央到地方的領導權，多數幹部和劉的想法、做法一致，毛澤東有一種大權旁落的危機感。再加上看到蘇聯的赫魯雪夫在斯大林死後批判、清算斯大林的情況，毛也擔心在自己身後遭到劉少奇等人的批判與清算，所以意識形態、政策分歧和權力鬥爭交織在一起，導致他下決心搞文化大革命，將那些反對自己路線的人、可能在身後和自己算帳的人剪除[17]。而周恩來、林彪、江青等人則是毛的得力助手。所

---

17 見徐友漁，〈文革研究之一瞥：歷史、現狀和方法〉，華新民，〈關於「毛澤東為什麼要發動文革」的研究述評〉，載於宋永毅（主編），《文化大革命：歷史真相和集體記憶》，頁1-3，173-185（香港：田園書屋，2007年出版）。關於毛、劉的政策分歧，見麥克法夸爾所著三卷本《文化大革命的起源》（香港：新世紀出版及傳媒有限

謂林彪、江青反革命集團利用毛的錯誤的說辭是無法解釋文革的。

在毛澤東的眼裡，的確有一個不同於劉少奇所想像的世界，這是一個他所認為的社會主義公有制、集體所有制的世界，而不是資本主義私有制的世界。從舊社會遺留下來以及新社會所產生的地富反壞右分子和新生的資產階級分子，包括走資派，都在掃蕩之列。在他眼裡，到處都是階級鬥爭，到處都是你死我活的鬥爭。這就是我們說的文革思維。文化大革命在他看來是順理成章的事情。毛澤東在1966年5月7日的指示中說（即「五七指示」），在這個理想的世界裡[18]：

〔軍隊〕要隨時參加批判資產階級的文化革命鬥爭。這樣，軍學、軍農、軍工、軍民這幾項都可以兼起來。但要調配適當……。

同樣，工人也是這樣，以工為主，也要兼學軍事、政治、文化。也要搞四清，也要參加批判資產階級。在有條件的地方，也要從事農副業生產，例如大慶油田那樣。

農民以農為主（包括林、牧、副、漁），也要兼學軍事、政治、文化，在有條件的時候也要由集體辦些小工廠，也要批判資產階級。

學生也是這樣，以學為主，兼學別樣，即不但學文，也要學工、學農、學軍，也要批判資產階級。學制要縮短，教育要革命，資產階級知識分子統治我們學校的現象，再也不能繼續

（續）
公司，2012年出版）。

18 余汝信，〈「五七指示」：毛的理想社會模式及其破產〉，載於《華夏文摘增刊：文革博物館通訊（758）》，第926期，2014年1月7日出版。

下去了。

　　商業、服務行業、黨政機關工作人員，凡有條件的，也要
這樣做。

　　工農兵學商，除了做好自己本行的工作外，還要學習其他，尤
其是都要批判資產階級。根據毛澤東烏托邦的設想，「我國七億人
民就都會成為舊世界的批判者，新世界的建設者和保衛者。他們拿
起錘子就能做工，拿起鋤頭犁耙就能種田，拿起槍桿子就能打敵人，
拿起筆桿子就能寫文章」。在此之前的1958年，他就津津樂道將工
農商學兵結合在一起的人民公社，似乎中國馬上就要進入共產主義
了。這是一個沒有社會分工的社會，逐步消滅商品的社會，平均主
義的社會[19]。幾年之後人民公社失敗了，共產主義社會仍未建成，
毛便認為是黨內走資本主義道路的當權派在作祟，於是要搞文革。
這個共產主義的烏托邦是毛為中國設計的社會模式，而文革則是這
個龐大的社會工程中最重要的一環。這個烏托邦為什麼破產，則是
我們必須思索的問題。

　　順著毛澤東的思路走，平定文革在其發生和發展的過程中，也
的確揪出了很多大大小小的階級敵人，五類分子，甚至九類分子。
但是在基層的人們，除了個別人，如縣委領導之外，多數並不清楚
有什麼路線鬥爭。一般人應該說連上層權力鬥爭的概念都沒有。只
是毛澤東怎麼說，大家就怎麼信了。也正是這種盲從，使得毛澤東
在林彪、周恩來、江青等人的幫助下，才能將群眾，首先是紅衛兵
發動起來。這正是我們下一節要討論的問題。

　　但是，在我們的被訪者中，也有一些人對毛的思路是持懷疑態

19　同上。

度的。郝鼎丞原來是縣裡的一般幹部，也被安排為二三線人物，即如果文革第一線人物如縣委書記、縣長被衝擊後不能工作的話，這些人要去頂起來。他不認為有什麼走資派：

> 在「四清」時，我接觸了不少領導幹部，我看到，他們中的絕大多數都是努力在按照黨的方針政策認真地為人民工作辦事，沒有一點走資本主義道路的跡象。我想不透為什麼在「文革」中他們都受到衝擊，被打成走資派，沒完沒了地請罪，沒完沒了地被批鬥，沒完沒了地站隊。這也就是我在「文革」中被打成保皇派、被挖了二三線，沒有參加到兩派的任何一個群眾組織中的原因之一。

郝鼎丞談到了文革中他和縣長朱永的一次見面。朱永談到毛發動文革的動機時說，這是「毛澤東鞏固自己在中央的地位的方法。因為毛反覆講重上井岡山、黨內有派黨外有黨等等問題。說明中央已經有分裂的跡象」。朱永顯然是很有判斷力的。權力鬥爭是我們上面提到過的文革的起源之一。朱永作為一個縣一級的領導幹部，他的認知原始素材相對多一些，認知水準也高許多。政治敏感性強，這與他直接參與中央和省的各種會議有很大關係。

另一位幹部張啟傑則提到了文革的另一個起源，即路線鬥爭。他認為：

> 我相信毛主席，亂有它的道理，中央可能有分歧。一方面是毛主席的社會主義道路，另一方面是劉少奇的「三自一包」的資本主義。但是我們下面這些人，不管哪一派都是迷迷糊糊。

這一點和翟治璧的看法是一樣的,即認為毛劉之爭的確是路線之爭:

> 「文革」的前奏是「四清」運動,「四清」的指導文件「前十
> 條」、「後十條」和「二十三條」,直至「文革」的「十六條」,
> 都提出「這次運動的重點是整黨內那些走資本主義道路的當權
> 派」,所以說毛澤東是站在國家和人民利益高度來提出搞「文
> 革」的⋯⋯。但是,什麼樣的問題就構成「走資本主義道路的
> 當權派」了,各個文件都不具體明確,這就給以後運動的發展
> 帶來了很大隱患。

3. 毛的文革思維方式對今天的啟發

其實,文革思維的表現之一就是罔顧事實。那就是大家誰都不
要去問到底事實是什麼,到底有沒有走資本主義道路的當權派,有
沒有階級敵人。只要毛主席說有,那就是有,大家就順著毛主席說
的到處去抓就是了。從平定文革的歷史來看,所有的冤假錯案,都
是因為當時的人們根據階級鬥爭的邏輯、罔顧事實而主動製造出來
的。

的確,文革思維的第二個特點是只有階級鬥爭的邏輯,沒有其
他邏輯。幾十年來一直在輔助毛澤東幹革命的劉少奇、鄧小平們,
尤其是那些省、市、縣、公社、村的第一把手,怎麼可能在中共中
央一把手毛澤東同志的眼皮底下,一夜之間反毛道而行之,全部變
成了走資派?如果真是這樣的話,他自己怎麼可能仍然大權在握?
這既不符合事實,也不符合邏輯。這個階級鬥爭的邏輯把人看作非
敵即友、非黑即白,沒有中間地帶。我們在書中還會看到更多的在
這種階級鬥爭思維方式指導下發生的既不符合事實也不符合邏輯的
事情。

　　文革思維的第三個特點是鬥爭的方式只能是你死我活。對敵人要殘酷鬥爭，無情打擊，不留情面。其實路線鬥爭以及權力鬥爭是政治生活中的常態。解決這些問題的唯一辦法是民主。用你死我活的方法將一派壓下去，問題並沒有解決。按說在經歷了文革之後幾十年來，人們對這個問題應該有更好的理解。但是事實不是這樣。任何時候都有路線鬥爭和權力鬥爭。要求各級領導必須和中央保持「絕對一致」，不能「妄議中央」，就是在抹殺不同意見，抹殺人的創造性與能動性。和毛時代一樣，這只會造成更多的矛盾、更大的問題、更嚴重的不穩定。保持一個思想、一個領袖、一個政黨的格局，否則要殘酷鬥爭、無情打擊，是文革思維的表現之三，需要深刻反省。

　　所以，罔顧事實，只有階級鬥爭的邏輯沒有其他邏輯，壓制不同意見並將有不同意見的人當作階級敵人殘酷鬥爭、無情打擊，就是文革思維。這應該是我們從文革中學到的教訓之一，**這是文革對我們的啟示之一**。

　　於是，擺在我們面前的問題是，從文化革命開始到現在已經50年了，這種階級鬥爭的思維是否還在影響著人們的言行，尤其是決策者的言行？資本主義是否真的像毛澤東預料的那樣復辟了，左派是否能夠在某種程度上推翻鄧小平的改革開放政策？文化革命是否還沒有在真正意義上結束，或者說即使形式上結束了，今後還有可能再搞第二次毛那樣的文革？抑或習近平能夠在資本主義和毛式社會主義之間找到某種平衡，但是這可能並不是建立在憲政與普世價值基礎上的平衡，而是利用資本主義和社會主義的混合經濟，鞏固共產黨的一黨專政，儘管這個共產黨和早期那個力圖建立公平、公正、民主、自由的社會的共產黨似乎已經是風馬牛不相及了。或者說中國政治的發展，儘管有曲折，但是最終會融入世界發展的民主

大勢，順著普世價值的思路，建立一個憲政國家。這些其實都還是未知數。但是無論如何，文革給我們的啟示，毛澤東的遺產在當今社會的作用，還是給我們帶來了很多的思考，對中國今後往哪裡去，有很多的啟發。可怕的是文革思維非但沒有破產，而且還在指導著當政者與很多普通老百姓的行為。

　　總之，對平定縣基層文革的研究，一方面讓我們看到毛澤東關於文革的路線鬥爭和權力鬥爭的思路如何在基層被貫徹了下來，而且相當徹底；另外一方面平定文革也讓我們看到基層文革在實際運行過程中的一些獨特性、複雜性與盲目性，如前述兩次奪權、大聯合的困難、陳永貴在平定文革中扮演的角色等等。畢竟，縣級文革不像北京、上海那樣會直接得到中央文革小組的指導，所以在很多情況下是根據中央對全國乃至山西文革的指示，然後自己再摸著石頭過河的。但是，所有這些，都是在上述文革思維的指導下進行的。這種文革思維在全國都是相同的。而且這種文革思維在當今的中國仍然在指導著很多人的思想與行為。下面我們看文革的第二個啟示。

二、紅衛兵是怎樣被發動起來的？他們為什麼會如此聽話？紅衛兵運動對今天的社會運動有什麼啟發？

　　發動紅衛兵相對而言是比較容易的，因為他們在建國以後的十多年來，已經被培養為革命事業的接班人了。這個接班人是如何培養的呢？楊國斌在對紅衛兵的研究中列舉了文革前十七年的革命化教育。他說「教育的內容可分為三大類，即革命傳統教育、接班人教育和階級鬥爭教育」。他引述了一本英文著作對小學教科書的研究。該研究發現

小學語文課本的政治主題，以出現的頻率來計算，依次為：1. 對新社會的忠誠，2. 新社會的優越性，3. 毛主席的偉大，4. 國民黨的罪惡，5. 中國人民得到解放，6. 人民曾經受過壓迫，7. 警惕特務和壞分子，8. 熱愛人民，9. 熱愛祖國，10. 舊社會的黑暗，等等。歸納起來，這些內容就是培養學生對新政權和領導人的認同，及對國民黨和舊中國的仇恨。[20]

這正是我們上面所描述的文革階級鬥爭的思維方式。我們在書中的第二章，也介紹了1965年學習毛主席著作、學習英雄人物的熱潮，以及時刻警惕階級敵人的破壞活動、時刻準備和階級敵人作鬥爭等等教育。我們這些過來人在文革前在腦子裡就已經被灌滿了階級鬥爭的思想。

楊國斌認為1960年代初期的革命接班人教育和階級教育是突出的話題，而且是非常有效的教育。正如我們在書中指出的，很多學生也都認為資本主義隨時可能復辟，我們會再吃二遍苦、受二茬罪。於是，當時人們心中只有一個思想，就是毛澤東思想，階級鬥爭的思想，沒有別的思想。多數人們不知道如何判斷是非，而是單純以毛澤東的是非為是非[21]。

---

20 楊國斌，〈紅衛兵一代的認同轉變〉，上引宋永毅（主編），《文化大革命：歷史真相與集體記憶》，頁388-389。所引英文著作為 Charles P. Ridley, Paul H.B. Godwin 和 Dennis J. Doolin 所著，*The Making of a Model Citizen in Communist China*（Stanford, Calif: The Hoover Institution Press, 1971）.

21 關於文革前的學校教育，也見卜偉華（著），《中華人民共和國史》第六卷，《「砸爛舊世界」：文化大革命的動亂與浩劫（1966-1968）》（香港：香港中文大學、中國文化研究所、當地中國文化研究中心出版，2008），頁141-44。

因此，當毛澤東說赫魯曉夫式的人物就睡在他的身邊，全國各地充滿了走資本主義道路的當權派，號召大家起來造反的時候，那種同仇敵愾、誓死保衛毛主席、保衛黨中央的決心就很容易理解了。正如1966年清華附中成立的第一個紅衛兵組織的誓詞所說[22]：

> 我們是保衛紅色政權的衛兵，黨中央毛主席是我們的靠山，解放全人類是我們義不容辭的責任，毛澤東思想是我們一切行動的最高指示。我們宣誓：為保衛黨中央，為保衛偉大的領袖毛主席，我們堅決灑盡最後一滴血！
>
> 我們是毛主席的紅衛兵，毛主席是我們最高的紅司令。在這裡，面對著我們的偉大領袖毛主席，面對著我們敬愛的黨，面對著全中國和全世界的革命人民，我們宣誓，用我們革命紅衛兵的榮譽莊嚴宣誓：我們保證永遠忠於無產階級！永遠忠於毛主席！永遠忠於以毛主席為代表的無產階級革命路線。我們要把全部精力和整個生命獻給人類最壯麗的事業——共產主義！對於人民，我們要無限忠誠！對敵人，我們要刻骨仇恨！生，為黨的事業而奮鬥！死，為人民的利益而獻身！「為有犧牲多壯志，敢教日月換新天。」我們絕對保證站在以毛主席為代表的無產階級革命路線一邊。哪怕是上刀山、下火海，我們也要用鮮血和生命誓死保衛毛主席！毛主席，我們無限忠於

---

22 下面第一段話來自《毛澤東正值神州有事時》，顧保孜（著）（人民文學出版社，2009年11月第一版）。轉引自《騰訊網》，http://topic.qq.com/a/20140205/004670.htm，上網時間：2015年7月29日。第二段話來自宋永毅主編，《中國文化大革命文庫》第三版。兩個誓詞不同，似乎第一個是其他紅衛兵的誓詞，第二個才是清華紅衛兵誓詞。但是意義是一樣的。只是第二個誓詞殺氣更濃一些，包括了對敵人要有「刻骨仇恨」一句話。

您！堅決跟著您老人家，誓將無產階級文化大革命進行到底！

忠於毛主席、忠於黨、仇恨敵人，這就是當時的紅衛兵的真實思想，
也是平定的紅衛兵的真實思想。在這種思想的指導下，書裡後面幾
章所敘述的破四舊、立四新、鬥爭牛鬼蛇神、鬥走資派、兩派之間
的鬥爭，甚至文革後期的清理階級隊伍等等，都是可以理解的了。
大家都在誓死捍衛毛澤東思想、捍衛社會主義的紅色江山。何錯之
有呢？不光沒有錯，還要和階級敵人拼一個你死我活，流盡最後一
滴血。

　　上面這些可以看成是紅衛兵運動的思想基礎。我們在第二章講
述了平定縣文革的思想動員。這裡不光包括紅衛兵的思想動員，而
是對所有工農商學兵的動員，以便讓大家牢固地樹立起階級鬥爭的
觀念。

　　關於紅衛兵的興起，學者們也作了種種分析，其中一個觀點，
比如Anita Chan的觀點，就是紅衛兵之所以能夠發動起來，是因為
之前中共所培養起來的對毛的個人崇拜以及階級鬥爭的觀念。她分
析了從小學到中學的教育，以及這種政治社會化對紅衛兵積極參加
文革的影響[23]。這也是上面所討論的楊國斌他們的觀點，這一點是
有相當解釋力的。平定文革的發生和發展也可以證明這一點，正如
我們在第二章所論述的文革的思想動員那樣。

　　還有一個觀點，即Lynn White的觀點，和上面的觀點相輔相成。
他認為紅衛兵之所以能夠發動起來，是因為中共在1966年之前就已

23　見Anita Chan, *Children of Mao: Personality Development and Political
　　Activism in the Red Guard Generation* （Seattle: University of
　　Washington Press, 1985）．

經建立起來一套完備的管理政策和系統（administrative policies），比如誰是好人（工人、貧下中農、革命幹部），誰是壞人（地富反壞右），涇渭分明。大家都在某個單位工作、學習，都要接受黨的領導，上下級關係明確。1966年之前的各種運動，也使得人們明白只有老老實實聽黨的話，跟黨走，才有出路，否則是死路一條（其實現在又未嘗不是如此，當然程度已經非常不同，不跟黨走不至於死）[24]。用王蒙的話來說[25]，

> 經過「反右」鬥爭的慘痛教訓，舉國上下，初中以上文化程度的人都明白，咱們這裡是不興反對領導的，關鍵在於聽領導的話，對領導要言聽計從，緊跟照辦。誰的胳臂擰得過大腿？哪一個個人抗得了組織？離開了領導，你活下去都很困難，一切生活資料，都是有領導地生產與分配的。你有什麼轍脫離領導？什麼叫向隅而泣的可憐蟲？背離了領導，被組織所拋棄，被班主任宣布「誰也不許與他玩」的孩子，就只能向隅而泣，死了也不過是臭一塊地。「一塊地」的說法來自「反右」中積極分子的發言，這樣的透徹可以叫做刺刀見紅。問題是咱們這裡，請問哪一個昏了心的膽敢向隅而泣？大家都歡欣鼓舞，而

---

24 見前引Lynn White, *Policies of Chaos*, p. 8-18。Lynn White 隨後對其他觀點也做了討論。關於這些觀點的討論，也見魏昂德，*Fractured Rebellion*. 這種非黑即白、敵我分明的思維方式，也是Tang Tsou 所說的毛澤東所慣用的階級鬥爭、你死我活的兩極化思維。見Tang Tsou, *The Cultural Revolution and Post-Mao Reforms: A Historical Perspective*（Chicago: University of Chicago Press, 1986），p. 20.

25 王蒙，〈毛澤東為什麼非搞「文革」不可？〉《人民網》文史頻道，http://history.people.com.cn/n/2012/0720/c198865-18559404-1.html，2012年7月20日，來源於王蒙（著），《中國天機》（安徽文藝出版社，2012）。

你小子向隅而泣，你是不是對人民進行的新一輪的進攻呢？

的確，人們連「向隅而泣」的權利都沒有。像林昭、顧准、遇羅克、張志新那樣的捨身求法的人少之又少。所以說這個行政管理體系和政策的觀點是有道理的。這其實是文革的組織基礎。

　　郝志東在一篇文章中也指出文革的路徑依賴[26]。換句話說，從思想上、組織上都有個路徑依賴的問題。他指出從1910-20年代的AB團到1940年代的整風，黨內鬥爭的方式就已經形成。另外周、劉、鄧對毛的個人崇拜也是從1949年之前就逐步建立，使得他們在後來也唯唯諾諾，失去了反抗能力。毛的領導就是黨的領導。毛就代表黨。毛就是黨。反毛就是反黨。反黨也是反毛。

　　我們在第三章討論平定紅衛兵運動的興起時，讀者會發現所謂「官辦紅衛兵」，就是在黨組織的領導下搞起來的，而參加者就是紅五類（出身為工人、貧下中農、革命幹部、革命軍人、其他勞動者的人），尤其是黨團積極分子。正如我們在第二章和第三章所指出的，文革剛開始時批判彭、羅、陸、楊、批判資產階級反動學術權威、破四舊立四新、橫掃一切牛鬼蛇神等運動都是省委、縣委及各單位的黨總支、黨支部所組織、領導並發動的。人們之所以起來搞文革，是在積極回應黨的號召。而且大家也知道，如果不響應黨的號召起來行動的話，可能會有不良的後果。如果沒有這個組織基

26　郝志東，《兩岸四地政治與文化剖析》第7章，〈論毛、劉、周、等的思維方式及文革的起源：從胡鞍鋼的《毛澤東與文革》談起〉（澳門大學出版，2014）。本文原文為英文，發表於*H-Diplo Roundtable Reviews*（美國），Vol. XI, No. 43（2010），pp. 6-13. 中譯本發表於《思想》2011年總第17期；應雜誌編者要求內容有所增加，個別地方行文有所調整。本文由王欣翻譯，郝志東校對、改寫。

礎，紅衛兵是動員不起來的。

有了思想基礎，有了組織基礎，接下來就是組織動員了。這正是魏昂德所處理的問題，也就是我們所說的**第三個觀點**。他在分析造反派為什麼分為兩派時，指出這和他們的政治互動是有關係的，與當時的情景、他們對當時情景的解讀是有關係的，並不是以出身劃分派別[27]。但是，他關於分派的觀點，也可以用到紅衛兵的發動這個問題上來，也就是我們所說的組織動員。的確，平定縣紅衛兵的發動，是和北京到山西、太原到平定來串聯的學生有關的。我們在第三章討論了當時平定縣從上到下都感到不知所措，是在來串聯的外地學生的鼓動下，大家才逐漸動了起來。這一點類似北京紅衛兵「三下江南」到上海「點火」，鼓動當地學生向市委開炮[28]。之後的大串聯，就更是政治互動的進一步深化，是組織動員的一部分，也導致文化革命的進一步深化。不過，正如我們在第九章討論兩派成員的特點時所指出的，儘管出身不是劃分派別的唯一因素，和兵團的人相比，平定總站一派中的確有較多的人是有在原單位受壓的經歷，是與主流社會比較有離心力的一些人。

蘇楊在他關於集體屠殺的研究中，回應了魏昂德的觀點，提出了一個「社區互動模式」（a community model），也即該社區，比如一個村莊，通過一個政治互動的過程，確定了建立在意識形態基礎上的敵人、朋友、加害者、受害者與旁觀者。這是一個發動群眾的過程，也是一個解除道德與法律約束的過程。這樣一個過程會直

---

27 見前引 Andrew Walder, *Fractured Rebellion*, pp. 13-14. 也見 Andrew Walder, "Ambiguity and Choice in Political Movements: The Origins of Beijing Red Guard Fractionalism," *American Journal of Sociology*, 112（3）710-50, Nov. 2006.

28 見前引 Perry and Li Xun, *Proletarian Power*, pp. 9-11.

接影響到殺人與不殺人，以及殺什麼人等等決定[29]。

　　有了上面這三個觀點所討論的這三個條件：思想基礎、組織基礎、政治互動或政治動員，文革的發動就水到渠成了。當然這三點又是建立在兩項重要的歷史資源上面的，即在國共內戰和中華人民共和國建國初期中共所積累起來的民心和幾千年專制主義的文化傳統[30]。這些都是全國文革包括平定文革發生和發展的機理，這一點會體現在我們後面各章的敘述之中。

　　但文革發動的這三個條件，又何嘗不是任何社會運動發生和發展的條件？當前中國的民主運動，如果要想成功，必須有自己的思想基礎，如普世價值的理念，並創造性地轉化傳統文化，使其和現代文化相結合。而且這種現代化的思想又必須深植人心，還不能使用暴力的方法達到這個目的，這是有很大難度的。民主運動還需要有自己的組織基礎，但是不能像共產主義革命那樣好人和壞人涇渭分明，需要建立自己的組織但是又必須民主選舉自己的領導人，需要有激勵機制但是又不能使用暴力。民主運動要組織並動員別人來加入自己的事業，這就需要言論的自由與結社的自由，但是在中國這些事情在絕大多數情況下又是可望而不可及的事情。民主運動，何其難也？

　　而當權者如果要遏制社會運動，又何嘗不是從這三個方面下手：鞏固統治階級的思想基礎（中國特色的馬克思主義），遏制異端思維（比如憲政、普世價值）；鞏固組織基礎（除了大中小學、國營企業之外，在私營企業甚至公民社會組織內部都要設立共產黨

29　見前引，Yang Su, *Collective Killings in Rural China*, pp. 11-31. 也見上引蘇楊，〈文革中的大屠殺〉。

30　沈敏特，〈什麼是「永不變質」的」質〉？《共識網》，2015年7月24日。

的組織）、將異議人士繩之以「法」並警告黨內黨外的各類人等不要不按「規矩」辦事；阻止政治互動與組織動員，嚴密控制人們在思想上的交流（這一點在互聯網時代有一定難度），不讓人們相互「串聯」，更不能成立任何政治組織，尤其是不能成立全國性的組織。

所以從文革的經驗與教訓來看今天的執政黨和民主運動之間的博弈，前者由於有公權力，顯然處在優勢地位；而後者作為挑戰方，再加上民主本身的理念及其對實踐者的要求，顯然處於劣勢。但是，對文革中群眾運動的發生和發展的研究，對執政黨和對民主運動來說，經驗和教訓都是一樣的，只不過是角度不同而已。在這個博弈中，執政黨能否做出些許讓步，和公民社會組織一起，尋找中間道路，找到中國發展的方向與路徑，我們還不得而知[31]。這是文革對我們今天的啟示之二。

對平定基層文革的這次研究，既讓我們意識到共產黨在基層統治的牢固性，使得紅衛兵運動比較容易地發動了起來，但是也讓我們看到基層的政治動員，由於地域的局限性，畢竟需要借助外力。對今天的政治和社會發展來說，也是同樣的道理。只不過在互聯網發達的今天，所謂政治動員，或許不太需要文革那樣的大串聯，只要開放互聯網就可以了。

---

31 關於執政黨可以讓步的空間，見郝志東（編），《中國政治體制改革的困境與出路》，即將由思行文化傳播有限公司出版。

三、文革之中為什麼會有兩派之鬥？這種派別之爭有什麼意義？

　　文革中的兩派鬥爭，其實也是社會運動中的正常現象，關鍵是政治與社會制度是否能夠接納不同意見，並讓代表不同意見的不同組織良性競爭，在約定的政治規則下來運行。這一點和前面的文革思維有很大關係。這是文革對我們的啟示之三。

　　文革中的兩派，通常一派被認為是造反派，另外一派被認為是保守派。就平定的文革來說，我們在本書的第三章介紹了官辦紅衛兵的興起，在之後的幾章裡，敘述了官辦紅衛兵的解體、其他民間組織的誕生，以及這些民間組織如何在整個山西省文革發展形勢下分為兩派：一派是以平定縣的鄰居昔陽縣大寨大隊的黨支部書記、後來成為國務院副總理的全國勞模陳永貴為首的造反派，即紅總站派；另外一派以擁護解放軍為主要訴求的保守派，即兵團派。

　　在文革的研究中，始終有一些人認為有兩個文革。王希哲、楊小凱、鄭義、劉國凱、王紹光等人都支持社會衝突論。楊小凱認為文革中積極造反的人是對共產黨不滿的人。但是徐友漁認為這些人並不是對共產黨不滿，而是對當地官僚的不滿，他們只反貪官、不反皇帝[32]。至少在平定文革中，兩個文革的區分並不清晰。我們發現，即使兩派在某些具體問題上有不同看法，比如在解放哪個領導幹部問題上，但是他們都是毛主席忠實的衛兵，都是毛主席、黨中

32　見前述徐友漁文章，〈文革研究之一瞥：歷史、現狀和方法〉；劉　　國凱，〈論人民文革〉，載於前引宋永毅（主編），《文化大革命：　　歷史真相和集體記憶》。

央的保皇派。在第十五章，我們討論了岳增壽的冤案，但是他只不過是對學大寨的一些具體作法有看法，對陳永貴有所批評而已。是只反「貪官」而不反皇帝的。

又比如，鬥走資派一章（第六章）指出，平定中學的造反派對黨支部批判牛鬼蛇神有意見，進而焚燒了黨支部關於牛鬼蛇神的黑材料，但是他們那是認為黨支部在轉移鬥走資派的大方向。平定縣西郊村的農民也批鬥了走資派，認為他們在執政時有多吃多占的現象，對當時一件整人致死的案子負有不可推卸的責任。但是那也都是符合毛主席對文化大革命的要求的，不是自己起來造共產黨的反，是響應毛主席號召做事的。

平定分派在開始時的確是由於一些學生不滿官辦紅衛兵的精英路線，認為他們只鬥牛鬼蛇神不鬥走資派，沒有按照毛主席的指示辦事，於是他們組織起自己的紅衛兵戰鬥隊。有幾位被訪者都談到造反派中階級成分不好的、受壓的人多，有人加入紅總站是為了反抗、報復原來整他們或者他們父輩的黨政幹部。他們是受壓者在反抗，在和主流社會相對抗，這無疑也是造反派形成的原因之一。

但是總體來看，儘管兩派的社會經歷有些不同，出身的分野其實並不十分明顯。後來儘管兩派在解放幹部、建立政權上有不同看法，但是在鬥走資派問題已經沒有了分歧。兵團一派也沒有說不要鬥走資派，但是兵團一派的確認為鬥走資派不應該太過暴力。在解放誰的問題上有分歧，但不是什麼有意義的分歧。他們的分歧主要是在對待大寨與解放軍的態度：總站支持大寨，不能有一點批判；兵團支持解放軍，否則是反軍小丑。陳永貴是造反派，所以總站也是造反派。而解放軍代表著秩序，所以兵團便成了保守派。但是這似乎也不是什麼根本的利害衝突。也很難說他們在搞另外一個文革。從武鬥的原因等等方面，也看不出來他們在搞另外一個反抗暴

政的文革。雙方都有暴力行為，都是文革思維。

　　那麼，既然兩派沒有根本的利害衝突，都是毛主席、黨中央的保皇派，為什麼兩派聯合不起來？為什麼以拳頭和兵器相見？兩派之間為什麼一定是你死我活的鬥爭？毛澤東所講的用巴黎公社的方式選舉領導人，為什麼從來沒有實行？這就又強迫我們回到之前所討論的階級鬥爭的思維方式。哪一派都沒有檢討自己。難道大寨、陳永貴沒有問題嗎？難道全國就只能學大寨嗎？其他典型，比如平定縣的牛角溝村，也是平定縣自己樹立起來的模範村，是否也可以學習？解放軍沒有問題嗎？但是，人們並沒有這樣去質疑對錯，而是單純地認為只要說大寨、說解放軍不好，就是反大寨、反軍，就是反革命。這正是階級鬥爭的簡單思維方式。正如讀者將在第十三、十四、十五與十六章讀到的，解放軍主導的革委會成立後，在清理階級隊伍和一打三反運動中，對造反派及其他所謂出身有問題的人持續整肅，導致不少人自殺身亡；之後從昔陽來的幹部借清理三種人的機會，不光整肅了對武鬥死人有責任的兵團領導，對大寨或者昔陽有所批評或者略有微詞的人也大力批判，有的甚至判了刑。這些都是以階級鬥爭思維的方式來進行的。是雙方都有責任的。在文革思維這個問題上，雙方都不遑多讓。

　　本書對於平定縣兩派的成立與分裂的敘述，也符合魏昂德對北京紅衛兵的分析[33]。即這種派別劃分並不像通常社會運動理論中、或者對中國文化革命紅衛兵緣起的分析中所說，是建立在社會利益、社會階層的區別上面，而是建立在因時因地而異的社會事件、社會過程之上的。比如對北京紅衛兵來說，對工作組的態度會使學生分派。對平定縣的紅衛兵來說，對大寨的態度、對解放軍的態度，

33　見前引魏昂德，*Fractured Rebellion*, pp. 250-262.

會使學生分派。以此類推，在全國各地的城市和鄉村，兩派的形成，也一定與本地的特殊矛盾有關。但是一派比較保守，一派比較激進，倒是比較符合事實。

　　關於兩派鬥爭的現實意義，我們認為分派是有積極意義的。首先，人們對任何事情的看法都不可能完全相同，所以因為不同的看法而分為不同的派別，是正常現象，就如美國政治由兩派分為兩黨一樣。也正如毛澤東所說（至少被認為是毛澤東所說），「黨外無黨，帝王思想；黨內無派，千奇百怪」。保守和激進是正常人的正常分歧。

　　其次，這些組織是跨縣、跨市的全省性質的組織。除了共產黨與政協的其他黨派如此之外，1949年之後的中國還沒有允許任何其他組織這樣做，而且是自下而上、上下聯手的草根群眾組織。這是當時分派的第二個積極意義。這正映照著當代中國公民社會的艱難。如果那個時候都允許跨地區（非跨省）組織，現在卻不允許，那麼社會是進步了呢，還是退步了呢34？

　　當然，問題的關鍵是兩派如何能夠實現良性競爭。在我們所描述的平定文革中，良性競爭沒有可能。最後的結果是只有一派壓倒另外一派，社會才能恢復相對安定。這是即使在今天都需要深刻思考的問題。如何對待不同意見？是否要按照文革思維，將和自己意

34　文革開始時的1966年11月8日，北京曾經成立一個全國性的工人造反組織：全國紅色勞動者造反總團（全紅總），絕大多數成員為臨時工、合同工。之後湖南、黑龍江等省成立了分團。要造合同工、臨時工制度的反，查封了勞動部、全國總工會。並得到江青、康生、陳伯達等人的支持。但是，1967年2月22日，即被中共中央、國務院通告取消，各地的頭頭被捕，合同工、臨時工制度繼續。見前引卜偉華（著），《「砸爛舊世界」：文化大革命的動亂與浩劫（1966-1968）》，頁314-320。

見不同的人打成敵人，關在監獄裡才能達到社會穩定的目的？社會
應該創建一個什麼樣的機制才能保證人們有表達不同意見而又不被
打成敵人且關起來的自由？公民社會如何建立？政治體制如何改
革？這些都是我們需要深刻反思的內容。這是文革給我們的第三個
啟示，即如何看待群眾中甚至幹部中的政治組織、政治派別，包括
所謂的老鄉會、同學會、戰友會。平定的基層文革也告訴我們，任
何一個地方都可能有派別鬥爭，其派別鬥爭的特點和當地的具體矛
盾有關，需要用合適的辦法來容納並協調，而不是單純靠壓制就能
解決問題的。這就需要政治體制的改革。

四、文革為什麼會有暴力？如何理解文革中的暴力？這和今天政治和社會上的暴力有什麼關係？

　　文革給我們的啟示之四，是如何看待暴力。這是貫穿在人類歷
史上的一個嚴重問題，中國也不例外。在第21世紀的今天，我們看
到的暴力已經減少了很多，但是仍然處在一個文明社會不應該允許
的程度上。我們需要了解暴力的成因。而了解暴力的成因也即是了
解文革的機理，因為文革是以暴力為特點的。

　　胡鞍鋼在《毛澤東與文革》一書中，引述了中央文獻研究室所
提供的資料，說「在文化革命中，受到殘酷迫害的幹部和群眾有70
萬人，被迫害致死的達3.4萬人。全國因冤假錯案受到誣陷、陷害、株連
的達一億人以上」[35]。但是其他人研究中的死亡數字為210萬（中

35　前引胡鞍鋼，《毛澤東與文革》，頁319。

共中央黨史研究室）到773萬（美國夏威夷大學的R.J. Rummel教授）[36]。
魏昂德根據1500個縣公開出版的縣誌推斷出只在清隊期間，全國受
迫害人數為3600萬人，被殺數字為75萬到150萬之間[37]。蘇楊和魏昂
德的另外一個對非正常死亡人數（包括武鬥被打死者約23萬7千人）
的估計是172萬8千[38]。僅在中國首都北京於1966年8月下旬到9月下
旬的約40天內，紅衛兵抄家33,695戶，打死或自殺人數達1,772人[39]。
北京郊區大興縣在1966年8月27日到9月1日的5天內，共有323名「階
級敵人」被殺，年齡從剛出生38天到80歲不等[40]。

　　湖南道縣所在的零陵地區，1967年被殺的就有9,093人[41]。殺人
的手段包括：槍殺、刀殺、沉水、炸死、丟岩洞（包括廢棄的礦井）、
活埋、棍棒打死（含鋤頭、鐵耙、扁擔）、繩勒、火燒等等（如將
小孩摔死）[42]。有的是全家被殺。比如興橋鄉橋頭村的周文棟一家。
周原來是轉業軍人，縣裡的一名教師，1957年被打成右派，開除公
職，回鄉務農。他當時和妻子、兒子在地裡幹活時被村裡人在生產
隊隊長的帶領下投入一眼廢窖，再投入柴火燒死、燻死。後來突然
想到他家還有一個8歲的女兒和2歲的弟弟，大家就將姐弟兩人誆出

---

36 何清漣，〈序五：為了中國不再淪為修羅場〉，載於前引譚合成（著），
　　《西元1967年湖南道縣文革大屠殺紀實》。

37 見董國強，〈革命？還是帝王政治的迴光返照？：*Mao's Last
　　Revolution* 評介〉，原載《當代中國研究》2009年第3期，又載《文
　　革博物館通訊》第558期，見http://www.difangwenge.org/read.php?
　　tid=5246。

38 Su Yang, *Collective Killings in Rural China during the Cultural
　　Revolution*, pp. 37-38.

39 上引胡鞍鋼，《毛澤東與文革》，頁177。

40 蘇楊，〈文革中的大屠殺：對湖北、廣東和廣西三省的研究〉，載
　　於前引宋永毅（主編），《文化大革命：歷史真相和集體記憶》。

41 上引譚合成，《西元1967年湖南道縣文革大屠殺紀實》，頁630。

42 同上，頁48。

來，投到同一眼枯窖裡燒死燻死。晚上回去，村裡人把周家的東西能吃的當場吃掉，把牲畜殺了、糧食農具分了，名曰「吃死人飯」，也是當地的風俗[43]。

廣西省靈山縣1968年至8月1日，全縣鬥打、亂殺、逼死3220人，全家殺絕的529戶。文革中全省死亡人數有名有姓有地址的8.97萬人，失蹤2萬餘人，無名無姓的死者3萬多人。而且也像湖南那樣，殺戮完後，到被害者家裡大吃大喝，並將東西搶劫一空[44]。賓陽縣從1968年7月26日到8月6日12天裡，全縣被打死或迫害致死3681人，全家殺絕176戶。殺人手段有槍殺、刀刺、繩勒、叉戳、棍打、水溺、石砸、活埋、活燒、挖眼、剖腹、碎屍、用牛拖死等等[45]。

蘇楊對廣西、廣東、湖北三縣的縣誌做了詳細的研究。他發現廣西省65個縣中，66.2%的縣發生過集體屠殺（指一次死亡人數為十人以上）、廣東57個縣中49.1%的縣發生過集體屠殺、湖北65個縣中6.2%的縣發生過集體屠殺。其中廣西省全州縣的縣誌記載的一次集體屠殺是這樣的：

> 1967年10月3日，東山公社三江大隊，以民兵連長黃天輝為首，將該大隊地、富、分子及其子女76人，集體坑殺於蛇形黃瓜弄。……七月至十二月該公社成立了所謂「貧下中農法庭」。全縣槍殺859名四類分子（地、富、反、壞）及其子女。[46]

---

43 同上，頁422-423。
44 宋永毅（序），《文革機密檔案：廣西報告》（香港明鏡出版社，2014），頁12-18。
45 同上，頁298。
46 上引，蘇楊，〈文革中的大屠殺〉，頁687。

一個縣死亡人數最多的為廣西2,463人，廣東為2,600人，湖北為115人。蘇楊發現在三省發生大屠殺的時間為1967年末到1968年，即革命委員會成立之前或之後不久。集體屠殺的發生地往往為縣級以下地區，通常發生在公社或大隊，也就是國家控制力量最薄弱的地方。受害人最多為所謂的「四類分子」及其子女、階級敵人，也有少量的貧下中農、幹部、市民、工人、學生。施害者通常為民兵、群眾組織的成員，但是都有政府的人從中組織。施害者在多年後的訪談中說他們大多數人在殺人時是在執行政治任務，而且這類行動還常常會得到政治獎勵：

> 據廣西省政府公布的一份檔案，在文革期間的廣西，有九千多名殺人者被吸收入黨；在文革初期「火線入黨」的兩萬人後來都殺過人。另有一萬七千名黨員對殺人負有這樣那樣的責任。[47]

屠殺事件的發生，和地方政府鞏固權力有關。這和本書所描述的平定文革史的情況是相吻合的。本書第12章敘述了兩個人被打死的慘案。但是如本書第14章所寫，平定死人最多的時候是革委會成立後清理階級隊伍、一打三反的時候。儘管平定沒有發生集體屠殺事件，但非正常死亡人數也達到了70人左右（這是官方資料，民間傳說是160人）。其實，當時鞏固政權並不需要鬥人、關人、殺人，尤其是不需要殺地富反壞右，因為這些人對政權並不造成威脅。他們絕大多數人在多次運動之後已如驚弓之鳥。只有在用階級鬥爭的方式來思考時，他們才會構成威脅（即「人還在，心不死」）。這僅僅是

---

47 同上，頁696。

一種偏激的、不符合事實的思維方式。當然也不排除義和團式的無
厘頭的、弱肉強食、不分青紅皂白、為殺人而殺人、殺人以取樂的
起鬨心態。

　　從中央到省一級的領導幹部從來沒有允許過集體屠殺，而且一
旦發現集體屠殺，他們會派軍隊前去恢復秩序。但是，這些打人的
人，只有到上世紀70年代末才受到起訴。相反，當時的中央對施暴
者是寬容的。公安部長謝富治在1968年5月的一個講話中說：

> 反革命分子只要願意接受再教育，就不應把他們殺掉。打死人
> 更是錯上加錯。但出現這種〔殺人的〕事是因為缺少經驗；所
> 以就不必追究責任了。重要的是吸取經驗，認真執行毛主席要
> 文鬥不要武鬥的教導。[48]

死人這麼大的事情，居然說得如此輕巧。其實，這裡對殺人者的縱
容，除了公安部之外，毛澤東尤其難辭其咎。在號召要文鬥不要武
鬥的同時，毛澤東說：

> 打就打嗎，好人打好人誤會，不打不相識；好人打壞人活該；
> 壞人打好人，好人光榮。

這是中共北京市委第一書記李雪峰所傳達的毛澤東關於1966年8月
北京發生打人事件的指示內容，並流行為當時的「最高指示」[49]。
1967年，毛澤東在聽到張春橋彙報說8月4日王洪文率領數萬人攻打

48　同上，頁703。
49　胡鞍鋼，《毛澤東與文革》，頁176。

上海柴油機廠，雙方死亡慘重的消息後，說「打得好」！他到南京後聽說一家最好的飯店幾乎被燒光後說，「這是亂了敵人，鍛鍊了自己」。當中共中央政治局候補委員、國務院副總理兼公安部長謝富治講話要全面否定公檢法三大系統、徹底打碎舊國家機器之後，毛對周恩來說，「我一聽到『砸爛公檢法』，心裡就高興」[50]。在一次和自己信任的人談話時，毛說「希特勒這個人就很兇殘。越兇殘越好，是不是？殺人越多就越革命」[51]。

　　如果說中央和毛澤東對暴力要負責任的話，那麼下面暴力的執行者呢？我們在上面提到施害者認為他們殺人時是在執行政治任務。這讓我們想到了「平庸的惡」這個概念。這個概念是猶太裔著名政治思想家漢娜・阿倫特在1963年出版的《艾希曼在耶路撒冷：關於艾希曼審判的報告》中所提出的。當時，阿倫特是《紐約客》雜誌的特約撰稿人。她在現場報導了對納粹德國高官阿道夫・艾希曼的審判。艾希曼是在猶太人大屠殺中執行「最終方案」的主要負責者，被稱為「死刑執行者」。艾希曼對自己的辯護就是說他在執行一項任務，與道德無關。他「反復強調『自己是齒輪系統中的一環，只是起了傳動的作用罷了』。作為一名公民，他相信自己所做的都是當時國家法律所允許的；作為一名軍人，他只是在服從和執行上級的命令」。

50　同上，頁262-263。

51　MacFarquar and Shoenhals, *Mao's Last Revolution*, p. 102. 英文的原文是：This man Hitler was even more ferocious. The more ferocious the better, don't you think? The more people you kill, the more revolutionary you are. 譯文來自本書作者之一。《毛澤東最後的革命》的作者在章節附註（見頁515）中說，這段話的來源非常可靠，是該書作者之一親眼所見。

據此，漢娜‧阿倫特提出了著名的「平庸之惡」概念。阿倫特以艾希曼的行為方式來闡釋現代生活中廣泛存在的「平庸的惡」，這種惡是不思考，不思考人，不思考社會。惡是平庸的，因為你我常人，都可能墮入其中。把個人完全同化於體制之中，服從體制的安排，默認體制本身隱含的不道德甚至反道德行為，或者說成為不道德體制的毫不質疑的實踐者，或者雖然良心不安，但依然可以憑藉體制來給自己的他者化的冷漠行為提供非關道德問題的辯護，從而解除個人道德上的過錯。這就是現代社會中、體制化之中個人平庸的惡的基本表現。[52]

從這個意義上講，除了毛澤東和黨中央需要承擔屠殺的主要責任之外，其他人也都應該承擔「平庸的惡」之罪。的確，大家都是那個齒輪系統中的一環，沒有打人，但道德的責任不可以逃避；打人了，責任就更不可以逃避。打死人了，是要受到刑責的懲罰的[53]。作為後來人，如果不建立責任的意識，誰能保證如果自己身處文革中，不會做文革中的人所做的事情？尤其是直到現在都不知道文革中到底發生了什麼事情，都不知道需要對中國文化、中國的政治制度進行反思的話？我們不是有太多的人對明知的惡採取睜一隻眼閉一隻眼的態度嗎？不過，屠殺的主要責任，當然在毛澤東與黨中央

---

52 李秀偉，〈何謂平庸之惡〉，載於《中國社會科學網》，2015年3月23日。

53 關於暴力施害者的個人因素，蘇楊還提到了不少人，尤其是那些最冷血的、最殘酷的人，本來就是心理有問題的，或者平時在社會上就是流氓、混混、不合群、不受大家歡迎而希望借暴力表現來提高自己社會地位的。見Yang Su, *Collective Killings in Rural China during the Cultural Revolution*, pp. 127-130.

那裡。正如譚合成在討論道縣屠殺時所說[54]，

> 應該承認，殺人事件的責任人大多數都是貧下中農或出身貧下
> 中農。他們與被殺者之間沒有什麼個人仇恨。然而是誰點燃了
> 他們是心中仇恨之火？是誰打開了人獸性之門？是誰發給他
> 們刀槍，並賦予生殺大權？是誰灌輸給他們那麼多「你死我活」
> 的理論？

那麼除了毛澤東、黨中央以及每個參與文革的人的責任之外，
暴力還有哪些成因呢？我們在前面提到紅衛兵運動的思想基礎、組
織基礎、社會或政治互動以及中國深厚的專制文化的基礎。這些同
樣也是暴力產生的基礎。前述Lynn White和蘇楊也都是在討論文革
暴力問題。Lu Xiuyuan在關於文革暴力的研究中也討論了這些問
題，並注重討論了意識形態如何被鞏固、感情如何被激發、價值觀
如何被置換從而使得暴力可以產生的這樣一個過程[55]。的確，如果
沒有階級鬥爭的思維方式、沒有1949年後建立起來的強大的組織系
統、人與人之間相互給予的政治壓力，暴力也是不可能發生的。當
然，中國的專制文化也無時不刻地在影響著人們的行為，包括對暴
力的讚賞。本書作者之一郝志東在一篇文章中談到了中國文化中的
暴力問題[56]：

54　前引譚合成（著），《血的神話》，頁614。

55　Lu Xiuyuan, "A Step Toward Understanding Popular Violence in
　　China's Cultural Revolution," *Pacific Affairs*, Vol. 67, No. 4 （winter,
　　1994-1995）.

56　見郝志東，《兩岸四地政治與社會剖析》一書第11章，〈論暴力文
　　化：五一國際勞動節澳門警民衝突反思〉（澳門大學出版，2014），
　　頁75-76。

我們必須對中國文化中的暴力傾向有所反思。這一點，對那些每天在鼓吹「二十一世紀是中國人的世紀」、「中國模式將在世界普及、甚至統治世界」、「中國的王道將戰勝西方的霸道」的人們來說，就更是如此。其實，暴力至少在我們熟知的一些文化中、在歷史上，是家常便飯，包括中國文化。中國人的所謂「王道」，其實是「外儒內法」，也就是用「王道」掩飾「霸道」。傳統中國的「五馬分屍」、「株連九族」，到現代中國還存在的「千刀萬剮」（如在土改和除奸反特時期所發生的）、「打翻在地，再踏上一隻腳，讓他永世不得翻身」（文化革命）等等，都是中國暴力文化的例子。

但是對這些暴力，我們至今缺乏反省。我們對國共內戰和中華人民共和國建國之後的歷史非常缺乏反省。國共內戰已經過去60多年了，但是除了張正隆的《雪白雪紅》（描寫遼沈戰役時長春被圍五個月、兵不血刃、幾十萬饑民被餓死）以及龍應台的《大江大海1949》等少有的作品對這段歷史有比較深刻的反省之外，人們似乎已經基本忘記了內戰的殘酷。我們在電影中、在戲劇中對暴力仍然津津樂道。

一個沒有反省能力的民族的前途是堪憂的。難道我們還是梁啟超110年前口中的「少年中國」嗎？我們什麼時候長大呢？本人喜歡京劇，但對其暴力的內容很不以為然。幾年前，我在電視上看一位元京劇藝術家描寫京劇的魅力。她說京劇的動作設計優美，比如在殺人之後，還要用一個優美的動作將劍上的血用兩個指頭輕輕地抹去。對暴力的讚美，不以為恥，反以為榮，以此為甚。

對中國暴力文化的反省，可以說明我們認識到我們的民族其實

還有很多黑暗的地方，需要面對，需要解決。如果我們想要真正地復興，就要在人權、民主等等普世價值上多多學習。無論是政府，還是社會，都需要在這些方面努力。其實，這都是再簡單不過的道理。世界上有人願意不要做人的尊嚴、不被別人尊重、長著嘴卻不能說話、長著腦袋卻不能為自己做主嗎？有誰願意被別人打壓、打殺嗎？……一個成熟的民族，需要摒棄暴力，學會用民主的辦法、用尊重人權的辦法來解決彼此之間的矛盾。

缺乏對傳統專制文化、暴力文化的反省，政府主導的對普世價值（如自由、民主、人權、憲政）的批判，是我們至今還會經常看到暴力的原因之一。這些暴力包括家庭暴力、校園暴力（比如網上可以輕易看到的多個初中女孩子被同學暴打的視頻）、警察暴力（刑訊逼供，太原警察將討薪的女農民工的頭髮踩在腳下的畫面——該女工最後慘死——有良心的國人恐怕都還沒有忘記）、其他國家暴力（將維權的女性、律師抓起來或帶走詢問警告、暴力拆遷、拆基督教的十字架、搗毀教堂）等等。這些似乎已經司空見慣，見怪不怪了。這難道不是很可怕的嗎？即使是對付恐怖主義，警察也要儘量避免使用暴力，不能以暴易暴，否則冤冤相報何時了？可是，對所有這些問題，我們缺乏公開的討論與反省。而對暴力的反省，對其成因的分析，包括個人的因素、政治的因素、制度的因素、社會的因素、文化的因素，正是文革對我們的啟示之四。如果不對暴力進行反思，譴責任何形式的暴力，並用制度去制止暴力，那麼一個民族的文明程度就會停留在一個低水準上，也就沒有什麼社會和諧與穩定可言。

我們對平定基層文革的研究，也告訴我們個人的暴力儘管造成

了一些傷害，但是公權力的暴力對人的傷害更大，無論是誰在掌握著這個公權力。這一點是在其他研究中沒有得到足夠重視的問題。

五、為什麼說文革對個人造成的傷害、使人對社會失望才是最嚴重的傷害？

文革對人的影響是誰都無法否認的事實。對那些在文革中失去性命、受到折磨的人和他們的家庭、朋友來說，這是不言而喻的事情。但是文革使人們放棄了理想，覺得世間的事情沒有對錯，也是文革帶來的傷害之一。所以文革的啟示之五，就是要深刻認識文革對人的傷害、對社會的傷害，以便人們追求一個尊重人的理想社會。本書已經有很多個人遭到傷害的例子。不過在此，我們還是想舉幾個相對而言不太嚴重的例子，來說明上面這個問題。

當然，對那些在文革中受到衝擊的人來說，承受力與解釋文革的方式可能有很大不同。比如原平定縣委書記郭存華的兒子郭旭明就說，「總的來講，我還是相信黨的，對毛主席還是很崇拜的，對毛主席還是有深厚感情的」。「媽打錯孩子，孩子也沒啥怨的」。對於受到衝擊的革命幹部來說，因為他們本來就是政權的一部分，所以原諒政權，就是原諒自己。但是對於那近兩百萬被打死的人及其家屬來說，可能不是「媽打錯孩子」那麼簡單了。對那些被鬥來鬥去的「牛鬼蛇神們」來說，也沒有那麼輕鬆。他們失去的畢竟不光是自己的尊嚴，也是幾十年的生命。

紅總站的領袖之一荊履榮，談到了文革兩派鬥爭時，他自己的家庭受到連累的情況，但是他認為自己還是看得很開的。

我一輩子也沒有害過人，但我的妹妹翠花，老父親都跟著我受

了害。妹妹曾對我說：「你不要搞這了，家裡還有孩子們了。」
我說：「沒有辦法了，上有毛主席的指示，下有廣大人民群眾
的支持，這也是人在江湖，身不由己了。」

他談到了妹妹如何受到他的牽連，被對立派打傷的故事。儘管妹妹
對他說，「你不要再鬧了，全家跟你受罪了」，他還是認為自己無
法不參加文革。他說他的父親也是因受到自己牽連，被調查，說老
人是唱戲的「小把頭」，而連病帶氣而死的。

趙成秀是平師附小的教師，他參加了教育系統的「清理階級隊
伍」運動。後來，他在自己的著述《印象平定》中回憶了自己的親
身經歷：

平定師範新成立的革委會和平師附小領導組不折不扣執行了
縣裡的指示，不僅將文革初期揪出來的「牛鬼蛇神」，如關一
之、吳覺民、王鐵夫等重新推上了審判台，還揪出了很多現行
反革命，如陳增清、張德光等，附小的史文華也被以現行反革
命再次揪出。我因為日記也被列入他們的黑名單，剝奪了我工
作的權利，要求作出書面檢查。
1970年4月24日，文衛系統學習班結束，所有學員都回到了各
單位，我也回到了學校。我當時難以名狀我自己回到宿舍的心
情，只覺得天十分暗淡，心裡恍惚、恐懼、忐忑，似乎所有的
人都以一種鄙夷的目光斜視著我，我無地自容。學校領導派出
多人，赴外調查我的家庭背景。高忠明還偷偷告訴我，領導組
裡有人主張，要降低我的工資級別（天哪，我的工資是中教十
級，是中教中最低一級工資，真不知再降一級是多少工資！）

儘管自己沒有錯，但是還是有一種自卑感、一種自責、一種恥辱感。

我和史文華被剝奪了上課的權利，參加勞動改造。當時，正在落實毛主席「深挖洞、廣積糧、不稱霸」的最高指示，在馮拉科的帶領下，附小的地道從校內挖到了城牆根，還在操場的地底下發現了一個磚砌的大地窖，能容納三四百人，這被上級領導視為重要發現。我和史文華跟著馮拉科整天鑽在地道裡，刨土、運土，我從小沒有參加過重體力勞動，所以，搞這樣的地下掘進受苦不少，但一想到「改造」二字，一切都忍了。好在馮拉科心眼好，對我也特別照顧，心裡變得坦然多了。挖地道告一段落以後，我們又做起泥工活。父親年輕時當過泥匠，我也大體知道泥匠的做派。所以，我做大工，史文華當小工，修理學校院牆破損的地方。看到往日教過的學生，總是難為情地低下頭。上課時間，我會不自覺地朝教室裡瞅一瞅，不由自主地回憶起我在講臺上授課的情景，眼濕潤潤的。

平師附小有一個粉筆廠，開工廠兩年多，已經具有一定規模，所產粉筆可供應全縣的學校使用。文革中停了一年多，不久才恢復生產。我們的勞動多數在粉筆廠碾石膏粉。在石碾房裡，我和史文華呼吸著充滿粉塵的空氣，推著石碾，轉了一圈又一圈，頭髮和眉毛變白了，粉塵落到沁出汗水的臉上結了痂。實在疲累的時候會想起臧克家的詩《老馬》：「總得叫大車裝個夠，牠橫豎不說一句話，背上的壓力往肉裡扣，牠把頭沉重地垂下！這刻不知道下刻的命，牠有淚只往心裡咽，眼前飄來一道鞭影，它抬起頭望望前面。」

當然還有繁重的勞動，以使自己能夠得到改造。

1971年的春節快到了。我滿以為勞動改造就要結束，我可以和我的父母和妻子兒女在昔陽相聚。沒想到，學校領導組決定，我和史文華繼續在學校裡勞動，碾石膏粉。他們扣了春節供應給我們的油。廚師放假回了家，我們只能靠自己的雙手在學校簡陋的灶房裡做飯。學校靜極了，教室和宿舍都貼上了封條，操場上卷起的黃毛風吹進空蕩的石碾房裡，石碾發出的吱扭聲，更顯得孤寂和淒涼。史文華多次表示過對這種非人待遇的不滿，勸我多歇一歇，不要賣死命地勞動，我卻心有餘悸，總覺得有好幾雙監督的眼睛在盯著我。

晚上，我躺在床上，想起遠在昔陽年邁的父母翹首盼望兒子歸來的殷殷目光，想起孩提時春節和元宵節的熱鬧和甜蜜，想起在爺爺、奶奶跟前繞膝、不諳世事的我可憐的兒女，我不禁潸然淚下。我想到死，但一想到他們，我就沒有了勇氣，我一個人死了，自己乾淨了，可父母由誰來養老送終，妻子由誰來共擔家庭和社會的責任，孩子由誰來撫養成人……最終，我沒有選擇自殺，而是咬著牙堅強地活下去，等待春天的到來。也許是我出身貧農，社會關係也都是貧農，也許是不少同情者真誠的善心，我沒有如左治貞〔當時的縣武裝部政委、縣革委會主任〕所斷言的「槍斃」。當然，我也不知道死亡曾多麼嚴重地威脅著我，如果知道，我將是另一種結局。

在想到自己家人的時候，那種痛苦就更不堪言。

記不得是1971年的哪一天，我接到學校領導組的通知，讓我參加學校師生大會。學校中院站著黑壓壓的人，我被叫到主席臺

上，怯怯地望著隊伍整齊的小學生，不知將對我進行怎樣的宣判。

領導上臺了，喋喋不休地讀著對我的處理決定。我的心裡打著小鼓，竟然沒有聽清究竟上頭對我的問題是如何定性的，只是隱約覺得，並沒有將我定為敵我矛盾，沒有給我任何處分，也沒有降低我的工資級別，還恢復了我的工作。我有點喜出望外，不由自主地喊了一句「毛主席萬歲」！無知的小學生們也跟著喊起來。

最羞辱的一幕終於落了下來，我像往常一樣站在講臺上，想不到的是，我仍然贏得了學生們的尊敬，我感謝純潔無邪的孩子們。

和我相反，就在這次大會上，史文華被宣布開除公職，遣送原籍勞動改造。

我終於有了一張安靜的辦公桌，我可以在上面看教科書、寫教案、批次工作。此時的我才真正覺得勞動的權利是多麼珍貴！「當你失去它的時候，才真正理解了它的價值」，這是我的切膚之思，肺腑之言。在此後的四年多歲月裡，我用自己辛勤的汗水，履行著一個園丁的職責，先後送走了三個初中畢業班和一個高中班。雖然捉摸不定的「教育革命」蹉跎了他們的學業，但是社會還是給了他們充分的就業機會，成為平定縣各行各業的業務骨幹。而我也在他們的成長過程中收穫喜悅和成功。每當同學聚會的時候，他們都沒有忘記與曾經的老師共進午餐，留一張甜蜜微笑的合影。作為一個教師，這就足夠了。

其實趙成秀所談的權利，就是人權。兵團有人被總站的人打成重傷，總站的人甚至被兵團的人打死。但是生命與人身的安全是任何人都

不應該被剝奪的權利，這也包括做自己喜歡做的事情的權利。這樣的經歷，對一個普通人來說，很難說不是刻骨銘心。如果一個人能走出來，那麼是萬幸。正如我們在書中所描述的，很多人是走不出來的。很多人是連生命都失去了的。

在對個人發生影響的同時，文革也使得人們失去了對理想的追求，覺得世界上的事情沒有什麼對錯，進而放棄任何努力。其實這是文革最可怕的一種後果。比如我們的另外一位被訪者戎崇璽便認為：

> 過去的事情沒有對錯，在「文革」剛進行一段的時候，張瑾瑤〔學毛選積極分子，兵團觀點〕被關在「八一火海」戰鬥隊，張瑾瑤說這時候有什麼對錯，「壓倒葫蘆，瓢就起來了」。我在涉世之前經歷「文革」，使我受到了鍛鍊，後來我發現真的無所謂對錯。我現在看穿了，開始享受生活。人生就是一場戲，演的好就是命好，演的不好就是命不好。把社會看透了，人類也是適者生存。
>
> 文革之後，我認定不在政府當幹部。1972年有機會當郊區團委書記，但得先入黨，我不願意，就沒去。我們下鄉時被填的檔案，說我「打、砸、搶，派性嚴重」，我後來在大隊發現了檔案，把大隊的抽屜撬開，把檔案燒了。所以我也不敢入黨，怕人家內查外調，就暴露了。我當時燒檔案時跟別人在一起，燒的時候說誰也不能說出去。

翟治璧認為「文革時間最長，是非被搞亂了」。牛增福的評價是：

> 其實都是上頭說了算，人家得了好處，下頭人倒楣。現在我覺

得老百姓就是老百姓，什麼咱也不多想。我就願意當工人，現
在特別喜歡幹些技術活，研製了正球型、鍋爐用吸附劑和吊裝
加熱器等好多東西。

脫離政治，做自己喜歡的事情，也是一種經過文革看透世態炎涼之
後所採取的態度。董銀明也感到很失望：

> 「文革」其實就是上層政權間的鬥爭，我們都成了人家的犧牲
> 品了。「文革」損害了一批年輕人，迫害了一批老幹部。鬥郭
> 存華的時候拉到臺上掛了大牌子，還餵人家馬糞，可是慘了。
> 再有啥運動，我都不參加了。

他寧願不參加運動，也不願意再當人家的槍子兒。即使是以前那些
被鬥的老幹部，後來也感覺不到自己還能發揮怎樣的作用。原副縣
長鄭子英說：

> 現在退休以後，給縣裡提意見，提也沒用。例如，一條街裡沒
> 有公廁，去一個廁所要掏三毛錢，這些小問題提了也沒反應。
> 上面來人看，城市建設不錯，但衛生很差，他們看不著。每年
> 領導來看望。新領導來了，也請我們去吃飯、提意見，但沒什
> 麼人提。就像廁所的問題一樣，提了也不頂事。

在風風火火了十年之後，無論是打人的還是被打的，被鬥的還是鬥
人的，積極參加文革的，還是不願意參加文革的，都對運動感到失
望，對運動後的結果感到失望，最後甚至決定退出對政治的關心。
如果這種退出政治還有點積極意義的話，是對狂熱的抗拒。閆秀雲

說：

> 有一回，有人帶我去傳銷那兒看了一回，看到了他們那股狂熱
> 勁兒，我就想起「文革」那會兒我們的狂熱，和傳銷那股勁兒
> 簡直一模一樣。我看了，覺得羞得不行。我告訴她，你們這股
> 勁兒，我們那時候就有過。

大家至少感到我們不應該再有那種狂熱。這未嘗不是一件好事。

當然，在激烈的兩派鬥爭中，有時也能迸發出來一點人性的光
輝。本書作者之一記得當時把平定縣武裝部的政委李金印「揪」到
平定中學來，其實並不是要鬥他，而是讓另一派免去一次鬥他的機
會，並且也給他一次好吃好喝的機會。荊履榮在訪談中也談到兩派
的頭頭文革後期相逢一笑泯恩仇的故事：

> 其實後來兩派之間的鬥爭，就進入了一個特殊的時期。有的個
> 人之間的關係還是不錯的，在大聯合時，紅總站的李守珍和兵
> 團的魏德卿逗樂說：「穿著黑大衣，戴著黑眼鏡，寫著黑文章。」
> 魏說李是：「黑心、黑手、黑思想。」二十年後，兩人一個是
> 陽泉市的市長，一個是陽泉藝術學校的校長，兩人還是惺惺相
> 惜，魏在藝術學校的教職工大會上說：「李校長是我多年的良
> 師，他的知識淵博，我是非常敬尊他的，你們選他當校長是一
> 件很好的事。」我心裡有一種說不出來的感覺了。……魏家女
> 兒辦事，我們都去了，大家有一種歷史風雲變幻中的苦澀，又
> 到了人生的起點上了。

不知道這種人性中的善，能否帶領我們走出文革、走向未來？

　　缺乏對文革中對個人的傷害、對社會的傷害進行清算與反思，是我們今天繼續對個人和社會進行傷害的原因之一。因為政治的原因，不少人仍然被搞得家破人亡、妻離子散。比如六四及其影響就是一例。多少人死去了，而且該事件已經過去了近三十年，但是還有很多流亡人士不能返國與家人團聚，被害人家屬還是得不到賠償。更有甚者，更多的維權人士被投入監獄，造成了更多的人間悲劇。非要這樣不可嗎？這是文革對我們的**啟示之五**。從這個意義上來講，即對個人的影響和對社會的失望上來講，基層文革和大城市的文革，沒有太大的區別。無論是什麼時代，只要是受文革思維的主導，個人悲劇就無法避免。

　　本前言討論了五個問題，即文革的起源與階級鬥爭的文革思維，紅衛兵的發動，兩派之爭，暴力問題，以及文革對個人、家庭與社會的健康發展所造成的傷害。我們一方面分析了文革發生也發展的機理，同時也強調了在很大程度上我們今天仍然活在文革的陰影當中。如果這些問題得不到清理，文革思維得不到糾正，不同意見得不到尊重，暴力的結構與文化因素得不到認識，人權問題沒有真正提到議事日程上來，那麼重蹈文革覆轍的可能性就會永遠存在。實際上，我們今天的政治與社會上發生的很多問題，就是文革思維的結果。希望本書能夠起到一個提醒的作用。

郝志東，澳門大學社會學系教授，山西省平定縣人。主要著作有《兩岸四地政治與社會剖析》（2014）；*Macau History and Society*（2011）等，以及學術期刊和普通雜誌文章。近期將出版《平定縣裡不平定：山西省平定縣文革史》（合著）以及《遙望星空：中國政治體制改革的困境與出路》（編著）。

如何理解文革大屠殺暴行：
讀譚合成的《血的神話》

陶東風

　　本文係筆者在閱讀譚合成先生《血的神話：西元1967年湖南道縣文革大屠殺紀實》基礎上寫成的研究性箚記，重點在於以此書披露文革期間湖南道縣駭人聽聞的大屠殺事實為基礎（同時也參考了其他一些關於文革大屠殺的調查研究成果，比如宋永毅先生主編的《文革大屠殺紀實》），並借鑒阿倫特、津巴多等人的理論，對文革暴力現象進行理論分析與道德反思，也試圖從中提煉一些概括性的結論（如中國極權主義不同於納粹德國極權主義和史達林蘇聯極權主義的特點）。筆者的專業並不是史學，也不曾對文革暴力現象做過自己的調查研究。但本人認為，這樣一種以別人提供的紀實作品為基礎進行的後設理論思考和道德反思，仍然有其價值和正當性。

　　譚先生是一個具有虔誠的求真精神和博大的人道情懷的學者與知識分子。他在寫作《血的神話》時已經是著名報告文學作家，寫此書時又以大型文學刊物《芙蓉》的編輯身分由官方介紹到道縣進行實地採訪，接觸到大量第一手材料（包括原始檔案），採訪了大量當事人。寫作過程中又三易其稿，從1986年到2007年歷時二十多年。譚先生還把自己的寫作原則定位為「唯真主義」：通過實錄的方法讓事實說話，其所起到的是「照相機」、「錄音筆」的作用。作者保證該書「每一個人、每一件事、每一個細節，乃至每說過的

一句話，每唱過的一首歌都來源於真實的記載，既無臆造人物，更無虛構事件，亦無杜撰的姓名。……所寫一切都是板上釘釘，字字落在實處，而筆者所做的事情就是做一個盡可能忠實的紀錄者。」
（參見該書「幾點說明」）

極端的惡常常難以置信，因為它超出了你的想像力、認知力和理解力。在《被淹沒和被拯救的》一書的序言中，著名義大利作家普裡莫·萊維在談到納粹大屠殺的時候說：「在1942年這個關鍵的年頭，關於納粹進行種族滅絕的消息開始流傳開來。雖然只是些模糊的隻言片語，但這些消息相互印證，勾勒出一場大規模屠殺的輪廓。面對這些如此窮凶極惡的殘忍，如此錯綜複雜的動機，如此罪大惡極的罪行，人們往往難以相信它的真實性」。黨衛軍的劊子手對此也心知肚明。他們得意洋洋地宣稱：「你們（指猶太人囚犯，引注）沒人能活下來作證，就算有人能倖存，世界也不會相信他的話。」

正如這位黨衛軍所言，大屠殺倖存者的講述的確難以讓那些沒有經歷過集中營的聽者——哪怕是自己的親人——相信這一切是真的：因為它實在太難以置信了！「無論受害者，還是迫害者，都深刻地意識到集中營所發生的滔天罪行是多麼讓人難以相信。」[1]

無獨有偶，記述文革時期湖南道縣大屠殺的紀實文學《血的神話——西元1976年湖南道縣文革大屠殺紀實》的作者譚合成，也有與萊維相似的感歎：「驀然回望，那些叫人淚流滿面的事件，那些令人心驚肉跳的情節，猶如天方夜譚，令人難以置信，然而它就是

1　以上引文見普里莫·萊維（Primo Levi），《被淹沒和被拯救的》（上海三聯書店，2013年版），頁1-2。

那樣切切實實地發生過。」[2]

　　面對這些難以置信的殘暴，我們面臨的不僅是道德和良心的挑戰，還有認知和理解的難題——到底應該如何解釋這些難以置信的極惡？人怎麼能幹出這樣的殘酷的事情來？在某種意義上說，理解力的挑戰是更為根本性的，因為我一直以為，就防止納粹大屠殺、文革大屠殺之類暴行的再度發生而言，比譴責更為重要的是理解——在理知的層面把握它。

一、一個難以解釋又不得不解釋的問題

　　文革中發生了無數駭人聽聞的暴力屠殺行為。在記載此類行為的書中，譚合成的《血的神話》大約是最為著名的一本。與楊繼繩的《墓碑》一樣，這也是一本挑戰讀者心理極限的書。此書通過大量作者親自調查所得的第一手史料告訴我們：1967年夏秋之交，湖南道縣及周圍數縣、市，發生了一場令人髮指的大屠殺。對於這次大屠殺的基本資料，《血的神話》有這樣的統計：

　　　　道縣殺人事件……從1967年8月13日到10月17日，歷時66天，涉及10個區，37個公社，占當時區、社總數的100%，468個大隊，占當時農村大隊總數的93.4%，1590個生產隊，2778戶，占當時全縣總戶數的2.7%，被殺光的有117戶，共死亡4519人，占當時全縣總人口的1.17%，其中被殺4193人，逼迫自殺

2　譚合成，《血的神話：西元1967年湖南道縣文革大屠殺紀實》第二版（香港天行健出版社，2012），頁25。下引此書，只注書名和頁碼。

的326人。被殺人員按當時的階級成分分類，四類分子1830人，占被殺總數的41.4%，四類分子子女2207人，占被殺總數的49.9%，貧下中農352人，占被殺總數的8%，其他成分31人，占被殺總數的0.7%。按職業分類，農民4208人，占被殺總數的95.2%，國家幹部17人，占被殺總數的0.38%，教員141人，占被殺總數的3.19%，醫務人員20人，占被殺總數的0.45%，工人34人，占被殺總數的0.77%。另外，被殺人中有黨員8人，團員13人。殺人後，遺屬深受其害，被查抄財產的有2423戶，3781間房屋被侵佔或拆毀，5.3萬件家俱用品被查抄，629人被迫外逃，635人成為孤老孤殘。[3]

　　殺人的方式更是匪夷所思，有十多種之多：如槍殺（含步槍、獵槍、鳥銃、三眼炮等），刀殺（含馬刀、大刀、柴刀、梭標等），沉水，炸死（俗稱「坐土飛機」或「天女散花」），丟岩洞（包括廢棄的礦井），活埋（基本上是埋在廢棄的紅薯窯裡，故又稱「下窯」），棍棒打死（含鋤頭、鐵耙、扁擔等），繩勒（含勒死和吊死），火燒（含燻死）等等[4]。這些五花八門的殺人方法說明：殺人

3　《血的神話》，頁47。

4　《血的神話》，頁48。作者還補充了一種叫做「石灰燒雞蛋」殺人犯法：把人綑起來丟進石灰窯，蓋上生石灰，澆上水，利用生石灰的熟化過程產生的高溫把他活活燒死（《血的神話》頁49）。另據遇羅文（遇羅克弟弟）的採訪紀實，北京大興文革時期的大屠殺也有類似特點：通過折磨被害人取樂。比如把男青年倒背著雙手，僅僅拴住拇指吊起來，然後施以各種刑法；對女青年，除了吊起來抽打以外，還要進行性虐待。晚上把他們放下來，讓他們「休息」，這樣做「目的是不要死得太快，好多受些罪。」遇羅文，〈文革時期慘絕人寰的大興縣屠殺事件〉，http://club.china.com/data/thread/

者並不是簡單滿足於把人處死（有些殺人方法既費事又浪費物資），而是變換花樣，發揮想像力，享受施暴的快感和樂趣。可以說，「文革」最嚴重的後果，不是經濟的而是道德的，是把人性內部最原始、最野蠻一面，即獸性，盡情釋放了出來，而且長期難以收回。同時，這種別出心裁的殺人方法也是納粹大屠殺和史達林大清洗難以望其項背的。個中奧妙值得我們深入分析、深長思之。

　　道縣大屠殺的特點包括：第一，殺人的公開性、展示性（通常要在處決前召開現場大會），因此不同於納粹的集中營謀殺或史達林的祕密處決；其次，殺人的組織性和自上而下的特點（黨政領導組織大會動員、幹部帶頭、層層部署）；第三，殺人的隨意性和廣泛性，並不只殺「四類分子」，也殺貧農和黨員幹部（這點也非常不同於納粹大屠殺，因為後者只殺猶太人，而猶太人和非猶太人的標準是清楚、客觀的），不僅殺舊社會過來的成年人，而且殺「紅旗」下出生的嬰兒等等[5]。

　　文革時期的屠殺現象是普遍存在的，道縣絕非孤例。在官方解釋中，道縣大屠殺被認為是因為兩派鬥爭導致的「偶然事件」。但這種不是解釋的「解釋」已經得到很多人的批駁。大量史料表明，包括道縣在內的文革大屠殺不是因某個偶發事件、某個人和某一群人的偶然衝突所引發。除道縣外，文革中全國還出現了多起與道縣大屠殺類似的殺人事件。比如北京1966年8月底9月初的大興大屠殺[6]。很多學者因此認為，文革大屠殺的根本原因在於制度，屬於制度性屠殺

5　據《血的神話》介紹，道縣被殺人中未成年人826人，年紀最小的才10天。

6　宋永毅先生主編的《文革大屠殺紀實》記載了北京郊區和全國其他地區的大屠殺事實。

行為（詳下）。

　　對於殘暴到「我們智力難以理解的程度」[7]的暴行，人們在震驚之餘不得不提出一個嚴肅問題：這到底是為什麼？正如譚合成說的：「人性中所有的惡，在這場群體的大瘋狂中，表現得淋漓盡致，觸目驚心！究竟什麼原因使殺人者如此喪盡天良，他們與被殺者之間到底有什麼『你死我活』的矛盾呢？」[8]是啊，為什麼？如果說人性本惡，那麼這惡為什麼恰恰在這個時候被如此觸目驚心地激發出來？

　　初步了解文革大屠殺即可知道：大多數殺人者和被殺者之間沒有什麼恩怨情仇或經濟、財產糾紛，有的甚至還是親戚[9]。譚合成寫道：「殺人者至今都說不清楚那些沒有墓碑、沒有墳塋、橫屍山野、葬身江流的死者的存在，對他們的生活有些什麼威脅，而他們的消滅，對他們的生活有哪些改善。而絕大部分死者，生前都是安分守己，老老實實，絕不亂說亂動，在劃定的小圈子裡，用最最辛勤的勞動勉強維持最低水準的生活。」[10]

　　更值得追問的是：儘管作為大規模群眾運動的文革是「偉大領袖」號召的，儘管這裡有群眾性從眾心理的作用，但是**大多數殺人者畢竟不是在被人拿武器威逼著的情況下被迫殺人**。其中不少人其實是可以不參與的。即使是那些不能不參與的人，在多大程度上參與、參與到什麼程度，也還是有相當選擇餘地的。

7　譚合成語，見《血的神話》，頁27。
8　《血的神話》，頁50。
9　我們從別的出版物中也可以知道，「文革」時期打老師的學生、紅衛兵和被打的老師之間其實也不存在深仇大恨，有些老師甚至沒有上過這些學生的課。
10　《血的神話》，頁50。

二、制度殺人和意識形態殺人──學界關於道縣大屠殺 的支配性解釋

　　關於文革大屠殺行為，目前已經給出的最主要解釋，是以楊繼
繩為代表的制度性解釋和意識形態解釋：極權制度和極權主義意識
形態殺人。楊繼繩在給《血的神話》寫的序（題為「鮮血使人猛醒」）
中認為，不能用「封建社會」來描述中國幾千年的政治制度，秦始
皇以後的中國不是封建社會而是專制社會；而「和毛澤東對應的是
極權主義（totalitarianism）社會。」極權主義的特點是「以強有力
的中央統治為特徵，試圖通過強制和鎮壓，對個人生活各方面進行
控制和指導。極權主義把整個社會囚禁在國家機器之中，它壟斷經
濟，壟斷政治，壟斷真理，壟斷資訊。通過這『四個壟斷』」，政
權對人民的整個生活實行無孔不入的統治。」[11]楊繼繩進而具體進
入到對道縣殺人現象的解釋：

　　　　在這樣的極權制度下，一部分人（中國總人口的百分之五
　　以上，也許更多）被定為政治賤民（地、富、反、壞、右、資
　　及其家屬），通過政權機器所控制的一切輿論工具，年復一年、
　　日復一日地對這批政治賤民不斷妖魔化，使他們處於「眾人皆
　　曰可殺」的境地。這些沒有任何抵抗能力的政治賤民是階級鬥
　　爭的靶子，一有政治運動，他們就成了砧板上的魚肉。他們的
　　生命如草芥，如螻蟻。那些不是政治賤民的人們，也是經濟壟
　　斷、政治壟斷、真理壟斷、資訊壟斷的受害者。他們只能知道

11　《血的神話》，頁9。

政權讓他們知道的，只能相信政權讓他們相信的。他們是政治
愚民。他們還處於恐懼、貧困之中。由於無知和恐懼，政權指
向哪裡，他們就打向哪裡。道縣慘案是政治愚民對政治賤民的
屠殺，而背後操縱的是政治權力。[12]

　　與此相似的解釋可以參見旅美學者郭建的〈德國：中國的一面
鏡子〉。作者首先指出：「德國和中國的群眾運動都是從製造敵情、
激發群眾的種族或階級仇恨開始，將社會的一部分成員妖魔化，從
而對他們進行大規模迫害甚至殺戮。」[13]然後聯繫到1960年代的中
國，郭建寫道：「不管是德國的所謂『劣等人種』，還是中國的所
謂『階級敵人』，這些人都首先被描繪成將給社會帶來深重災難的
罪惡勢力，他們不僅被敵視，而且被非人化了，以至於憤怒的群眾
不再把他們當作自己的同類，可以任意處置。」[14]
　　這個解釋具有相當的合理性和說服力，在很多情況下也能夠得
到經驗的支援。從理論上說，極權主義意識形態把屠殺對象（不管
是猶太人還是「階級敵人」）變成了可以清除、也應該清除的「病
菌」「害蟲」，即將之非人化，從而為殺人提供了意識形態上／理論
上的合法性。「劣等民族」、「階級敵人」都是意識形態的劃分範
疇，清除這些人，不但不是犯罪，而且也不能名之曰「殺人」，而
是遵循自然法則或歷史法則的正義行為，是清除人類的「害蟲」。
「歷史法則」和「自然法則」判定了「劣等民族」和「階級敵人」
是必須被清除的。

12　《血的神話》，頁9。
13　《炎黃春秋》2013年第7期，頁35-46。
14　《炎黃春秋》2013年第7期，頁35-46。

可以說，把所要清除的人群非人化，是極權主義的共同特點。依據安妮·阿普爾鮑姆的《古拉格：一部歷史》介紹，史達林和希特勒在實施肉體消滅之前，都要先在意識形態上把自己的「目標敵人」非人化：「在兩個社會裡，集中營的產生實際上是將這些目標敵人非人化的漫長過程的最後階段。」[15]由於非人化是通過語言符號的操作進行的，因此，作者認為，「這個過程先由修辭學開啟。」[16]也就是說，先在語言—符號系統中把他們從「人」的行列排除出去：希特勒把猶太人稱之為「正在腐爛的屍體上的蛆蟲」，史達林把「人民的敵人」斥之為「害蟲」「垃圾」「雜草」「傳染病菌」。因此，在被實際被送進集中營之前，這些人已經提前被從語言上、修辭上殺死。這樣的非人化符號操作，能夠起到重要的減輕心理緊張或心理負擔的作用。畢竟自古以來就有「人命關天」之說。對於非人化的這種心理學意義，白朗寧在其《平民如何變成屠夫》中引用了約翰·道爾的話說：「對他者的去人性化，對形成殺戮的心理疏離起到了不可估量的作用。」[17]

　　阿倫特曾指出極權主義政權異於歷史上其他專制獨裁政體的特點，在於其蔑視成文法同時又並不認為自己「無法無天」，他們不遵守成文法的原因恰恰是自以為在「替天行道」——遵守比成文法「更高的法則」——自然法則與歷史法則[18]。維拉（Danna R. Villa）

15　安妮·阿普爾鮑姆，《古拉格：一部歷史》，戴大洪譯（新星出版社，2013），頁xxiii。

16　安妮·阿普爾鮑姆，《古拉格：一部歷史》，戴大洪譯（新星出版社，2013），頁xxiii。

17　克里斯多佛·R·白朗寧，《平民如何變成屠夫：101後備員警營的屠殺案真相》（中國青年出版社，2015），頁165。

18　參見漢娜·阿倫特《極權主義的起源》第十三章〈意識形態與恐怖〉，林驤華譯（三聯書店，2008）。

在分析為什麼阿倫特把恐怖描述為極權政體的本質時指出，阿倫特並不是說恐怖是希特勒或史達林特別喜歡的手段。事實上，極權恐怖不同於其他傳統的獨裁或專制恐怖（它們同樣殘暴血腥）之處，在於恐怖在極權主義政體中根本就不是什麼臨時或偶然使用的手段，而是無終止的過程（process without end），它的目的是顯露人類的純粹多餘性（the sheer superfluousness of human being）。它表明極權主義使個體非人化，使之成為某個人種（比如猶太人）、某個概念（如毒草、臭蟲）之純粹樣本，這樣，被清除者就失去了自己的具體性和特殊性。納粹集中營不過是促使和幫助了「垂死」人種的加速死亡，因為「自然選擇法則」早已決定其預定滅絕的命運，而史達林的集中營則只是加速了「垂死階級」的滅亡，因為其滅亡的命運是偉大的歷史法則所注定了的。

社會學心理學家津巴多證實，在人對人的殘忍行為中，去人性化扮演了關鍵的作用。所謂去人性化是指：「當某些人把另一些人從身為人類一員的道德秩序中排除時，就是去人性化。」被去人性化的對象失去了人的地位，從而道德感變得對他們無效：「借助於將某些個人或群體視為不屬於人性領域，去人性化的施為者可以暫時擱置道德感，而不必遵守以理性行動對待同類的道德束縛。」「在形成偏見、種族主義和歧視心態的過程中，去人性化是其中核心。去人性化將其他人汙名化，認為他們只擁有『受損的身分』」[19]。他們被認為不是完整的人甚至根本不是人。「在這類情況下，就連正常、道德正直，甚至通常有點兒理性主義傾向的人也可能做出毀滅性的殘酷行為。光是對他人的人性特質不予回應就會自動促成毫

---

19 菲力浦‧津巴多，《路西法效應：好人是如何變成惡魔的》，孫佩妏等譯（三聯書店，2015），頁353-354。

無人性的行為。」一位日本將領說，二戰時期日本士兵在殺害中國
人的時候顯得非常容易，「因為我們覺得他們只是『東西』，不像
我們是人。」去人性化的主要方式就是標籤化——臭蟲，狗屎，黑
五類，牛鬼蛇神，等等。

　　《血的神話》一書所給出的大量資料表明，道縣大屠殺中被殺
最多的是所謂「階級敵人」，主要是「黑五類」及其子女。這充分
說明，從意識形態角度把屠殺對象非人化，同樣是文革大屠殺的慣
用伎倆。「血統論」、「成分論」在當時十分盛行、並在殺人行為
中鮮明地體現出來。所謂「成分論」本來就是一種血統論，「黑五
類」類似法西斯說的「劣等民族」，他們不是人，而是必須予以清
除的「不齒於人類的臭狗屎」，因此，**殺階級敵人不是殺人，而是
正確的替天行道的正義行為**[20]。在這樣的情況下，施暴者身上就會
產生一種「道德鬆綁」的效應：不再受到道德束縛，標籤化使得他
們有了施暴的藉口，這會導致施暴強度的增加。關於道德鬆綁，津
巴多在《路西法效應》中這樣分析：假設「大多數人都因為在養成
過程中受到常態的社會化洗禮，所以接納了道德標準。這些標準……
抑制家庭或社群定義下的反社會行為的出現。隨著時間經過，這些
由父母、老師及權威人物所施加的外在道德標準成了內化的個人品
行規範。……他們學會控制自己，避免出現不符合人性的行為，盡
力表現出人性。」[21]但是這種人對自己的「自我監控」也會由於「道

20　非人化在名稱上的體現，就是剝奪其一個人的具體姓名和其他稱號
　　（比如教師、工人、職工、醫生等），納粹集中營的囚犯只有數字
　　沒有名字。史達林統治時期，勞改營的政治犯也都被代碼化。參見
　　《古拉格：一部歷史》戴大洪譯（新星出版社，2013），頁109、
　　111。

21　菲力浦‧津巴多，《路西法效應：好人是如何變成惡魔的》（生活‧

德鬆綁」而失效。津巴多列舉了有助於道德鬆綁的四種認知機制，其中最重要的三種是：第一，「我們可以將傷害行為重新定義為榮譽的行為，方法是借由採納神聖化暴力的道德命令而創造出行動的道德正當性。」比如殺害階級敵人不是犯罪而是「為了實現共產主義」；第二，「藉助分散或推卸個人責任，我們可以讓自己覺得行動和行動的有害後果之間並沒有那麼直接的關聯，如果我們並不覺得自己犯下了慘無人道的罪行，那就可以逃避自我譴責。」第三，「我們可以重新建構對於受害者的認知，把他們所受的苦當作是活該，我們把後果怪罪到受害者頭上，當然也把他們去人性化，藉助這些方法把他們當成低於標準的人，不值得我們用對人類同胞的正直方法對待。」[22]

這三種情況在文革大屠殺中都是普遍存在的。

在這個意義上說，極權主義意識形態殺人的解釋在相當大的程度上是適合於中國文革大屠殺的，是具有合理性的。

殺「階級敵人」、「四類分子」不是殺人，這樣的觀念在道縣殺人事件中非常普遍。《血的神話》寫到這樣一個細節：1986年，道縣處理文革殺人問題的工作組人員問一個殺人兇手的殺人動機時，這個兇手理直氣壯地回答：「他們是階級敵人。不殺他們，我們就要吃二遍苦、受二茬罪。」[23]這個例子充分證明意識形態殺人這個解釋的正確性：這些人本來該死。這樣，非人化不僅「有助於恐嚇受害者，又加強了加害人對其行為的正當性的信心。」[24] 1967

(續)————————————

　　　讀書·新知 三聯書店，2015），頁357。

22　《路西法效應：好人是如何變成惡魔的》，頁358。

23　《血的神話》，頁36。

24　安妮·阿普爾鮑姆，《古拉格：一部歷史》，戴大洪譯（新星出版社，2013），頁xxiv。

年9月2日，道縣東門鄉烏家山大隊的四個民兵強姦了一個來自廣東的陌生女子，其中一個有點緊張說：「怎麼辦？」另一個說：「好辦得很，就說是四類分子，搞死算了」。於是亂石砸死[25]。

然而，意識形態殺人的解釋在應用於文革大屠殺現象時又是有局限性的。在西方，被冠名為「極權主義」的國家首先是納粹德國、法西斯義大利，其次是史達林統治下的蘇聯。而文革時期的中國是否屬於極權主義國家則是有很大爭議的[26]。這些極權主義國家的大屠殺和文革大屠殺儘管存在相似之處，但差異同樣很明顯（詳下）。特別是納粹對「劣等種族」也就是猶太人的界定是嚴格的，甚至是「科學」的（有生理學的依據），與當事人的政治信念、世界觀等主觀方面絲毫不相關（即使是擁護納粹反猶主義的猶太人，也依然是猶太人）；而「階級敵人」「四類分子」等等的標準卻經常是非常靈活的，「地富反壞右」中的「反革命」、「壞分子」的界定更是帶有極大的主觀性和隨意性（比如所謂「有資產階級思想」），經常取決於單位領導的個人意志。而且儘管地主和富農的標準相對（只是相對）客觀些，共產黨也從來沒有說這些人要被清除[27]。更奇怪的是，即使都是地主，其具體的遭遇也非常不同（比如道縣有些地主被殺了，有些沒有，誰被殺誰被留很大程度上取決於領導意

25 《血的神話》，頁175。
26 以對極權主義的原創性研究享譽世界的阿倫特，對社會主義中國是不是極權主義就非常含糊猶豫（參見漢娜·阿倫特，《極權主義的起源》中譯本《第三部極權主義·序言》，林驤華譯（生活·讀書·新知 三聯書店，2008）。另外，2012年10月間，在和筆者的對話中，文革史研究專家、哈佛大學教授麥克法夸爾則明確反對把「文革」時期的中國納入所謂的「極權主義」。
27 中共高級幹部中地主資本家出身的很多。

志和人際關係）28。

　　因此，極權主義的制度解釋和意識形態解釋即使大體上是合理的，也需要大大加以本土化和中國化。

三、有組織無紀律的制度化集體殺人

　　相比納粹屠殺猶太人時那種嚴密、統一的組織性和紀律性，道縣大屠殺的突出特點是有組織但無紀律。有組織，指的是道縣的屠殺活動就其主體而言並非群眾自發，而是各級地方官方動員、組織和部署的29；所謂無紀律的意思是：相比納粹大屠殺，道縣大屠殺在屠殺對象、屠殺數量和屠殺方式的選擇上具有極大的隨意性和差異性，並不是上級精密部署、所有下級單位（從公社到大隊）都無一例外遵照執行；相反，什麼人可以殺、什麼人不可以殺，殺多少和用什麼方式殺，都沒有嚴格規定，很大程度上取決於當地幹部。道縣的有些地方甚至根本就沒有貫徹殺人指示30。同樣沒有明確規定的是誰有權力殺人。僥倖逃脫被殺命運的道縣蚣壩公社摘帽右派許振中文革後回憶說：「那個時候，只要任何一個大隊幹部甚至貧

28　甚至取決於很荒唐的原因，比如地主的老婆是否長得好看，如果長得好看就留下來據為己有或嫁給某個沒有人願意嫁的貧下中農。

29　依據《血的神話》可知，大量黨員幹部組織和參與了殺人。道縣與殺人事件有直接牽聯的國家幹部426人，占當時全縣幹部總數的22.6％（包括大多數縣級主要領導），農村基層幹部2767人，占當時全縣基層幹部的66.5％，共產黨員3880人，占當時全縣黨員總數的36.9％。

30　這點也充分體現在大興的大屠殺中，大興的大屠殺也不是每個生產隊都發生了，而且還有一個生產隊因為意見分歧而到北京市委請示，獲得的指示是不准殺人，因此也就沒有殺。

下中農開句口，誰誰要搞掉，那他的腦殼準保不住。」[31]以下分別
論之。

　　首先，我們說道縣大屠殺是體制化、有組織的集體屠殺，主要
有以下理由。

1. 按照行政區域從上到下層層組織殺人

　　道縣殺人首先不是甚麼基於群眾對「階級敵人」、「四類分子」
（「四類分子」是地富反壞，「五類分子」則加上右派。道縣是農
村，基本沒有右派，因此殺的主要是四類分子）的深仇大恨而自發
出現的現象，而所謂「四類分子」要殺貧下中農云云純粹是編造的
謠言。這些所謂「階級敵人」自土改以來實際上一直受到殘酷鎮壓，
如驚弓之鳥。正如作者所說：「筆者可以負責任地說，除了報復殺
人、殺人奪妻、謀財害命這幾種情況外，所謂貧下中農自發起來殺
地富的現象幾乎沒有。」[32]道縣文革大屠殺基本上是按照行政區由
區到公社，由公社到大隊，層層煽動部署，層層貫徹執行。越是各
級領導部署嚴密、動員得力、組織精細的區縣，殺人就越多、越殘
忍。比如殺人最多的蚣壩區，之所以殺人多，「一個重要原因就是
從區到公社到大隊，層層佈置，層層動員：區裡召開有區委副書記、
區武裝部長、『紅聯』司令、各公社負責人參加的動員會；公社召
開有公社書記、公社武裝部長，各大隊、生產隊主要幹部參加的『革
命會』，大隊召開貫徹執行區、公社會議精神的『研究會』……形
式不同，實質一樣，即肆意誇大所謂『階級鬥爭』的嚴重性，製造
謠言，捏造『敵情』，煽動群眾心安理得去殺人；甚至佈置殺人任

31　《血的神話》，頁221。

32　《血的神話》，頁147。

務，下指標。」[33]

　　需要特別指出的是，不能因為文革時期道縣的黨組織和政府組織受到了衝擊，就認為道縣大屠殺（也包括其他地方）不是組織化和制度化殺人。關於這一點，要結合文革時期從中央到地方基層組織權力結構的特點加以理解。在《血的神話》第20章提供的上關區在全區範圍內煽動、策劃、部署的主要責任人名單看，這些殺人事件的主要責任人，很少有一把手（書記），大多數是副書記、委員，特別是武裝部長、公安特派員這幾類角色[34]。作者對此給出了令人信服的解釋：文化大革命的綱領性《十六條》規定，文革的性質是清理「黨內那些走資本主義道路的當權派。」因此，運動初期，從中央到地方各個單位的「當權派」或曰一把手（書記）都不同程度地受到衝擊。在這種大環境下，道縣殺人事件中的主要責任人基本都是道縣文革中的實權派，即以縣人武部為核心的各級「抓促領導小組」（「抓革命促生產領導小組」的簡稱）成員。絕大多數情況下，道縣煽動和部署殺人都是通過這條制度—權力通道／路徑貫徹的[35]。我們不能說這個現在看來不規範的機構和組織不代表官方或制度。恰恰相反，在當時它們／他們就是官方和組織的代表，而且也是最具中國特色的極權主義組織和制度[36]。

33　《血的神話》，頁178。

34　參見《血色神話》，頁147-150。

35　《血的神話》，頁152-153。

36　大興縣的情況也是如此。據遇羅文的調查，大興十幾個公社幾乎同時進行了屠殺活動，可見這是一場有組織、有預謀的行動，組織者是縣或縣以上的領導人物。但又不是縣委或縣政府。按「文革」初期的形勢來，說話比縣委更硬氣的是「公安」和剛剛奪了權的「文革領導小組」。這和文革時期各級黨委和政府（尤其是一把手）普遍受到衝擊的大形勢是吻合的。

　　道縣大屠殺的體制性和組織化特點還體現在：有大量證據表明凡是組織不嚴密、領導盯得不緊的地方，殺人現象就較少發生，殺人數量也少得多。本書介紹，（1967年）8月 24日，興橋公社武裝部長楊友道和公社「紅聯」司令王盛光等人召開全社大隊幹部會，煽動殺人。會後，部分公社幹部下到大隊督促殺人，但是沒有到金星大隊，致使該大隊「猶豫觀望，行動遲緩」。8月27日，興橋公社又召開了各大隊支部書記、貧協主席、民兵營長會議，通報殺人情況。金星大隊受到了批評。支書楊盛滿、大隊長何中興等人參加會議返回大隊後，立即召開生產隊以上幹部會討論，認為「別隊殺得多，我隊殺得少，這種情況不能再繼續下去了」，於是「迎頭趕上」，一次性殺23人[37]。

2. 利用官方宣傳機器製造戰爭氣氛

　　我們說文革道縣殺人是制度化的集體屠殺，還有一個原因是它極大地借助了官方組織的群眾動員方式和官方宣傳機器。《血的神話》通過大量實例證明，道縣的每次大規模殺人，都與縣領導主持的動員大會直接相關（這點鮮明體現出文革屠殺的公開性和展示性），而公社和大隊一級的殺人幾乎全部開始於傳達「上級指示」，然後由當地領導幹部親自部署、落實乃至親手實施，而農民對於殺人的態度基本上是盲目觀望：不主動也不抵制，一切聽上面的[38]。

　　製造「敵人」是動員大會的基本主題，也是文革極權主義意識形態的慣用伎倆，是殺人得以開始和繼續進行下去的必要輿論準備

37　《血的神話》，頁181。

38　有些人一開始有些有顧慮或覺得不妥，但這種感覺並不強烈，幾乎沒有堅決拒絕的例子。

和心理準備。本書介紹：「到處可以聽到『階級敵人』組織『黑殺團』」，『八月大組織，九月大暴動，十月大屠殺』，『先殺黨，後殺幹，貧下中農殺一半，地富反壞吃飽飯』之類的謠言。」[39]但與一般所謂「謠言」不同，這些「謠言」不是小道消息傳播的，而是通過官方或準官方管道在各種形式的黨員大會、幹部大會、民兵大會、群眾大會上堂而皇之進行傳達的。由於官方宣傳或會議都是一種體制化活動（不管多麼具有中國特色），因此，完全有理由認定，這種謠言是體制性的謊言，這種殺人則是體制性的殺人行為。

　　「階級敵人」要殺貧下中農的謠言所起到的是類似西方學者所謂「敵意想像」的作用。津巴多《路西法效應》寫到：「讓一個社會群體憎恨另一個社會群體，隔離他們，使他們痛苦，甚至殺害他們，這需要通過『敵意想像』這種心理建構，經由宣傳深植於人們心中，讓他者轉變為『敵人』。『敵意想像』是戰士最有利的動機，它能讓裝滿仇恨和恐懼的彈藥的槍聲響起；而這種懼怕敵人的心象，威脅著人們的內心安樂和社會國家的安全，鼓吹父母送孩子上戰場，讓政府改變優先法案，把犁刀變成刺刀。」「這個過程起始於創造對他人的刻板印象，先排除對方的人性，認定他人是無價值且邪惡的，是不可解的怪物。深刻的大眾恐懼，加上敵人威脅逼近，原本講道理的人，現在開始變得不理性，思考獨立自主的人開始漫不經意地盲目遵從，愛好和平者變成驍勇善戰的戰士。」[40]

　　以「8.5會議」為例。縣「三結合領導小組」（1967年）8月5日召開的這次全縣各區領導參加的「殺人動員大會」，是道縣殺人的

39　《血的神話》，頁34。
40　《路西法效應：好人是如何變成惡魔的》（三聯書店，2015），頁9-10。

導火線，縣主要領導悉數參加。縣委副書記熊炳恩動員講話時說：
「當前階級鬥爭出現了新情況，階級敵人活動十分囂張」「階級敵
人造戰爭謠，說蔣幫要反攻大陸，美帝要發動世界大戰，戰爭一旦
打起來，先殺正式黨員，後殺預備黨員。一區有個偽團長，天天找
大隊支書和貧協主席，鬧翻案，鬧平反。……有的地方分土分地、
亂砍亂伐、糾紛武鬥、勞力外流、投機倒把，對這些階級鬥爭的新
動向，同志們一定要提高革命警惕，萬萬不可掉以輕心。」[41]

　　動員大會後，各個區縣的領導回去加以傳達和落實，逐級佈置
集體屠殺計畫，下令者一般都是領導幹部，下面只不過是執行上級
領導的指示而已。在最先殺人的壽雁鎮，其所轄的下壩大隊所謂的
「歷史反革命分子」朱勉，就是被該鎮抓促小組長陳智希親自下令
殺死的[42]。有些地方在執行殺人命令的過程中還可能表現出消極態
度，或者在「上面」的一再催促下不得已殺人[43]。更有說服力的是
魯草坪大隊因地處深山，沒有接到開會通知，沒有去開會，沒有收
到殺人指令，因此也沒有殺人[44]。

　　令人哭笑不得的是，下面基層單位殺人的多少還與其和上級權
力機關的距離遠近相關。本書寫到：採訪中，作者曾向當地有關幹
部請教過這樣一問題：洪塘營公社大多數大隊殺人都不是很多，少
的一、二人，多的不過二十餘人，為什麼紅花大隊表現的特別突出
呢？一位負責「處遺」的同志這樣回答：「紅花大隊離公社很近，
大約只有里把路的樣子，狗叫的聲音都聽得到。這種地理位置，使
得該大隊幹部與公社領導聯繫非常密切。」在亂殺風潮中，公社幹

41　《血的神話》，頁63。
42　《血的神話》，頁69-70。
43　《血的神話》，頁72。
44　《血的神話》，頁323。

部把紅花大隊樹成一個階級鬥爭的點來抓,多次到大隊現場辦公、
督促殺人。」還有一個原因是:紅花大隊一直都是公社的先進大隊,
各項工作都走在前面,殺人也是一樣,只能比別的大隊殺得多,不
能殺得少[45]。

3.「貧下中農最高人民法院」:中國式政法組織

在道縣,還出現了一種叫做「貧下中農最高人民法院」的特殊
組織機構,很多殺人命令就是由其發佈的。其公告格式為:

布　告

查反動地主×××、×××、×××……罪大惡極,一貫堅持反動
立場,反攻倒算,抗拒改造,出工不出力,不殺不足以平民憤。
經貧下中農最高人民法院決定,判處死刑,立即執行!

×××大隊貧下中農最高人民法院
院　　長:×××
副院長:×××
×年×月×日[46]

這是一個死刑判決書,但是文字簡短,「罪名」籠統,「罪大
惡極」「堅持反動立場」等等都是空洞抽象的帽子,可以隨意扣在
任何一個人的頭上。8月18日清塘區黨員幹部會,清塘區抓促領導小
組副組長、區法庭幹部周仁表:「現在公檢法癱瘓了,真正罪大惡

45　《血的神話》,頁92。
46　《血的神話》,頁44。

極的五類分子，由貧下中農討論幹掉他，事先不用請示，事後不用報告，最高人民法院就是貧下中農。如果我們內部有叛徒，不管他們是脫產幹部，還是戴手錶的，穿可哥鞋（皮鞋）的，在哪裡發現就在哪裡幹掉。」[47]

　　雖然這個所謂的「貧下中農最高人民法院」意味著當時的公檢法已經徹底癱瘓，它也算不得正式機構，但我們卻不能認為這是非官方的民間機構或非法組織。在當時的環境下，它恰恰是能夠隨意處死「五類分子」的典型權力機關[48]。之所以說它並不是民間非法組織，還有一個原因：這種頗為奇怪的法外有法現象，實際上是下面仿效中央的結果。1967年8月7日，公安部長謝富治公開提出「炸爛公檢法」，毛澤東更是炫耀自己「和尚打傘，無法無天」。8月9日林彪指出「要建立新的國家機器。」其實它和當時的「中央文革」、「無產階級司令部」等等，本質上是一樣的。這個別具特色的中國式極權主義國家機器，和歷史上（特別是農民起義時期）那種缺乏合法性的「草寇」組織是完全不同的[49]。由此我們完全有理由說，由「貧下中農最高人民法庭」實施的屠殺行為，也是典型的官方組織的制度化殺人行為。

4. 殺人行為與「最高指示」的關係

　　我們說道縣大屠殺是帶有官方與體制性質的現象，還因為它最終的、也是最高的合法化依據，來自文革時期的官方意識形態。道縣大屠殺與中國式的暴力文化、戰爭文化、革命意識形態關係密切，

47　《血的神話》，頁106。

48　但它的起源可以追溯到土地革命時期，參見智效民著，《劉少奇與晉綏土改》（台灣：秀威資訊科技股份有限公司，2008）。

49　《血的神話》，頁61。

這種文化的典範和最高代表，就是毛澤東思想。毛澤東寫於戰爭時期的一些鼓吹暴力革命和階級鬥爭的文章，在那個時期被斷章取義地編成「語錄」和「語錄歌」，在全中國各個角落流傳，產生了極大的煽動力。《血的神話》以大量事實表明，基層各地開會的會場到處可以看見「千萬不要忘記階級鬥爭！」「階級鬥爭，一抓就靈！」「敵人磨刀，我們也要磨刀」之類的大標語[50]。

　　毛澤東的暴力革命、階級鬥爭理論直接成為殺人的依據，「最高指示」為殺人者壯了膽。其中為農民暴力叫好的革命文化經典〈湖南農民運動考察報告〉起的作用尤其巨大。道縣很多地方殺人動員會經常引用的就是毛澤東的這部革命「經典」，「把這種濫殺無辜的犯罪行徑讚揚為『好得很』的革命行動。從而殺人風迅速蔓延開來。」[51]道縣縣委幹部賀霞多次在一些全縣範圍的會議上鼓動殺人時說：「貧下中農的革命行動好得很。這是民主革命的補課。」要求大家學習毛主席的〈湖南農民運動考察報告〉，正確認識和對待殺人的問題。另一位幹部張明恥在一些全縣性的會議上，對亂殺人問題給予了肯定，要求學習〈湖南農民運動考察報告〉，正確認識和對待殺人問題[52]。

四、重要的是要有「階級敵人」而非誰是「階級敵人」

　　我們說道縣殺人是有組織但無紀律，這個「無紀律」最明顯地

50　《血的神話》，頁106。

51　《血的神話》，頁89。

52　《血的神話》，頁285。另外，依據《劉少奇與晉綏土改》一書介紹，以〈湖南農民運動考察報告〉作為暴力行為的動員令，這是從土地改革時候開始的。

體現在被殺對象和殺人方式選擇的隨意性上。如上所述，納粹意識
形態在界定「敵人」時是有生理和人種「依據」的（不管多麼荒唐），
看起來非常客觀，不取決於形勢需要或殺人者的主觀判斷。而中國
文革時期的所謂階級敵人、反革命分子、壞分子等等概念是可以隨
意扣在別人頭上的帽子，常常沒有事實依據和客觀標準。結果是選
擇殺人對象的隨意性很大，沒有統一標準，經常取決於具體的地點、
領導和執行者的意志乃至一些臨時的因素[53]。其次，納粹大屠殺的
整個過程具有嚴密程式，紀律嚴明，每個環節規定得非常具體和清
楚：統一的集中營，統一服裝，統一洗澡，排隊進入毒氣室，統一
用焚燒爐進行屍體處理，等等；道縣大屠殺則完全不同，沒有嚴格
統一的方法和程式。

　　例如《血的神話》寫到，道縣大屠殺發生後二十年，「處遺工
作組」（「處理『文革』殺人遺留問題工作組」的簡稱）的調查表
明：大屠殺期間道縣破獲的七大所謂「反革命組織」，經查均係冤
假錯案，幾乎無一人在當時有過任何形式的反革命活動[54]。更加荒

53　《古拉格：一部歷史》在比較納粹和蘇聯體制的差別時，指出了納
　　粹的「猶太人」概念清楚而蘇聯的「敵人」概念模糊。除了少數異
　　乎尋常的例外，在納粹德國，沒有什麼猶太人能夠改變自己的身
　　分，沒有哪個集中營裡的猶太人會頭腦清醒地指望倖免一死」。而
　　蘇聯集中營中的勞改犯不見得都要死，有些會因為表現好而被釋
　　放，有些又因為戰爭需要而成為士兵。參見《古拉格：一部歷史》，
　　頁xxv。相比之下，文革時期對「階級敵人」的界定比史達林時期
　　的蘇聯還要隨意。旅美作家鄭念在《上海生死劫》中也觀察到：文
　　革時期是依據毛澤東的指示界定「罪人」「階級敵人」，而毛澤東
　　的指示又是時時在變動的，根據不同時期的需要和特點進行修改，
　　這就使基層幹部無法準確貫徹執行。參見鄭念《上海生死劫》，程
　　乃珊譯（浙江文藝出版社，1988），頁146。

54　《血的神話》，頁50。

唐的是，「反革命」的頭銜經常是為了殺人而後加的：「殺人的理由說起來很簡單，你是『四類分子』那就殺之有理，你不是四類分子，把你打成四類分子或四類分子一夥的，也就可以殺了。」[55]

大家都說自己依據「最高指示」殺人，但儘管如此，「最高指示」並沒有說到底哪些是該殺的「階級敵人」，誰是「階級敵人」也是隨便定的，沒有嚴格標準。比如，不僅地主富農是階級敵人，就是貧下中農、黨員和國家幹部，也可以是階級敵人、反革命分子，也有不少被殺[56]。

「壞分子」的概念比地主、富農、反革命更為模糊。一般劃地主、富農還要有一些財產上的指標，財產少了也不好辦；「歷史反革命」主要是指國民黨政權的骨幹人員，而「現行反革命分子」總得有些反黨反社會主義的言行才能夠定得上。而「壞分子」就包羅萬象了。《血的神話》介紹：道縣壽雁公社壽福大隊的貧農何明德，就是被打成四類分子中的「壞分子」殺死的，因為他偷過生產隊的穀子，還仗著自己是貧農不服從幹部的領導[57]。

具體殺人對象的選擇雖然是隨意的、有偶然性的，但其背後的邏輯卻不是偶然的，而是必然的。阿倫特曾經深刻指出：極權主義的法則就是運動法則，為了讓運動不斷進行下去，必須不斷製造「敵人」。這是極權主義意識形態的「內在邏輯性」所規定的：不是你來充當「敵人」，就是他來充當敵人，敵人可以是張三，也可以是李四，但是對「敵人」的需要是絕對的，敵人是必須要有的。按照

55　《血的神話》，頁36。

56　按照成分劃分，道縣大屠殺4500多名被殺人員中，貧下中農352人，占被殺總數的8%，按照職業分，國家幹部17人，工人34人，黨員還有8人。《血的神話》，頁47。

57　《血的神話》，頁79。

階級鬥爭理論的邏輯：既然現在是階級社會，就必然存在階級鬥爭
（這是不可懷疑的前提），而既然有階級鬥爭，就必須有階級敵人
並清除之，沒有階級敵人也必須製造出階級敵人，否則就陷於自相
矛盾：

> ……根據歷史法則，一定會犯某些罪行，而通曉歷史法則
> 的黨必須懲罰之。為了製造這些罪行，黨需要罪犯；也許有這
> 樣的情況：黨雖然知道罪行，但是卻不十分清楚誰是罪犯；比
> 清楚地知道誰是罪犯更重要的，是必須懲治罪行，因為倘若沒
> 有這些懲罰，歷史就不會進步，甚至還可能在其過程中倒退。
> 所以，你要麼是已經犯了罪，要麼已經響應黨的號召去扮演罪
> 犯的角色——無論是哪種情況，你都在客觀上變成了黨的敵
> 人。如果你不坦白，你就不再通過黨推動歷史前進，就變成了
> 真正的敵人。——這種論證的牽制力量是，如果你拒絕，你就
> 自相矛盾，由於這種自相矛盾，就使你的整個生命變得毫無意
> 義；你說的A，通過它邏輯地產生的B和C，主宰了你的整個生
> 命。[58]

　　有這樣一個例子。道縣富塘公社主任丁天志文革大屠殺期間批
准殺掉了地主兼「歷史反革命分子」熊貫益。後來他替自己辯解說：
「區裡開了（殺人）現場會，要求每個公社都要抓一、兩個典型，
我們公社也不能例外，只好拿熊貫益開刀。這是歷史的錯誤，沒有
理由要求個人來承擔責任。不殺熊貫益，就要殺了馬貫益；我不批

58　Hannah Arendt, *The Origin of Totalitarianism*, Third Edition with New
　　Prefaces: New York: Harcaurt, Brace & World, 1966, 1968, p. 472-473.

准殺，總要有人批准。」[59]還有一位道縣的老幹部一語中的，道出
了所謂「階級鬥爭」秘密：「這個階級鬥爭說好抓，它也難抓，因
為要無中生有。說難抓，它又好抓，因為可以無中生有。」[60]這個
荒唐的邏輯在當時不知道製造了多少無辜的冤魂，它入木三分地道
出了文革極權主義的奧祕。

　　還有一些荒唐的殺人決定完全是臨時做出的，連一個荒唐的理
由也沒有。其中也有幾種類型，列舉如下：

　　一曰將錯就錯。車頭區車頭公社梅花大隊治保主任何賢富，在
殺地主何文成的時候先向他「交待政策」：「想活命不？想活，把
浮財交出來，保你不死。」何文成交了 180元的買命錢。但最後仍
然被殺，為什麼？據何賢富說：「（拿了錢）本來確實想饒他一命，
可有人來參觀，不殺一個不行，沒有別的辦法好想，只好殺了。」[61]
殺和不殺的理由同樣荒唐。

　　二曰湊數字。富塘公社五星大隊8月25日，在大隊部召開大隊幹
部會，經研究決定殺地、富分子胡榮等2人。抓人的時候，卻只抓到
了胡榮，另一個跑了。大隊支書蔣龍祥非常生氣，指示民兵營長帶
領民兵追捕。結果還是沒抓著。蔣龍祥說：「數字已經（向公社）
報上去了，怎麼辦？再補一個上來吧，報到公社的人數不能少。」
經研究決定再殺 2個[62]。

　　三曰奪妻劫色。富塘公社沿河大隊貧協主席何天成去公社請示
公社幹部：已經捆起14個地主富農了，怎麼辦？殺不殺？李元熙說：
「這事情不必要請示公社領導了，現在貧下中農就是最高人民法

59　《血的神話》，頁155，重點號引加。

60　《血的神話》，頁128。

61　《血的神話》，頁130。

62　《血的神話》，頁160。

院，貧下中農討論怎麼處理就怎麼處理。」何天成回來研究決定全部殺了。但牽出去殺的時候，一個貧農老光棍看中了一個地主婆，請示大隊可不可以留下不殺。大隊支部考慮到該老光棍沒個老婆日子過得委實作難，就同意了，同時宣佈：「判了死刑的地主婆同意嫁給貧下中農的，可以免死，但是要立即成親。」[63]

凡此種種表明：殺人如此隨便，把人命當兒戲，真是令人髮指。而這一切無不顯示出文革大屠殺所特有的中國特色。

五、中國式「平庸惡」種種

阿倫特在《耶路撒冷的艾希曼》一書中提出了「平庸惡」的概念。納粹頭目艾希曼並不是不可思議地、特別地邪惡的、罕見的魔鬼，而是一個平庸的人，所謂平庸就是沒有獨立思考的能力，他屠殺猶太人只是「執行上級的命令」，不會運用自己的獨立判斷來反思「上級的命令」，不會問問「上級的命令」對不對，應不應該執行。道縣大屠殺現象很多可以用阿倫特的「平庸惡」理論加以解釋，但同時也有一些中國特色。

可以肯定的是，所有殺人者都具有盲目聽從上級指示、不想也不會獨立思考的「平庸」特點。《血的神話》寫到這樣的細節：1984年處理殺人事件期間，調查組問兩個兇手「為什麼殺人」，其中一個說：「上頭要我殺我就殺，要是現在上頭要我殺你，我也會殺！」搞得調查組的人「目瞪口呆，不知所措。」[64]這是典型的盲目遵從和不思考：殺人者或者機械重複官方的宣傳口號，其實自己也不知

63　《血的神話》，頁168。

64　《血的神話》，頁50。

道到底什麼叫「階級敵人」；或者乾脆是「上頭」讓殺誰就殺誰（這也表明：「階級敵人」的標準完全由「上面」說了算），**執行者從來不思考上面的指令是否正確。**

如果說艾希曼的不思考是現代官僚管理制度的價值中立（下屬不能有自己的價值立場）所導致的現代性弊端，那麼，中國農民的那種「上面怎麼說，下面就怎麼做」只能是屬於傳統文化的弊端，而且還加上了中國農民的實用主義。正如作者譚合成總結的：「上面怎麼說，下面就怎麼做，這是道縣農民的特點，也是中國農民的特點，更何況參與殺人等於出工，可以拿到最高工分，還可以分『浮財』」[65]。為分「浮財」而殺人，正是中國式功利主義的典型。

與不思考相聯繫的是廣大群眾對於生命的麻木達到了驚人程度，這也反映了中國文化的一些深層次問題。本書記載，1967年8月24日，興橋公社殺人的時候，一個名叫楊修鳳的基幹民兵一口氣殺18人，渾身被血染紅，還問：「（殺得）有（夠）不有（夠）了？還有沒有要殺的？」[66]殺人對他而言已經等於殺豬甚至切菜。

對生命的極度麻木不但見之於殺人者，而且也見之於旁觀者，兩者可謂「相得益彰」。本書第一章「浮滿屍體的河流」寫到了如下令人心悸的一幕：「起初，屍體流過縣城道江鎮時，觀者如堵，人們瞠目結舌，駭然驚訝，議論紛紛。見得多了，又覺得不是什麼不可思議的事情，就像突然刮起一陣颶風，摧倒了一棵正在砍伐的樹。儘管謠言四起，說法各異，但這些屍體是什麼人和為什麼而死，卻是一個眾所周知的公開的秘密。人們不再去關心河裡的那些屍體

65　《血的神話》，頁182。
66　《血的神話》，頁181。

了，看見了也會很快地走開去，因為天氣很熱，屍臭非常難聞。」[67]

　　麻木的最典型體現就是中國式的看熱鬧心理。《血的神話》寫到了1967年8月24日上午上關公社的殺人現場會觸目驚心的一幕：

> 噹——噹噹——噹——鑼聲陣陣，時緩時急。通向龍江橋
> 變電站的幾條路上，三五成群或成行成隊的人，從四面八方彙
> 集而來。鑼聲越來越密，有四條舞龍燈一樣的隊伍，從東風、
> 東方、東進、東源四個大隊曲曲折折而來。走在最前面的清一
> 色戴著高帽子，掛著大牌子，邊走邊敲著手中的銅鑼和爛臉盆
> 之類的響器。他們被繩索綁成一串，男女老少都有。押著他們
> 的是一些荷槍實彈的民兵。追在這些隊伍後面的有一幫趕來看
> 熱鬧的婆婆子和帶嫩崽的婆娘。本來不要她們來的，不記工分，
> 她們硬要跟著來。
>
> 　　「蔣娭毑（對老年婦女的尊稱），你老也去開會呀？」
>
> 　　「去哩去哩，好多年不看到這樣威武的場合了，哪麼不去
> 呢？」
>
> 　　「喲，這麼說，你老還見過幾個這號大場合？周領導講了
> 這是史無前例。」
>
> 　　「見過，見過，那時你還小，威是威武，還是沒有這樣威
> 武。」
>
> 　　「那就快點子走，遲了，又要站背後，看不清楚了。」
>
> 　　「是的是的，前次吃了虧，站在後面，連冒看清楚（方言：
> 看不清楚）。喂，何家嫂子，我講得直，前次你屋裡老二沒得
> 寸用，砍了幾刀，才把何光欽的腦殼霸蠻剁下來。」

67　《血的神話》，頁32。

「那又怪不得他，他們給他一把不快的刀。」

「這回把刀磨快點。」

「這一回，不用馬刀了。周領導講了，要用『洋辦法』。」

「啊吧！那還不快點走！」[68]

　　這番景象不能不令人想起魯迅筆下的看客，而且有過之而無不及：因為這裡被殺的不是陌生的同胞，而是村裡的熟人！屠殺場也不是在異國他鄉，而就在自己身邊。

　　非常諷刺的是，這個對生命如此麻木不仁的地方，居然是「一個有兩千年歷史的文明古縣」，「一個歷史悠久、物產豐富、人文薈萃的縣城。」[69]《道州志》及有關資料載：道縣是一個有兩千年歷史的文明古縣，這塊土地孕育了宋代理家宗師周敦頤、清代書法大家何紹基等一大批歷史名人。各朝各代舉子、進士乃至狀元，不待細述。道縣縣委招待所小花園中，尚留「狀元石」一塊，說的就是宋代道州出了一個狀元吳必達的事。此處可謂「人文厚積，俊才輩出。」[70]

　　我們不禁要問：這樣一個傳統文化積澱深厚的歷史名城，為什麼會發生歷史上罕見的大屠殺？是古老的所謂中華傳統文化不能有效防止反人道主義暴行的發生，沒有培育最基本的人性？還是共產

68　《血的神話》，頁143-144。

69　《血的神話》，頁55。

70　《血的神話》，頁55。本書作者曾有這樣的感歎：「我站在大悟橋上，凝視樓田村這個夢一般既遙遠又真實的古老村莊，吟詠著周濂溪《太極圖說》的千古名句：『惟人也，得其秀而最靈。形既生矣，神發知矣，五性感動而善惡分，萬事出矣。』心中感觸良多。」《血的神話》，頁100。

黨領導的革命把傳統文化的一切都徹底蕩滌、摧毀掉了？有一點是
肯定的：即使階級鬥爭學說和無產階級革命等暴力理論是外來的西
方理論，成為文革大屠殺的原因之一，但文革大屠殺也充分說明：
中國傳統文化並沒有發展出一套足以抵禦或削弱暴力革命理論的強
有力且深入人心的價值觀。

六、意識形態與實用主義的相互利用

　　不思考和平庸惡本來就是與生命的麻木互為表裡、相互強化
的：越是缺少對生命的尊重，就越是可能盲目跟風隨便殺人。但是
除了盲目外，道縣殺人還體現出一種非常中國化的特色，這就是殺
人者常常表現出中國特色的精明或「經濟理性」，表明中國特色的
實用主義在殺人中起到了重要作用。在利用「階級鬥爭」「革命」
的口號振振有詞地殺人的表象下，很多殺人行為夾雜了實用主義的
動機：爭權奪利、報私仇、掙工分、分「浮財」、霸佔五類分子妻
女。總之，滿足一己之私欲。在這裡，實際利益成為最重要的殺人
動機，而意識形態口號則不過是藉口和幌子，兩者相互利用。一個
沒有信仰的民族，即使是「革命信仰」其實也是假的，不過是為自
己謀私利提供合法性。依據本書作者調查，道縣四十歲以上的殺人
兇手，其殺人目的一般都非常實用，「除報復殺人、謀財害命、殺
人奪妻這幾種情況外，還真的少見。」[71]

71　《血的神話》，頁76-77。這種現象在全國具有普遍性。比如遇羅
　　文的〈文革時期北京大興縣大屠殺調查〉（http://www.aisixiang.com/
　　data/43114.html）記載：許多殺人動機都出於個人恩怨，或一點兒
　　個人私利。有一戶姓陳的，戶主當過偽軍，論成分他家還是貧農，
　　殺不殺這一家，村幹部很有爭論。一個姓田的人，不由分說用殺豬

實用主義的具體類型有以下幾種：

1. 甩包袱

有地方殺了青壯年的地富分子後，連帶把其老弱病殘的家屬也殺了，為的是免得日後還要照顧他們。蛇壩區的沿河塘大隊先是殺掉了五個青壯年的「四類分子」，後來發現留下老的小的還得生產隊養著，於是乾脆全部殺光[72]。金雞洞大隊在殺了二十多人後，面臨一個與沿河塘大隊同樣的問題：「大老虎」殺光了，「小老虎」（年幼的地富子女）怎麼辦？誰去養他們？大隊決定殺掉十五名未成年的地富子女。如果有人能出錢出米把「小老虎」都領去養了，金雞洞的貧下中農並非一定要殺[73]。

2. 分「浮財」或撈工分

《血的神話》記載：蛇壩公社馬江口大隊有一個名叫黃義儀的下放人員，1962年從地質隊下放回鄉，國家給了1000多元下放費。大隊裡有些人眼紅這筆錢，文革「殺人風」中乘機把他殺了，抄了他的家，沒收了他的「浮財」，每個生產隊分得100多元[74]。

唐家公社唐家大隊有一殺人兇手叫雷康古，一口氣用馬刀砍了36顆人頭，一舉奪得全縣的殺人冠軍[75]。他為什麼會如此積極殺人？

（續）

的通條紮死了這一家人。原因是這個姓田的欠了陳家的錢，把陳家一滅，就不用還錢了。

72 《血的神話》，頁188。
73 《血的神話》，頁204。
74 《血的神話》，頁201。
75 處遺工作組進場後，發現這個情況有浮誇，殺了36個人是雷康古自己吹出來的，經逐一落實，只有18個。頁77。

據說是為了多領「手續費」。道縣殺人是有報酬的，或者記工分或者給「手續費」：一般每殺一人給手續費 2-5元不等。除了記工分、給手續費，還有發實物的，如稻穀 20斤或 30斤等。唐家大隊比較富裕，手續費相對高一點，每殺一人給 5塊錢。據說雷康古這一天就賺了180塊錢。當時唐家大隊的壯勞動力一日的工值是10分工，大約在 5角錢左右。如此算來，雷康古在生產隊出 一年工也賺不到這麼多錢[76]。

3. 公報私仇

　　《血的神話》寫到，道縣大屠殺中，殺貧農（而不是四類分子）的情況往往和報私仇聯繫在一起。

　　1967年8月 29日梅花公社梅花大隊貫徹「營江政法工作會議」（8月27日在營江召開的縣級會議）精神，梅花大隊決定抓緊時間再殺一批，說是「再不殺，以後就沒有這樣的好機會了」。開會研究時，治保主任何國慶、「文革」主任何安桃和大隊幹部吳德學提出要殺文尚易父子。可文尚易是貧農，殺文尚易父子完全是因為吳德學與文尚易有私仇。原來「社教」（即四清）時，文尚易批判了吳德學，吳想報仇一直沒有機會，眼前得了這個千載難逢的好機會，豈能讓它錯過？他勾通大隊幹部何國慶、何安桃等人，決定搞掉文尚易。但又因為擔心文尚易兒子文守福會報復，又決定乾脆一起斬草除根[77]。

　　清塘區久佳公社達一村大隊的唐玉，家庭出身中農，原係小學教師，生性耿直，好管閒事。1957年被打成右派，遣送回鄉務農。

76　《血的神話》，頁77。
77　《血的神話》，頁132。

公安員蔣柏柱在該大隊蹲點的時候亂搞男女關係，別人敢怒不敢言，唯獨唐玉不識好歹，仗著會寫兩個字，幫著受害人寫了一張狀子把蔣柏柱告了。害得蔣挨了一頓批評，仕途也受了影響。文革大屠殺的時候，蔣柏柱召集人在一個晚上把癱在床上（此前批鬥的時候打斷了腿）的唐玉亂棍打死[78]。清塘公社月岩大隊貧農社員曾保保，在「社教」中提過大隊貧協主席陳智才等人的意見。文革「殺人風」中，陳智才等人趁機報復，將曾保保殺害。當時曾保保已經懷孕六個多月，拖著大肚子被拖上殺場。被殺前曾保保苦苦哀求：「我錯了，我改正。求你們不要殺我，我肚子已經有了毛毛（孩子），硬是要殺我，讓我生下毛毛再殺也不遲。」陳智才說：「你想用緩兵之計，我們不得上你這個當！」一馬刀剖開曾保保的肚子，胎兒翻了出來還在蠕動，血肉模糊，慘不忍睹[79]。

譚合成總結：「這種報復殺人現象在道縣文革殺人事件中有一定的普遍性，不敢說每個大隊都有，但每個公社都不止一兩例。僅筆者手頭掌握的就有六十餘例。」

4. 殺人奪妻

還有大量為了奪妻而殺人的例子。唐家大隊被害者中，有一個23歲的地富子弟叫胡祥賢，人老實，不多話，做事賣力。殺人時，生產隊幹部說：「這個就不殺算了。」照理說幹部開了口，應該躲得過這一劫，但其妻長得不錯，勞動力也好，屬於「白天累得，夜裡×得」的那種女人，惹得好些人眼紅。一個名叫熊天苟的貧農老光棍看中了她，堅決要求鎮壓胡祥賢。譚合成寫道：「此類殺人奪

78　《血的神話》，頁107。
79　《血的神話》，頁108。

妻（或奪女）案，在道縣文革大屠殺中，比比皆是，屢見不鮮，僅筆者手頭資料就有四十餘起。」[80]

據處遺工作組的同志說，唐家大隊還不算厲害的。四馬橋洪塘營公社殺人奪妻霸女事件中，僅立案追究的就有十二起。女方沒有提出申訴，根據民不舉官不究的原則，不予立案的遠遠超過這個數字。唐家大隊這起殺夫奪妻案的特色在於，就在熊天苟美滋滋地準備當新郎官時，沒曾想到半路上殺出兩個程咬金，這兩個也都是貧農的光棍跟他鬥起爭，都要娶胡妻做老婆。熊天苟說：「這兩個東西比蔣介石還要壞蠻多，殺地主那刻他們躲在鵝毛山（峨嵋山），怕死不革命，這刻要分勝利果實了，跑下山想偷桃子。」爭執不下，差一點點打起來，熊天苟氣不過，乾脆一刀子把女的也殺了，免得三個人爭起來傷了「階級感情」[81]。

講究實際的處世態度在很大程度上助長了對生命的麻木、冷酷和殘忍，也增加了殺人的隨意性。同時，這也提醒我們：不能過高地估計文革打人、殺人者的「革命覺悟」或「革命理想主義」。很多人其實是借著革命理論、最高指示報私仇，滿足自己的權力欲或其他欲望，利益與欲望極大增強了參與者的主動性。他們對於眼下權力和現實利益的興趣，遠遠超過對於所謂「無產階級革命江山」的興趣，後者在很多情況下只是滿足私欲的藉口。中國的農民大多數是文盲，紙上的革命理論對他們而言如同天書，根本沒有甚麼號召力和動員力量。因此，中國革命的群眾動員從來是和實際利益比如（「打土豪分田地」）聯繫在一起的。文化大革命時期道縣的殺人看來也是如此。千萬不可過分誇大殺人動機中的「革命理想」成

---

80 《血的神話》，頁77。
81 《血的神話》，頁77。

分。

七、另外幾個必須進一步思考的問題

　　總體而言，文革大屠殺研究現在還處在資料搜集整理、還原歷史真相階段，理論上的深入反思才剛剛開始，非常不系統。這是一個太大的問題，本文無力展開，我只就目前想到幾個需要進一步反思的問題以及其可能的展開角度，作簡單的提示。

1. 文革時期的權力結構分析

　　首先應該從政治學、社會學角度對文革時期的特殊權力結構、社會動員結構進行深入分析。文革時期的權力結構是非常奇特的。正常的權力結構、官僚機構、法律秩序等都受到極大衝擊，各級地方政府的黨、政一把手大權旁落，人民武裝部、「三結合領導小組」等非常態機構的權力常常凌駕於黨委、政府和法院之上[82]。中央是毛澤東專權，但是地方權力明顯分散，呈現去中心化特點。去中心化直接導致文革大屠殺的地方差異：有些地方殺人，有些地方不殺[83]，有些殺得多，有些殺得少，有些公開地殺，有些隱祕地殺，有些幹部

---

82 道縣文革殺人的情況頗能說明武裝部長的作用之大。道縣從 1967年8月13日開始殺人，但祥霖鋪區24日才開始殺人。為什麼會出現這種現象呢？原因在武裝部長。據知情人介紹：每個區殺人問題的主要責任人幾乎都是武裝部線上的人。紅岩區殺人殺得最少，就是因為紅岩區武裝部長王先志說：「讓他們先殺，我們看一看再說。」而祥霖鋪區殺人殺得遲，就是因為祥霖鋪區武裝部長陳國保當時在家養病。

83 比如大興縣大辛莊公社西白疃大隊就沒有殺人（當然也接到了上級的指示）。原因是大隊書記和貧協主席不愛搞「階級鬥爭」那一套。

支持殺人，有些幹部反對殺人，等等。這是正常權力結構和社會秩序狀態下不可能發生的情況。

在社會動員方面，既有證據表明中央文革和毛澤東的一些講話、活動鼓勵了暴力和殺人行為，或者導致殺人升級（比如毛澤東8.18接見紅衛兵並說「要武」後，北京殺人現象明顯增加）。但又沒有證據證明毛澤東曾經直接下令殺人，更沒有部署如何殺人。且毛澤東本人不同時期的講話也常常明顯不一致（比如一會兒宣導「軍隊支左」、「文攻武衛」，一會兒又說「要文鬥不要武鬥」）[84]。

另有大量證據表明，被當作聖旨的毛澤東語錄，比如「凡是反動的東西，你不打他就不倒」,「革命不是請客吃飯，不是做文章⋯⋯」等，是很多地方打人殺人的理論依據。但怎麼「打」，打到什麼程度，什麼叫打「倒」，卻各有各的理解。批鬥是「打」，拳打腳踢是「打」，打人致死也是「打」。打倒在地上是「倒」，徹底打死也是「倒」。這就出現前面分析的情況：文革屠殺雖然是帶有組織化色彩的體制行為，但這種屠殺帶有明顯的隨意性、地區差異性，其體制化、官方化的方式、程度，與希特勒、史達林的大屠殺都是非常不同的。對此的深入研究不可能繞過文革時期特殊的權力結構和社會動員方式。我在文中提出了「有組織無紀律」的說法，但這只是一個開頭。

---

84 其他地方的大屠殺也有類似情況。比如大興縣的屠殺開始於1966年8月26日大興縣公安系統傳達公安部長謝富治的講話。但這個講話並沒有明確規定怎麼殺人和殺多少人，也沒有在不同的地方政府得到同樣的執行。有證據表明，北京市委、市政府的有些領導並不支持殺人。9月1日上午開始制止屠殺的就是大興縣縣委書記王振元、副縣長劉英武、傅華忠等人，他們不可能在沒有市領導指示的情況下這麼做。

2. 文革時期的群眾心理

　　從心理學角度看，文革大屠殺研究還必須深入分析大屠殺參與者的心理和人格特徵，它與極權主義體制、極權主義意識形態的關係，與傳統文化、國民性的關係。可以肯定的是，大屠殺現象和人的某些深層心理，人性中的某些平時無法發覺、常處於無意識層面的陰暗面密切相關。本文通過很多例子表明，大屠殺與人的施虐心理相關。但對人性的心理分析必須輔以對極權主義制度和意識形態的分析：什麼樣的制度和意識形態、在什麼樣的情況下會放任乃至鼓勵人性之惡？它們之間的關係到底是如何的？

　　很多事實表明，文革大屠殺中不少人不但是在非強制的、可以不參與的情況下主動參與殺人，而且他們的殺人動機和方法更是邪惡和荒唐到難以置信的程度。比如，有些人大量殺人是因為覺得自己殺少了「虧了」。1967年9月2日，石下渡大隊開會貫徹上級會議精神，說以後不准亂殺人了，實在要殺，要整材料報上級批准以後才能殺。石下渡大隊幹部覺得「吃虧了，落後了」，總共才殺一個，無論如何還要「抓緊時間再殺幾個」。於是決定再殺4個[85]。既然殺人是「頂風作案」，於自己的利益沒有好處，而且有一定的風險，那麼，到底為什麼要殺人？回答只能是享受殺人帶來的快感。

　　正是為了享受折磨和施虐的樂趣，有些人不但殺人不眨眼，而且要殺得有創意，要有刺激性。於是才有了「天女散花」等花樣翻新的殺人方法。鄭家大隊 （1967年）8月26日第三批殺人，殺了一個快要分娩的婦女，先後使用了五道酷刑，一割眼皮，二削鼻子，

85　《血的神話》，頁140。

三割嘴巴，四切奶子（乳房），最後用刀捅腹部，剖出胎兒[86]。

　　無冤無仇，以殺人為樂，實在令人匪夷所思。它迫使我做出這樣的假設：施虐大概是有快感的，一旦失去了文化和制度的規約退化為動物，殺人者會享受到極大的樂趣。《血的神話》寫到：柑子園公社善祥大隊第二批殺人時，把地富子弟范成先（17歲），弟弟范解光（14歲），妹妹范榮雲（15歲）活活下到廢窖裡，然後點燃一捆稻草丟到窖裡慢慢地燻。「滾滾濃煙嗆得范家三兄妹在窖裡鬼哭狼嚎，窖上的殺人兇手興奮得手舞足蹈。等到窖裡聽不到動靜，估計燻得差不多了，又搬來幾塊大石頭，一陣猛砸，這才揚長而去。」[87]

　　其實，以打人和折磨人為樂的現象，在文革中是普遍存在的。《血的神話》的作者寫到：「筆者有幸親歷過文化大革命，記得當時在學校裡，每當有機會觸及牛鬼蛇神肉體的時候，廣大革命師生無不歡欣鼓舞，躍躍欲試。開始的時候，這種痛毆『階級敵人』的行為多少還有一層嚴肅的面紗，被看成是一種階級義憤和革命行動，到後來幾乎成了單調枯燥生活的一種調味劑，有些調皮搗蛋的同學把它戲稱為打便宜人。」[88] 筆者也在以前的文章中多次注意到這個現象[89]。

　　這就讓我想起哈佛大學著名的文革研究專家麥克法夸爾的一個觀點：文革最大限度地釋放了人性的惡。他舉英國小說家威廉姆・戈登（中文一般譯為威廉・戈爾丁）的《蠅王》為例指出，如果沒有父母和社會的約束，任何地方的年輕人都可能行為殘暴。然而，

86　《血的神話》，頁86-87。

87　《血的神話》，頁272。

88　《血的神話》，頁92。

89　參見拙文，〈探索文革參與者的心理世界〉，《中國圖書評論》，2015年第9期。

「文革開始時，中國的年輕人不但擺脫了管束，他們受到來自最高層的慫恿鼓勵。所以那些並非在中國的共產主義制度及其暴力文化中長大的人大概很難確定在紅衛兵橫衝直撞的狂暴日子裡，他們可能如何行事。」[90]這個解釋從人性和文化、特別是官方主流文化的關係入手，注意到了文革的特殊性：本來，文化是使人區別於野獸的東西，它的作用就是遏制人性之惡。而文革的暴力文化，還有那時的以反體制為特點的體制，不但沒有遏制這種人性中的獸性，而且還縱容了這種獸性。

看到這些令人髮指的暴行的描寫，我感到深深的恐懼：我們對人性之幽暗面的認識看來遠遠不夠：這大概也是中國傳統儒家文化的一個弱點：它對人性善的估計過於樂觀了，所謂「人之初，性本善」，所謂「人人可以為堯舜」。當然，我們不能用抽象的人性惡來解釋文革暴行。法治、文明、道德的約束徹底喪失之後，人才會變成野獸。人性之謎，人性和制度的關係之謎，需要我們通過深入的研究加以揭開。

除了施害者外，旁觀者、受害者的很多行為也值得進行深入的心理分析。比如本文提到的旁觀者的看熱鬧心理以及對死亡的麻木。在受害者方面，特別值得注意的是他們的懦弱、沉默和順從。絕大多數被殺者面對的那麼明顯的暴力屠殺行為，卻選擇了羔羊一般的順從而不是反抗。比如，道縣大屠殺期間被殺的數千人中幾乎無一人在當時有過任何形式的反革命活動，但面對劊子手幾乎無一人有過反抗，甚至很少有人敢於辯白，問一聲「我到底犯了什麼法」[91]。

---

90 參見麥克法夸爾為王友琴的《文革受難者》（香港開放雜誌出版社，
    2004年5月版）寫的〈序〉，見該書頁7。

91 《血的神話》，頁50。

這是文革大屠殺中一個普遍存在、但又未得到深入分析乃至完全沒有被關注的現象。

對於此類現象，第一種可能的解釋是：那些被殺的「四類分子」、「五類分子」、「階級敵人」，同樣接受了階級鬥爭的意識形態，同樣認為自己不是人，而是罪該萬死、死有餘辜的「不齒於人類的臭狗屎」。換言之，他們和殺人者具有同樣的思想觀念。但這種解釋恐怕過高地估計了意識形態的洗腦效果。很多資料可以證明：不管是施害者還是受害者，其實都並不怎麼理解所謂階級鬥爭理論，更不要說馬克思主義學說了。第二種解釋是：他們受到幾千年專制文化的影響，加上解放後的歷次運動，見慣了階級鬥爭的殘酷場景，早就培養了他們的奴性，剝奪了他們的主體性，成為順民逆來順受慣了。這個說法似乎更有說服力，但是需要以大量資料為基礎進一步論證。

3. 法學難題：文革施害者的個人責任和集體責任

湖南道縣、北京大興以及其他地方的文革大屠殺，都面臨的一個同樣的或類似的問題，那就是歸責的困難[92]。一個非常普遍的現象是：文革結束後，對文革大屠殺參與者的懲罰都是比較輕的，或者乾脆就沒有追責。比如大興縣大辛莊公社大屠殺的組織者有所謂「九人小組」，其主謀高福興、胡德福文革結束後被關幾年就放了，而九人小組裡的其他人不但沒受處分，還繼續當幹部[93]。

92　新時期某些小說作品也涉及到這個問題，比如金河的〈重逢〉。關於這篇小說的評論，請參見拙文〈文革歸罪困境的原因在哪裡？〉《中國圖書評論》，2014年第2期。

93　參見遇羅文，〈文革時期北京大興縣大屠殺調查〉http://www.aisixiang. com/data/43114.html

量刑與執法的這種模糊性並不能簡單歸結為辦案者的無能或瀆
職，它其實反映了文革打人或殺人現象的複雜性：一方面，打人或
殺人有「上面」的慫恿和鼓動，有意識形態、「最高指示」的撐腰，
個人似乎沒有責任或責任很小；但另一方面，無論是「上面」還是
「最高指示」，都沒有或極少明確下達打人、更不要說殺人的指令
（也有人以此為由拒絕殺人）。因此，在殺不殺、殺多少、怎麼殺
的問題上，個人並非完全無可選擇，因而也就並非沒有責任。

阿倫特《耶路撒冷的艾希曼》、〈獨裁統治下的個人責任〉等
著作涉及了類似的問題。艾希曼是個惡名昭彰的納粹罪犯，被稱為
「死刑執行者」[94]。但在審判中，他堅持認為他的一切行為都只是
「執行命令」。艾希曼既然只是在體制安排下按照上級指令殺人，
那麼只要這種制度不改，將誰放到那個位置上都會執行殺人的命令
（這就是所謂「齒輪理論」：制度就像機器，而個人不過是齒輪）。
艾希曼所犯的罪，並非個人的罪，而是制度之罪、「主義」之罪。

有些為文革時期的施害者所做的辯護，或者是施害者的自我辯
護，常常也是基於與艾希曼相同的理由。這些人也和艾希曼一樣，
不認為自己有罪或有太大的罪，主要理由也是：我只是執行「上面
的指示」而已。比如道縣祥霖鋪區著名的殺人魔王、副區長苑禮甫，
在三天內突擊殺500多人，文革後被判13年。苑禮甫對採訪他的譚合
成說：「我當時所講的話，都不過是把他們（指縣裡的領導）講的
重複一遍而已。再說當時，我請示這個，請示那個，沒一個人說殺
不得人，沒一個人出面制止。都說要支援貧下中農的革命行動，四
類分子可以殺一、兩個……我一個區武裝部長怎麼負得起那麼大的

---

94 很多猶太人對其恨之入骨，在耶路撒冷審判之時，為防刺殺，他的
前面裝著防彈玻璃，也就是阿倫特所稱的「玻璃盒子」。

責任呢？」；「文化大革命中，我被打了，又關了，現在又說我是
故意殺人罪，又要坐牢……我認為道縣殺人的事，我有責任，但絕
對不是主要責任。」[95]

　　這裡的一個關鍵問題是：在一個全民瘋狂的年代，當統治者、
制度以及整個社會環境、大眾輿論都在作惡或鼓勵作惡時，一個具
體的跟風者、打人乃至殺人者，是否也有罪？這個具體的個人能否
躲在「集體罪行」、「體制罪行」的背後不受懲罰？或者通過「歷
史潮流」、「大勢所趨」等藉口為自己開脫？

　　阿倫特在〈獨裁統治下的個人責任〉一文中指出：所謂「集體
犯罪」（「所有人都有罪」）等於說沒有一個人有罪。從刑事犯罪
角度說，受到法庭審判的不是體制、不是所謂的「歷史潮流」、「德
國民族」或某種「主義」，而是一個個具體的、有名有姓的人。**有
罪或無辜只有應用到個體身上才有意義**。阿倫特認為，那種以「集
體犯罪」來為具體的犯罪者開脫，「那種對集體責任的自發承認，
當然是對那些確實犯了罪的人的一次粉飾」，「哪裡所有人都有罪，
哪裡就沒有人有罪。你只要將德國人置換成基督徒或者整個人類，
就會看到這個概念的荒謬性。因為這樣一來，甚至連德國人也不再
是有罪的了：除了集體罪責這個概念，我們根本不可能指名道姓地
指出哪個人是有罪的。」[96]這個觀點對於那些為具體的文革殺人者
的辯護也是合適的：如果以文革的罪是全民族乃至全人類的罪來為
個人開脫，那麼，所有針對具體犯罪者的審判都是不可能的。

　　當年的耶路撒冷法庭出色地完成了對艾希曼的審判，就因為它

95　《血的神話》，頁317。

96　Hannah Arendt: "Personal Responsibility Under Dictatorship," Arendt:
　　Responsibility and Judgment, Copyright ©2003, The Literary Trust of
　　Hannah Arendt and Jerome Kohn, p. 21.

讓所有人明白：在一椿巨大的歷史性集體罪行中，個人並非沒有責任。在法庭上，「受到審判的不是系統、潮流或原罪，而是像你我一樣有血有肉的人們。」97「法官告訴大家，在法庭受審的不是體系、歷史或歷史潮流，不是各種主義，例如反猶主義，而是一個人。如果被告恰好是一個職員，他被控告就正是因為職員仍然是一個人」98。

當然，這裡的前提是：被追責的個體必須有起碼的選擇可能性。也就是說，當我們對某個打了或打死了自己老師的學生進行譴責和歸罪時，前提必須是他／她有最低程度的選擇可能性（比如他可以不打或可以不往死裡打）。那麼，在文革大屠殺中，到底有多少人是屬於完全沒有選擇權而「選擇」了被迫服從？他在多大程度上可以做另外的選擇？顯然，文革時期的殺人者，至少是他們中的大多數，並不是完全沒有選擇。比如剛才提到的苑禮甫。他在三天內突擊殺五百多人，這個數字絕不是「上級」對他下的死命令，而是他自己的「借題發揮」。我們還可以通過對比，來說明當時的基層幹部其實是有很大選擇餘地的99。

第一個例子——仙子腳區是道縣殺人最少的區，一個原因是地處偏僻，另一個原因是：（1967年）8月24日，該區「抓促小組」負責人、區公安特派員蔣正田「翻遍了所有的馬列和毛主席的書，沒有查到一處寫著可以隨便殺人」。因此對殺人很消極。後來營江「前指」兩次打來電話督促殺人，蔣正田都沒有往下貫徹。他還因此被

97　上引書，p. 22.
98　上引書，p. 25.
99　有一個發生在德國的例子可以參照。柏林牆倒之後，德國法庭審判開槍殺死越境者的軍人，這些東德的邊防軍人稱自己是在「執行任務」。法官反問他們，難道你就不能將槍口抬高一寸嗎？

繳了槍[100]。

　　第二個例子——在一次公社幹部會議上，壽雁區牛路口公社黨委書記唐仁漢聽到公社武裝部長提議殺四類分子，立即站出來明確表態：「剛才劉部長的講法是錯誤的，要作廢。」由於他極力反對，其他公社幹部也不好意思再講殺人的事，使得這一次部署殺人未能實現。該公社23個大隊中有兩個大隊的大隊幹部與唐仁義有相同的看法，因此這兩個大隊沒有殺人[101]。

　　第三個例子——原道縣農業局局長秦庭良，當時作為「走資派」下放到久佳公社建設大隊搞「雙搶」。殺人風開始後，這個大隊的支部書記和民兵營長兩次召開會議，討論殺人問題，而且已經確定了名單準備第二天動手。秦庭良得消息以後，冒著「站在階級敵人一邊」的危險，跑去找這兩名基層幹部進言：「殺人的事無論如何幹不得，自古道，殺人者死，傷人者刑。毛主席教導我們，人頭不是韭菜，隨便割不得。現在這些情況，遲早有一天要追究的。他們要殺，叫他們自己來殺，我們萬萬亂來不得！」支書和民兵營長一聽，覺得講得有理，就改變主意，把人放了。結果這個大隊在文革殺人事件中沒有殺人[102]。

　　可見，不殺人同樣也有充足理由（從傳統文化到馬列毛著作）。這更證明文革殺人現象的混亂、無紀律的嚴重性，以及個人、包括基層幹部的選擇餘地之大。如果沒有這些敢於抗上（而且抗了以後也沒有什麼）的幹部，可能就會有更多的冤死鬼。問題是他們為什麼會抵制殺人？他們的文化水準、他們接受的教育，應該和別的幹

100　《血的神話》，頁325。
101　《血的神話》，頁343。
102　《血的神話》，頁344。

部沒有兩樣。比較可能的理由是：別的幹部其實也並不認為四類分子五類分子非殺不可，但為了私人的目的（比如入黨、提幹等），而故意積極表現。在這個意義上說，**他們與其說是被脅迫，不如說是被誘惑。**

　　諸如此類的複雜情況表明：在分析文革殺人原因，特別是其中體制性因素和個人因素的比重大小時，應該兼顧各個方面，而不要得出片面的結論。

　　陶東風，首都師範大學教授。主要從事文學理論、當代文藝思潮與文化研究。主要著作有《新時期文學三十年》（2008）、《文學理論與公共言說》（2012）、《頹敗‧幻滅‧救贖——轉型時代的文學與政治》（2014）、《文化研究與政治批評的重建》（2014）等20餘部。

思想訪談

唐小兵先生（右）訪問錢理群教授（左）

20世紀中國知識分子的歷史與命運：
與錢理群對話

唐小兵

　　2016年8月23日上午，趁著到北京大學歷史系參加「轉折年代：從新文化到國民革命」學術會議的機會，我約了清華大學中文系博士生石岸書（湖南同鄉學弟，汪暉教授的弟子），專程去昌平南紹鎮泰康之家燕園拜訪北京大學中文系退休教授錢理群先生。時隔去年9月18日的拜訪，相差近一年。其實自己之前跟錢老師並不熟悉，只是2003年秋剛到華東師範大學歷史系讀研時，偶然得知剛從北京大學退休的錢理群教授應章培恒教授（2011年去世）的邀請到復旦大學中國古代文學研究中心做系列講座，主題是關於魯迅、周作人、沈從文與北京、上海的關係等。因之前在內地一所師範學院的同事曾鋒兄與錢老師是忘年之交，多次向我推薦錢老師的學問與人格，並曾將錢老師寫給他的信件給我閱讀，從「不學無術」的新聞系畢業的我對錢老師多少有了一點了解，知道他是研究魯迅、周作人等知識分子的傑出學者，是1980年代以來在中國知識界和公共領域有著廣泛影響的知識人，因此多方收集了其《心靈的探尋》、《與魯迅相遇》、《周作人論》、《1948：天地玄黃》等代表性著作來閱讀。我基本上旁聽了錢先生在復旦的這些講演，受益良多。感慨之餘，還在華東師範大學校報副刊「夏雨島」上撰寫了隨筆〈與錢理群相遇〉，表達我對錢老師人格與學問的感受與敬意。後蒙錢老師

不棄，將拙文收錄在其著作《錢理群講學錄》裡作為附錄之一。

因為有這些前因，所以去年因自己要著手開始一項左翼文化在上海的興盛、傳播及其影響的研究，就決定去昌平拜訪錢老師聆聽他的建議。錢老師很爽快地答應了我的要求，在他家盡興地聊了四個多小時，基本上都是圍繞左翼知識分子與中國革命展開的。可惜自己當時未曾錄音，更沒有意識到錢老師此時正在寫作中國知識分子精神史的壓軸之作《歲月滄桑》。後來錢老師託岸書將此書的電子版轉贈我閱讀和學習，今年年中又讀到電子版的刪節版《歲月滄桑》，振奮閱讀之餘，總覺得應該跟錢老師圍繞此書好好聊聊。關於中國知識分子在1950年代以後的歷史命運與個人取捨的著作，這些年也出現了一些佳作，但從知識分子精神史這個內在的視角展開研究，並且具有強烈的學術個性的書，也許只有錢理群老師《歲月滄桑》這一本。這又是一次兩代人之間圍繞中國知識分子話題的頭腦風暴，作為一個青年學者，我很慶幸自己能夠置身於錢理群先生所開闢的人文學術脈絡之中汲取靈感與養分，尤其是可以近距離地受其人格魅力與探索真理精神之感化。幾個小時的談話中，錢老師反覆提及在當今中國這個複雜的學術生態之中，作為一個有所為有所不為的知識人，應該既有「智慧」，又有「韌性」，更應該堅持「憑著興趣做學問，憑著良知做人」的底線。這些看上去似乎卑之無甚高論的大白話，卻是這個嚴峻而肅穆的時代裡的荒漠甘泉。林毓生與王元化兩位前輩在晚年交流中常常提及「這個世界不再令人著迷」，但即便這個世界朝著崩壞、粗俗與專橫的方向一路狂奔，我們仍舊要守護著知識人代代相傳的這些精神上的庭院與薪火，就如鐘叔河先生所言：我的杯子很小，我用我自己的杯子喝水。讀書人，或許就應該如此清雅自持寧靜致遠吧。

唐小兵（以下簡稱「唐」）：錢老師，讀您研究中國知識分子在建國前後的歷史與命運的新書《歲月滄桑》感慨萬千，因此趁著這次到北京參加學術會議的機會特地來跟您交流。讀過您的書，感覺您在書中反覆重申一個「經典性的主題」，那就是在1950年代以後，像沈從文、梁漱溟、王瑤、趙樹理，甚至包括廢名、胡風等知識人，無論是偏自由主義還是傾向左翼的，或者是像儒家的這些知識分子，都在尋找一個跟新的政權、新中國和共產黨的契合點，對沈從文等人來說，尋找契合點就成為生死攸關的大問題。您在書裡提到，廢名好像是從民族主義和國家認同的角度來尋找契合點。中國文化強調求同存異，它更多地尋求一個共同點，但是回頭來看「存異」似乎更為重要，那個異的存在，就是新的國家、新的社會很難容忍的一種態度、氣質或者思維習慣。按照您的論述，對當時的中國知識分子來說這其實是一個自覺的追求。但回頭看梁漱溟、沈從文等人的遭遇，甚至包括左翼的王瑤、胡風等人的遭遇，會發現很多知識分子想跟新中國、新社會契合都契合不攏，歸根結底這個原因在哪裡？胡風1949年寫給他夫人梅志的一封信裡說：「我們多麼可憐，獻出心去還要看人家要不要！」這句話特別觸動我。因為以前我對胡風不算特別了解，但是你可以看到這些左翼知識分子的命運，就是說他們確實是很真誠地很努力地在接受、接納、順應這樣一個新的時期、新的社會以及新的政治狀況。即使他們這樣地努力，但是好像最後他們還是難以避免悲劇性的歷史命運。

錢理群（以下簡稱「錢」）：我覺得這些中國知識分子之所以如此選擇，有一個很簡單的原因：他們這些人都是愛國主義者，追求國家的獨立、統一和富強，這是當時所有知識分子的一個共識，甚至到今天，知識分子都是這樣一個基本立場。他們期待共產黨領導的新政權，能夠實現這樣的理想。這裡顯然有一個前提，就是他

們整體地確實對國民黨政權完全失望了，不管是哪一派的，都失望了。當時大部分知識分子都留在了大陸。真正到海外去的，極少極少。到海外的知識分子大都是幾乎沒有什麼退路的，比如梁實秋知道共產黨會怎樣對待他，他留下來的命運是很清楚的。另外像陳寅恪，當時國共兩黨都在北京爭取大知識分子，陳寅恪選擇了南下，也就是接受國民黨的爭取，後來南下到了廣州，他還是不走，不管怎麼說，他不想離開鄉土。這些知識分子對國民黨整體地失望，對共產黨統治的嚴酷他們中有些人還是有心理準備的。像沈從文就很有預見地指出，「思的時代已經結束，以後是信與從的時代。」在這樣的時代知識分子就很難有獨立的思考與思想。也就是說，他對新政權是有一個基本的判斷的，而且今天來看，是很有遠見的。但即使有這樣一個判斷，他還是留下來了，這是在國、共兩黨間必須作出選擇而要付出的代價。而且沈從文還心存一種期望，就是他可以在自己與新政權之間，尋找到一個契合點，他也果然找到了，這就是我在書中所分析的，「新愛國主義」，「新人民觀」與「新唯物論」。沈從文很難想像，共產黨要領導國家搞建設，經濟建設之外，還有文化建設，怎麼能夠離開知識分子？這也是他自己對國家的責任：「這樣一個新中國，不能沒有我！」沈從文這樣的態度是很有代表性的，是一種「尋找契合點，努力適應型」。就連一直持反共立場的周作人，也從黨在建國初期制定的《婚姻法》裡找到了他的婦女觀與新政權可以相容之處。

還有一些相對天真的知識分子，還希望用自己的政治理想來影響新政權。在抗戰勝利後的1940年代，在知識界，尤其是北方知識界有一個關於「中國向何處去」的大討論。大家都認為，中國正處在一個歷史的轉捩點，「舊中國」的時代結束了，應該建設一個「新中國」。但是究竟如何「建國」，應該建設怎樣一個「新中國」，

「新時代」的路應該怎麼走，很多知識分子都有自己的想法，提出了不同的預期與想像。現在，共產黨來領導「新中國」，一些天真的知識分子就很想用自己的建國理想，甚至建國方案，來影響毛澤東和中共的決策。於是就有了「廢名上書」。

　　唐：在讀您的文章之前，廢名給我的印象就是很散淡的、很超脫的，我從沒有想到他有這麼強烈的政治意識乃至政治藍圖，以前讀他的那些散文，感覺他就是很超然世外的那種知識人。

　　錢：這正是那一代中國知識分子的特點。以前的歷史書寫對這個群體的描述多少有些誤解。應該看到，民國以來的中國知識分子中，真正超然、避世的是極少的。關心天下大事，積極參與國家政治，本來就是中國儒家知識分子和士大夫的一個傳統。近、現、當代中國知識分子是繼承了這樣的傳統的，而且似乎有更大的自覺性。對剛剛誕生的「新中國」，許多知識分子都有自己的理解、想像與期待。廢名就認為儒家時代來了，希望「以儒建國」，並實行無為之治。以梁漱溟為代表的鄉村建設派的學者，也因為原來從農村入手改造中國的設計和主張跟共產黨很接近，就期待在共產黨領導下全面實現自己鄉村建設和文化建設的理想，認為這是一個可以施展自己抱負的大時代。胡風本來就以左翼知識分子自命的，也就理所當然的認定自己是黨組織的依靠對象。胡風認為周揚根本就不能代表黨，堅定不移地相信，中國共產黨將按照他的理念和理想來進行新中國文化建設。他一直就是這樣認為的，意志很堅定，從來沒有動搖過。這些不同類型的知識分子都肯定中國革命，也肯定共產黨領導新中國的成績：實現了國家的統一、獨立以及經濟上一定程度上的發展，這其實也是我們今天回顧和總結這段建國初期歷史時要肯定中國革命的一個緣由。從這一點上來講，知識分子對新政權的認同是有它的歷史的合理性的。但是問題就在於他們有一個最

基本的失誤，這跟整個體制存在的問題有關。

唐：您書中多處提及知識分子當時陷溺在一種精神的迷誤之中，這種迷誤跟新政權對他們的態度有什麼關係？

錢：我們先來看有一個有意思的現象：真正的右翼，跟國民黨關係較深的馮友蘭，朱光潛等，反而成了統戰對象，而非主要打擊對象。道理很簡單：這些右派知識分子構不成對黨的領導的威脅。

唐：右派知識分子在當時歷史情境中對青年人、對社會沒有什麼影響。

錢：所以像馮友蘭和朱光潛，作了一個檢討，表態服從新政權就過關了，他們是首批作檢討的大知識分子，不檢討服軟也不行。有意思的是，新中國的知識分子思想改造是從鄉村建設派開刀的：建國後第一個大批判運動，批《武訓傳》的背後是批判陶行知。接著盧作孚、晏陽初和梁漱溟等都成了重點打擊對象，盧作孚因此自殺，晏陽初也長期回不了國。原因就是他們在教育界、工商界、思想文化界影響都太大，在鄉村建設、文化建設、經濟建設方面有自己的一套，有和黨爭奪領導權的資本，會挑戰毛澤東的絕對的權威性。在毛澤東、共產黨看來，這些人對黨的不受監督、制約的絕對統治可能構成威脅，成為新中國的心腹大患，所以首先要向他們開刀，清除他們在群眾中的影響。接著開刀的是胡風，也是因為胡風自認為是馬克思主義的左派，在青年中有影響，所謂「反胡風」其實就是一個爭奪對青年的領導權的問題。當時還有一個理論：「革命的小資產階級知識分子比資產階級知識分子更加危險」，後者在當時要求進步的青年中早就搞臭了，沒有資本和黨爭奪青年，他們自身態度也很卑謙，就可以「寬大為懷」；而胡風這樣的左翼知識分子自以為有功於革命而咄咄逼人，就絕不允許，非打倒在地，實行無產階級專政不可。

　　當然，這裡還有一個更深層次的原因：毛澤東從根本上就不信任知識分子。毛澤東早期寫於1925年的一篇文章〈中國社會各階級的分析〉的原稿裡，就有這樣的判斷：所有受過高等教育的知識分子，都是「極端的反革命派」或「半反革命派」。建國後編選《毛澤東選集》時，把這段話刪去了，但視知識分子為敵的思想一直沒有變。其實早在〈在延安文藝座談會的講話〉裡，毛澤東就提出「小資產階級知識分子」要用自己的面貌「改造黨，改造世界」，依了他們，就有「亡黨亡國的危險」，那就已經認為知識分子是黨和國家的禍根了。在建國以後，特別是在1957年反右運動以後，毛澤東更是提出「兩個剝削階級」的理論，把知識分子和資產階級一起列為社會主義革命的對象了。

　　唐：所以您在這一項知識分子精神史研究裡討論胡風（〈從開端到結局〉一文，未被收錄到《歲月滄桑》一書），還有其他知識分子時，提及他們當時的心靈史的一個核心特徵就是「被需要，被信任」是多麼的艱難，尋求與新政治的契合點，尋求黨組織的政治信任感，簡直成了注定結局的等待戈多式的無望，因為革命的一整套意識形態內在地規定了它對知識分子在骨子裡面就是不信任的，但是要利用。

　　錢：毛澤東在1958年還說過這樣的話：「對於資產階級大教授們的學問，應以狗屁視之，等於烏有，鄙視、藐視、蔑視，等於對英美西方世界的力量和學問應當鄙視蔑視藐視一樣」，這就把毛澤東長期鬱結於心的，對憑藉知識優勢向他挑戰的知識分子的怨恨之情，一瀉為快，但也把毛澤東對知識分子最基本的看法和盤托出了。但他也有一個矛盾：要進行國家現代化建設，又確實離不開知識分子，這就有了「利用、限制和改造」知識分子的政策，同時又強調要「培養無產階級新型知識分子」，以便最終以自己培養、因而絕

對忠實於自己的知識分子取代現有的知識分子（毛澤東始終覺得他們「心懷二心」），這樣的讓毛澤東放心的知識分子大概就是姚文元、張春橋這批人吧。當然，這批人也有他們的邏輯，不能對他們作過於簡單化的分析和判斷。

其實我這本書裡面，主要貫穿兩個核心主題，一個是知識分子的改造，另一個是知識分子的堅守。它構成了1949年以後大陸知識分子的兩個基本面向。若放入一個全世界的視野來看，知識分子的改造，是獨一無二的。同樣是極權統治，毛澤東與史達林最大不同之處，就在於史達林對不馴服的知識分子採取的是簡單的懲罰，把你關起來，流放，不許亂說亂動就是了，毛澤東連你怎麼想也要管，要改造你的思想。而且還真有效，大陸知識分子的改造，總體上具有強制性，但也有自覺、半自覺的成分，是真正的「中國特色」。

唐：這不是完全被動的一個過程，它也有迎合、順應，尋求契合點的面向。

錢：除了剛才談到的主觀原因，當時還有一個大的氣氛：共產黨成功地創建了新中國，彷彿就證明其歷史的正確性與真理性，也就是說，實踐成功了就掌握了獨佔性和排他性的真理，這就是所謂「實踐是檢驗真理的唯一標準」，其實這一說法是不科學的，這背後是一種「成者為王、敗者為寇」的思維邏輯。

唐：中國革命成功了，國家獨立、統一了，這就證明了中國共產黨的偉大光榮正確；而且由此決定了，中國共產黨以後做的事情都是對的，永遠「偉大光榮正確」，這就變成了一種強勢邏輯。

錢：今天來看，這當然很荒唐。但在當時歷史的情勢下，卻產生了知識分子的內疚感。

唐：對，這個問題我也特別想請教錢老師。回頭看1950年代的知識分子，無論是左翼也好，自由主義也好，鄉村建設派也好，都

有一種愧疚感甚至負罪感，因為他們覺得自己分享了革命的果實，卻沒有拿過槍，上過戰場，也沒流過血。當時製造了這樣一種集體氛圍，讓每個人都覺得自己是有原罪的，一方面地主家庭或者小資產階級家庭出身可能決定了這種原罪，另一方面就是自己沒有參與革命的過程，甚至對革命有過懷疑甚至抵觸，這也是有原罪的。但知識分子生活在新中國，基本上都有自己的工作單位，從政府那裡拿工資。無功不受祿的傳統心理進一步強化了知識分子的負罪感，在心理上每個人就好像被降格了，也就是被降服了。我覺得這個分析是特別到位的，是心態史的分析，覆巢之下，安有完卵？風骨也好，氣節也好，都泯然無存，中國站起來了，知識分子卻站不起來，在人格上立不住。

　　錢：對，正是這樣。中國革命的勝利，新中國的成立，彷彿證明了此前一些知識分子對中國革命與中國共產黨的保留、反對，全都錯了。不但錯了，自己還生活在新中國新社會，享受著革命勝利的成果；而許多革命者卻犧牲了，看不到勝利的這一天。這樣的對比也很容易刺激出一種內疚感，甚至負罪感。

　　唐：甚至包括像金岳霖，一些做邏輯哲學做得特別好的人，建國後也是「覺今是而昨非」，用梁啟超的話來說就是「以今日之我戰昨日之我」，把自己過去的著述乃至人生全都否定，這是一種特別突出的知識分子現象。中國傳統社會士大夫群體是特別有擔當的，所謂在朝美政，在野美俗，達則兼濟天下，窮則獨善其身，是有著價值意識和文化自覺的精英群體。這個群體經過晚清和民國的巨變，到了中共的革命政治當中，就基本上被打碎了風骨，揉成了泥團，成為了被侮辱和被損害的對象。我以前研究過1930年代上海的左翼文人，左翼文人在上海的《申報》、《現代》、《申報月刊》等報刊發表了大量文章討論文人無行，文人無文，文人無用等話題。

由此可見從那個時代起，知識分子就對自身這個階層充滿了一種污名化和妖魔化，彌漫著自我鄙視和自我貶低的話語，這種反智潮流跟後來的延安整風就高度疊合，整個中國知識分子的心靈最後就變成這樣一種狀態了。知識分子與自我的關係，其實也就是涉及到「我者」與「他者」的關係，在中國革命中，作為對照物的「他者」主要是指人民群眾。您在書裡反覆談到了一個問題，就是知識分子與群眾的關係。就比如說沈從文的新人民觀，認為「共產黨領導的中國革命是一個『讓老百姓翻身』的歷史變革；共產黨及其領袖『代表的是萬萬勞苦人民共同的願望、共同的心聲』」。像趙樹理的小說，總是說他要寫關於真正的農民的生活，要真正代表農民的利益來說話。在這種主流價值敘述中，民眾、人民、農民這些大詞被無限美化和崇高化、神聖化，這就像對所有的知識分子施了一個魔咒一樣，每個人都屈服在這個大詞前面，個體極其卑微，政黨極為偉大，向人民學習就變成了強烈的民粹主義。

　　錢：這可能就涉及中國的一個傳統，總體來說，個人主義很弱。傳統知識分子也就是士大夫，被兩個東西給罩住了，一個就是所謂的「道」或者說「道統」，另外一個就是對帝王的依附性，這可能是整個知識分子的文化傳統。個體性的、獨立的知識分子傳統比較微弱，知識分子安身立命總是要從更抽象的「天命、天理」或者人格化的「皇帝」，也包括你所說的「人民」那裡尋找。當然，這也是中國知識分子很大的一個優勢，體現為強烈的社會責任感和國家意識、人民意識。但這個知識分子傳統是一把雙刃劍，另一面就是很容易放棄自己個人的獨立，實際上是把更高的價值給丟掉了，知識分子本身應該具有的一些東西，包括個人的獨立和對真理的追求都被丟掉了。這都成了知識分子接受改造的依據和理由。

　　我在書中解剖了幾個知識分子改造的典型個案。一個是詩人邵

燕祥，討論的是究竟是什麼樣的「革命邏輯」說服了追求進步與革命的知識分子自覺地接受思想改造；在邵燕祥（以及包括我自己在內的許多知識分子）身上明顯表現出理想主義和浪漫主義、英雄主義的精神氣質。我非常細緻地分析了這種氣質，怎樣導致了對「革命」的浪漫主義、民粹主義的理解與想像，而這樣的革命理想主義又怎樣導致了根本性的精神迷誤，最後屈從於打著革命理想主義旗號的革命專制主義，陷入了「本想進入這一房間，卻進入了另一個房間」的歷史悲劇。另一篇被抽掉了的文章，是對著名的物理學家束星北的檔案分析，討論的是1949年以後中國大陸所構建的制度化、技術化、精密化的改造知識分子的體制，怎樣把知識分子逼上改造之路。這裡有一系列的政治、經濟、社會、文化的制度規定與政策，對拒絕接受改造的知識分子進行懲罰與控制，我做了八個方面的分析：「株連家庭：從人性最軟弱處入手」；「不給飯吃：針對人的基本生存欲望」；「不讓做事情：利用知識分子兩大『弱點』：事業心和使命感」；「嚴密監控：用恐懼震懾人心」；「嚴格隔離：把人置於絕對孤立與孤獨狀態中」；「勞動改造：對知識分子自信與價值的徹底消解」；「反省陷阱：人的自我貶抑、否定」；最後是「黨的救贖神話：人絕望時靈魂的召喚者」。這裡不僅有「邏輯的迷宮」，更有「語言的迷宮」：邏輯思維與言語，本是知識分子的兩大基本存在方式，現在都被利用作引導知識分子接受改造的利器，既是逼迫，又是誘惑，知識分子非得就範不可。可以看出，這樣的改造體制，對人性和知識分子的弱點以及優點的利用都到了無所不用其極的地步。這大概就是中國知識分子改造「成功」的祕密所在吧。這是十分可怕的。

　　唐：您在《我的精神自傳》裡面談到，知識分子與民眾的關係，其實也是現代中國的啟蒙問題。現代意義上的知識分子主要脫胎於

五四新文化運動，是要開啟民智傳播新知甚至改造國民性的啟蒙知
識分子；到了新的革命政治裡面，啟蒙者的社會角色完全被顛倒過
來了，變成了被啟蒙者和被教育者。教育知識分子的除了黨，還有
此前在文化和社會經濟地位上都處於底層的工農大眾。我記得您在
《我的精神自傳》裡也對啟蒙這套理念本身進行了反思，就是啟蒙
本身的排他性、一元性的霸權性質。您在《歲月滄桑》裡精闢地指
出，其實毛所反對的一是五四的啟蒙傳統，二是左翼傳統，這兩個
傳統都是有批判性的，都被打倒了，所以最後造成了一個完全服從
型的知識分子群體。我就在想，那些堅守基本價值理念和人文立場
的知識人究竟是依靠什麼思想資源在堅守。您在書中始終圍繞知識
分子的改造和堅守這兩個軸心展開，改造是自上而下的黨對他們的
改造；堅守是知識分子的主體性的體現。回頭來看，像沈從文這樣
的知識人雖然經歷巨大的精神危機，而終究維繫其人生乃至精神於
不墜，顯然跟他對人生、歷史與文化的深度理解有關，也就是您反
覆強調的是一種既有韌性又有智慧的人格，因此其《古代服飾研究》
也絕非橫空出世，而是有很深的文化與心理淵源的。

　　錢：沈從文當時不單單是從事古代服飾研究，他還是從一個較
為基本的文化理念出發的，他對中國傳統文化，特別是民間傳統，
有著很深的認同。當然，在那樣一個天地玄黃的大時代，真正能堅
守下來的知識分子還是極少的。

　　唐：對。我之前讀沈從文在文革十年的家書，感觸很深，發現
即使是在文革期間，從文先生的家書裡面，也幾乎看不到任何套話
空話，我覺得這一點是很難能可貴的。很多人在語言上已經被毒害
了，即使似乎在堅守某種價值立場，但是他們的語言方式都已經進
入那個模式了。沈從文當時寫的家書，都是很平常、清新和日常的
語言，而且他在裡面對毛澤東時代一些中文系培養作家的速成班，

比如以趙樹理的寫作為典範等，也很不以為然。這說明沈從文其實還是有堅守的，只不過是他在公共場合沒有說話的空間罷了。

錢：你剛剛談到的這種堅守其實是極其重要的，就是堅持自己的語言，堅持自己的話語方式是很難的。

唐：我覺得這也是一種抵抗方式，用自己個人化和個性化的語言來表達自我，來表達對這個時代和世界的理解，但很多人都把自己的語言放棄了。

錢：但是它是有代價的，這是沈從文後來退出文壇的一個原因。因為在臺上就必須要使用一種新的語言，沈從文選擇了退出來，以寫家書這種不公開的方式表達其思考，避免面向公共的寫作，如此來保留自己一個獨立的天地。所以他看起來就在退卻，不參與，不說話，保持沉默，這其實也是知識分子的一種智慧。簡單一句話；我不跟你玩，我自己玩，保持我的獨立思考和不以發表為目的的言說，我稱之為「為自己和未來寫作」。

唐：但是當時那個時代，以至於今天，很多人是想貼上去的，都想得君行道做帝王師，你不貼，可能就要付出一些代價。

錢：所以說真正堅守的也只有那麼幾個人。沈從文是有所不為，有所為，不能寫小說，就做古代服飾研究。比較突出的應該是顧准，另一個是梁漱溟。梁漱溟始終堅守他自己的那套對中國文化與社會的系統化理解。他沒有什麼大變，是一以貫之的。他贊同毛，和毛有共同的地方，但也是把毛澤東梁漱溟化了，把毛澤東思想納入到他自己的話語體系裡。這和同時期的許多知識分子都是努力地放棄自己的獨立思想，以迎合毛澤東思想相比，是一種反向的運動，是非常了不起，特別少有的。梁漱溟在那個時代沒有做什麼太違心的事情，他即使檢討自己，也是發自內心，保持了一個相對完整的自我。

　　唐：毛的那套話語具有超強的吸附和同化能力，梁漱溟能把毛的語言化到他的體系裡去，是很罕見的，這就說明他的思維和心靈特別的強大。當然，更重要的是，他不畏懼毛話語背後的權力。

　　錢：還有一位堅守者，就是趙樹理。我認為建國以後，對農民問題進行獨立思考的，除了毛，就是他一個人。而且，他對於農民的思考是不同於梁漱溟的，作為一個共產黨人，他對社會主義農村怎麼搞有自己的一套看法。他說：「我是農民的聖人，知識分子的傻瓜」，這可以解除我們過去對趙樹理的誤解，一是忽略了他的現代知識分子的基本立場與身分，一是簡單地把他看作是「農民的代表」。趙樹理是既「在」農民中，又「不在」其中，有高於農民的思想與追求。作為共產黨人，他是有社會主義理想的，但他想的社會主義農村跟毛澤東想的又是不一樣的，而且始終堅守不變。他提出社會主義新農村的三大標準，一是生產要發展；二要使農民獲得實際利益；三要建立「法律的倫理化」的農村新秩序，既要「有法可依」，還要符合中國傳統倫理，要「有情有義」。這一點跟梁漱溟有相同之處。他還提出了一個「直接生產者」的概念，認為在農村應該依靠的是「直接生產者」，而不是脫離勞動的「痞子」。他最為擔心的，是實現農村現代化的過程之中，將逐漸消滅體力勞動和體力勞動者。他憂慮年輕人接受現代教育，都離開農村，一去不復返，最後就沒有體力勞動者了。而在他看來，體力勞動是人之存在的根本。人的生命的理想狀態，還是既要堅持腦力勞動，也要從事體力勞動。可見趙樹理對中國農村問題，以至於現代化建設，是有自己的獨立思考與見解，留下了一些寶貴的思想資源。而且他始終固執地堅守己見，無論在1959年反右傾運動和文化大革命中，受到怎樣的批判，他都沒有任何動搖。

　　唐：讀錢老師的書，讓我想起馬克・里拉的《當知識分子遇到

政治》一書裡所討論的西方知識界在近代過程中，也出現了一些傑出的知識分子比如海德格爾、施密特等人為極權政治背書的例子，可見知識分子與政治的關係是一個帶有普遍性的問題。您反覆用前述那個精神迷誤來分析中國知識分子在政治中的處境與心靈，與此同時從您的敘述可見，一些知識分子有著單純或者狂熱的政治理想，就是他希望能夠影響國家政治的走向。在您看來，知識分子與政治的關係究竟應該保持一種怎樣的狀態，才是比較合理和正常的？一方面我們強調要有責任感，要參與社會和國家建設，要勇敢地發聲；但是另外一方面，知識分子可能並不具備相應的專業知識和實踐經驗，甚至像馬克斯·韋伯所講的，缺乏一種責任倫理或者對政治的實際進程充分的了解這樣一種政治能力和心智成熟，似乎意識與能力之間並不相匹配。但是中國的文化又有一種強勁的以天下為己任的傳統，到了現代社會知識專業化和工作職業化以後，其實跟傳統社會不一樣了，知識分子與實際政治是越來越疏離了。傳統中國的知識分子，在鄉土社會做一些事情，對社會、政治和人性或多或少還是有一點了解，現在從學校到學校的知識分子很難說對政治的過程有多少深入了解。士大夫傳統成為一種要求知識人殺身成仁的道德律令，一萬年太久，只爭朝夕，要去改造國家，改造社會，但在現有政治框架裡面，理想主義的知識分子彷彿在面對一個無物之陣無從措手，甚至到了最後不但沒有改變這個國家的面貌，反而導致自己的命運都很有悲劇性。所以從這個角度出發，是不是可以引伸出，其實知識分子還是應該與政治保持一定的距離，不要那麼強烈地介入現實政治；但是不介入政治，好像他又沒辦法很好地對政治事務發一些真知灼見的東西。這就好像陷入兩難困境的悖論之中。

　　錢：可以肯定地說，實際生活是脫離不了政治的。知識分子參

與政治有不同方式，一種方式就是直接參與，或者是參與國家的具
體政治實踐，或者是參與社會運動，包括抗議運動、維權運動等。
一個是體制外的政治，一個是體制內的政治，都是直接參與。還有
一種就是「議政而不參政」。實際政治除了你所說的有自己的專業
性之外，也還有自己的行為邏輯、方式。我常說參與實際政治（無
論是體制內，還是體制外）必須有在污水裡打滾，而又出污泥而不
染，保持自我的獨立和清潔的能力，這個很難，特別有潔癖的知識
分子就會知難而退。

　　在我的研究範圍內，我覺得在處理與政治的關係問題上，現代
中國知識分子有兩種類型和典範。就是胡適與魯迅。胡適終其一生
對政治都有強烈的參與意識。有時是議政而不參政，有時就直接參
與。但每次到最後關節，他就止住了。特別是在1940年代末，社會
各方面力量希望他競選副總統，蔣介石要他組閣，他也動了心，最
後還是放棄，止步了。胡適提供了一個參政還保持獨立的典範。跟
他走的一批人也是，像葉公超就是入了閣又退出了，在進退之間把
握了分寸。當然，胡適能保持獨立性，是他有一個條件，就是蔣介
石能接納他和包容他。魯迅選擇的是做「精神界的戰士」，不直接
參與實際政治運動，堅守在思想、文化、精神領域進行「社會批評」
和「文明批評」，做批判的知識分子，面向公眾和知識界發言，從
而產生思想的影響，也包括政治影響。他偶爾也會參與一些抗議和
簽名活動，但這不是主要的。這樣的精神界戰士是獨立於體制之外
的，但也有一個如何處理與體制外的反抗政治和組織的關係問題。
在魯迅的時代，就是和中國共產黨及其領導、影響下的左翼思想文
化文學界的關係。魯迅顯然和他們存在合作，甚至是相當緊密的合
作，但也依然保持了自己的相對獨立性，這或許是更加難得的。魯
迅和胡適就這樣為我們提供了兩個典範：無論直接參與體制內政

治，還是參與體制外的政治，在有合作，有妥協的同時，都努力保持相對獨立性，保有自由進退的自由。

當然，也還有間接的政治參與，既關心政治，又自覺與政治保持距離，主要在非政治的領域，比如說教育、思想、文化、學術領域，進行紮紮實實的專業實踐，包括改革試驗，只對專業問題發言，而不對當下政治直接發表意見，既不參政，也不議政，著眼於在專業領域發出獨立的聲音，產生影響。這正是對權力的政治干預、強制和控制的抵制和反抗，本身也是一種政治參與。其作用是積極的。這其實是大多數知識分子切實可行的選擇。

唐：其實就是轉向社會，由原來的眼光向上轉為眼光向下，轉向跟社會結合，做一些有實際意義的社會工作，有點像明儒的「覺民行道」，做下層民眾的啟蒙運動。

錢：知識分子還有一種道路就是走思想啟蒙的道路，比如康德式的啟蒙，理論和實踐看起來是保持距離的，實際上是對那個時代提出一些新的理論和新的價值觀念。按說這應該是知識分子的本職，就是要建立一個有解釋力和批判力的理論體系。要和現實保持一定的距離，但是要關注現實，了解現實。這也是知識分子的本分，我認為這是要比前面的幾種類型知識分子更重要的。

唐：但是很少有知識分子願意潛下心來做這種思想理論的基本建設工作。澄清這個時代的意識形態迷霧，包括語言上的、思維上乃至心靈深處的，是一件急迫而需要長久努力的工作，卻很少有人願意耐得住寂寞、守得住底線去從事這種工作。這或許也是很多知識分子推崇王小波的寫作的重要性的緣由吧，因為王小波讓我們從一種僵化、空洞卻鏗鏘的語言中解放出來了，所以這樣一種新的話語體系和思維方式的確立是很重要的。

錢：我們還可以把討論再深入一步：在當下中國的政治環境下，

知識分子的學術選擇。前面已經說到的，既有現實的批判性，又有超越性的研究，這是一種相對理想的研究選擇，在實際生活裡，做到這一點，很難也很少。我們更關注的是另外兩類學術選擇，也是知識分子道路的選擇。

一些人（現在看來，似乎有越來越多的人）走一條政府導向的類似智庫研究的為政治服務的學術。這在現當代中國是自有傳統的。原則上我不是反對服務型的智庫研究，問題是能不能保持自身的獨立。這類研究門檻很容易進，保持獨立就很難了。這樣的智庫型研究的盛行是有一個更大背景的，即執政黨知識分子政策的改變。前面談到毛澤東時代推行的是「利用，限制，改造」的知識分子政策，總體而言，是一個拒斥的態度。但從鄧小平時代開始，隨著中國走向現代化道路，對知識分子政策就有了一個大的改變，即由拒斥變為收編。表面上看，知識分子突然成了「香餑餑」，一切道路都向知識分子敞開：要錢有錢，要地位有地位，甚至要權有權，但有一個前提，就是聽話，配合，自覺地為鞏固黨的執政地位和利益服務。這裡討論的依附型的智庫研究就是這樣的「收編」的產物與表現。與收編政策相配合的，是對拒絕收編、不聽話、不配合的知識分子的打壓，其殘酷程度比毛澤東時代有過之而無不及，對獨立知識分子的仇恨是一點也沒有變的。而且這樣的收編與打壓的兩手，是相當有效的，許多知識分子事實上已經成為魯迅當年所警示的「官的幫忙與幫閒」。不僅如此，魯迅的另外兩個預警，也成了現實，許多知識分子同時扮演著「商的幫忙與幫閒」、「大眾的幫忙與幫閒」的角色。如果說，毛澤東時代知識分子的厄運，主要是被「強迫改造」；那麼。在後毛澤東時代，這樣的厄運，就表現為「政治的收編與商業上的收買」。

還有一種「純學術」的研究，完全出於學術對象本身的魅力而

產生的學術興趣，是出於自身生命發展的需要，沒有太大的社會關懷（但並非沒有是非觀念），也不想用自己的學術影響社會，是為學術而學術。這樣的純學術研究，本來是體現了學術研究的本性的，在正常社會裡，通常都是學術研究的主流。但在當代中國，卻有著特別的政治背景、意義與作用。這就是面對執政黨推行的收編與打壓的兩手政策，知識分子要拒絕收編，又要避免被打壓，還要追求自我生命的意義與價值，就只有「為學術而學術」，與政治保持距離：既不迎合，也不對抗。這既是一種自我保護，同時也是堅守：守住做人治學的底線，堅守學術的獨立與自由，這樣的研究和學者應該受到尊重。事實上，在當下的中國，最具有現實可能性，並自有價值的，就是這類學院派的研究。我一直跟我的學生說，憑興趣做學問，憑良知做人，這大概是一種最可行的選擇。但真要做到，也不容易。

　　唐：是的，憑興趣做學問，憑良知做人。前段時間爭議很大的錢鍾書、楊絳夫婦在毛澤東時代的處境與選擇，其實也涉及到所謂「消極自由」或者說「守住底線」的問題。

　　錢：錢鍾書是一種類型，能保持自己的獨立性，所謂潔身自好，但又不摻和到醬缸裡面去，對現實政治甚至社會相對的不關心，比較疏遠，甚至自覺疏遠。我認為錢鍾書其實是看得最透的人。我一直在想一個問題，為什麼文革後的新時期，錢鍾書學術沒有大進展，只是整理原來的知識積累而已。我的導師王瑤也大致如此。就智商而言，他們兩位絕對是最高的，為什麼在大家都認為可以大有作為的所謂新時期，他們偏偏沒有大作為，究竟是什麼原因導致如此呢？

　　唐：我們學校中文系的錢谷融老先生恐怕也是這種絕頂聰明卻成果較少的類型。

　　錢：簡單一句話：他們早已看透一切了。就我熟悉的王瑤先生

而言，他就看透在中國現行體制下，人文科學不可能有大發展。所以他更重視年輕時候的古典文學研究，對後來從事的現代文學研究並不看好，因為前者距離現實政治要遠一點，而後者是逃脫不了現實政治的干擾的。他看透在嚴密的思想、政治控制下，不可能有真正獨立的人文科學研究，寫作的動力就不足了。在我看來，錢鍾書也是如此，太聰明，太清醒，看得太透，就不想寫了。

唐：我這裡可以提供一些佐證，吳學昭整理的《聽楊絳談往事》裡面講了個細節，就是內戰後期，清華錢鍾書那個圈子的教授已經開始閱讀和討論奧威爾的小說《一九八四》、《動物農場》，那個時候離新中國建立還有一段時間，他們似乎就有一種驚人的預感，那個細節當時讀得真是讓我觸目驚心。

錢：他們是最懂得中國政治，深知在中國現行體制下政治對學術的支配性作用的。看透了，又不能反抗，只有退而自保了。

唐：有些知識分子因此認為像錢鍾書、楊絳夫婦這樣的知識分子，其實就是聰明地保持沉默的「犬儒知識分子」，面對不義之惡，缺乏挺身而出的道德勇氣。

錢：我對這種隔岸觀火和居高臨下的苛論是極其反感的。這裡有兩個方面的問題。一是對中國體制下的知識分子處境的艱難與險惡，缺乏設身處地的理解與同情。完全不懂得在毛澤東時代和後毛澤東時代，知識分子能夠像錢鍾書、王瑤這樣堅守住做人的良知與治學的底線，已經很不容易了。二是用高調道德對知識分子指手畫腳，這也是一種高調政治的表現，我的反感主要在此。在我看來，道德要求與評價是應該區分高線與底線的。在極權體制下，能夠挺身而出，確實令人尊敬，但並不是所有人都能做到的；大多數人恐怕只能守住底線。有時候底線也守不住，出現了精神迷誤，做錯了事情。在這種情況下，當然首先要分清是非，當事人應該認真總結

教訓。但在分清是非之後，也應該寬容，要有一個對人性弱點的理解，對知識分子弱點的理解。不能夠要求大家都當永遠正確、永遠真理在握的「聖人」，那是做不到的，而且不合情理，並且有道德專制的意味，而道德專制恰恰是極權政治、極權體制的最本質的特點之一。我們應該與之劃清界線。

唐：中國文化傳統裡有很強勁的道德嚴格主義，這種道德性的要求跟革命的政治結合了起來。我去年在臺灣《思想》雜誌發表了〈重訪中國革命：以德性為視角〉討論到惲代英、毛澤東等中共早期人物的道德嚴格主義。中國的修身傳統，最後變成批評與自我批評之後，變成了道德恐怖主義和道德專制主義。您在《歲月滄桑》裡講到一個道德標準性的東西，一方面道德賦予知識分子很強的神聖感、崇高感的體驗，但另一方面道德也可能彌漫出很強的道德專制、道德恐怖，道德壓迫的意味。

錢：強調知識分子的改造的另一面，就是提出「培養社會主義新人」的目標。「新人」的標準是什麼呢？於是，就有了一系列的道德高標，如「無限忠於……」，「毫不利己，專門利人」，「一不怕苦，二不怕死」等等。這就一下子佔據了道德高地，顯得特別神聖，純潔，崇高，這是你說的遵循「道德嚴格主義」的知識分子所樂於追求的，對充滿英雄主義、浪漫主義的年輕人也是很有吸引力的。但這樣的道德高調，其實就是鼓吹為了「無限忠於革命，集體，黨」的目的，而無條件放棄個人利益、欲望、權利（「毫不利己」），犧牲自己的生命（「不怕死」），實際上是挑戰人性，鼓勵奴性，但卻被視為不容質疑的「聖人道德」，並且有極大的強制性，這就變成了道德專政。

唐：錢老師，我這次來拜訪您，另外特別想聽您談談對20世紀中國的左翼文化運動的看法。您寫胡風的長文〈從開端到結局〉（未

能收錄進《歲月滄桑》），我讀了是最有感觸的，因為我現在正在做有關1920-30年代左翼文化與中國革命的研究。您在書中談到了一個核心問題：左翼知識分子一方面是五四之子，受到五四運動啟蒙觀念的影響，但這種啟蒙思想和價值觀念又是伴隨著帝國主義的堅船利炮一起闖入的，是從一個遙遠的異邦移植過來的；但另一方面，左翼的知識分子也有追求民族現代化甚至追求民主自身獨特性的自覺追求。所以，這中間是有糾結、有矛盾的。毛澤東的道路設計和話語體系就是要解決這個問題的，既是追求現代的，同時又是反西方的，所以左翼知識分子很容易被這樣一套觀念，和這套戰鬥性的、排他性的、一元而獨斷的語言體系所吸附。這種語言和思維方式最後容易走向一種封閉和自我迴圈的境地。就中國知識分子的左翼傳統而言，您覺得哪些成分還可以繼承，哪些地方您覺得我們應該更深刻地反思。據您的研究，民國的左翼知識分子既是反權力的，又是反資本的，但是好像這個左翼的傳統後來就很微弱了。

　　錢：我和你談談自己的思想經歷和經驗吧。我們這一代人基本上都是左翼革命傳統培養出來的，從小就受這個教育。我們總的來說，是自覺繼承五四運動傳統的，因此我把自己常稱之為「五四之子」。五四運動之後知識分子發生了分化，形成了以胡適為代表的自由主義傳統和以魯迅為代表的左翼傳統，以及共產黨領導下的左翼革命傳統。在很長時間裡，我們都把它們看作是同一個左翼傳統，而且是自覺繼承左翼傳統的。應該說，以胡適為代表的自由主義傳統對我們那一代是沒有什麼影響的。在建國以後，無論是五四傳統，還是左翼傳統，事實上都是被否定的。我在關於胡風的文章裡，談到毛澤東的〈在延安文藝座談會上的講話〉就是要用毛澤東思想來取代、改造兩大傳統，或者說，要將它們納入到毛澤東的思想體系中。這也深刻地影響了我們這一代對五四、左翼兩大傳統的理解與

繼承。我們實際上把這種繼承變成對毛澤東極左思想與路線的自覺追隨，到文革時期就發展到了極端。因此，我們在文革結束後，要「走出毛澤東」，一個重要方面，就是要對極端化的左翼傳統進行反思，以擺脫其消極影響。我們也是在這樣的思想背景下，發現了胡適所代表的自由主義傳統。它也確實為我觀察與認識中國問題提供了全新的思路，起到了思想解放的作用。因此，在1980年代，比較少談左翼的歷史遺產，在思想言論上不同程度地表現出某種自由主義色彩，在我看來，是正常的，是思想發展過程中必經的階段，並不是有些研究者所說的「幼稚」和「失誤」。而當時我們也沒有全盤否定左翼傳統。在參與撰寫的《現代文學三十年》裡，我寫到1930年代左翼文學時，還是持基本的肯定態度，同時又對左翼文學存在的問題與歷史教訓作了認真的總結。到了1990年代以後，當中國社會面對兩極分化這樣的問題以後，就是現代化的另一面問題開始突顯的時候，我又開始了對左翼傳統的重新認識和重新發掘。

唐：也就是說，當中國社會發生巨變之後，讓您重新找回左翼傳統裡面比較珍貴的歷史遺產來感受和表達，甚至對左翼歷史資源進行了某種創造性的轉化。那麼，您覺得左翼傳統裡包含了哪些珍貴的成分？

錢：我對左翼傳統的重新認識與開掘，是從對魯迅晚年思想的新的體認開始的。這裡還有一個背景，就是1990年代知識界新左派與自由主義者的論爭，我在論爭中沒有發言，因為我對兩派觀點都有可以認同之處，又都不滿意，不願意簡單地站在哪一邊。為了尋找自己的立足點，就注意到魯迅寫於1927年的〈關於知識階級〉一文，魯迅提出了一個「真正的知識階級」的概念，並指明其三大特徵：一是「永遠不滿足現狀」，具有徹底的批判性；二是永遠「站在平民一邊」；三是永遠處於社會的邊緣位置，因而永遠是孤獨的。

我突然醒悟：這其實就是真正的左翼知識分子的基本特點與傳統。以後我又概括為徹底的批判性，對社會平等的不懈追求，對底層的關懷這幾點，跟自由主義的精英意識是大不一樣的。我在這本《歲月滄桑》的〈後記〉裡，把應該堅守的知識分子精神概括為三點：「始終如一地探索真理；獨立思考；對既定觀念與體制提出質疑」，也都是從魯迅的「真的知識階級」的定義出發的。其實，我們中國真正嚴格的自由主義知識分子是很少的，他們也會有左翼的一些特點。我也是在這樣的思考基礎上，在本世紀又提出了「魯迅左翼」的概念，以和黨領導的「革命左翼」區別開來。

唐：這個區分很重要，我這次參加北京大學歷史系舉辦的「轉折年代：從新文化運動到國民革命」提交的論文也援引了您在《歲月滄桑》裡所做的「黨領導下的左翼」與「魯迅為核心的左翼」的區分，這兩個左翼是不一樣的，前一個強調命令和服從的關係，是內含著等級制的。

錢：後一個是獨立於政黨的，我很明確說過自己是自覺繼承「魯迅左翼」傳統的。這也可以說是經歷了文革結束後的不斷反思，直到今天才找到的自我定位。我最看重的是其中的批判性品格；而真正的批判性除了對社會的反思、質疑、批判之外，還應包括自我批判。我甚至認為，衡量是否真正的左翼，有一個標準，就是是否質疑與批判自己。那些自以為真理在手，打倒一切異己者的「左派」，都是「拉虎皮，做大旗」的「假左派」，我們必須與之劃清界線。

唐：這種自我批判又不能走向革命政黨所要求的「自我詆毀，自我污名化」。

錢：那不叫自我批判。最後要說的，也是許多年輕人喜歡問我的：你的信仰是什麼？我的回答通常是：我依然堅持我年輕時的信仰：反對和消滅一切人壓迫人、人奴役人現象和制度。

　　唐：這種社會理想和價值觀念，是超越民族和超越國家的。

　　錢：我還要補充一句話：我今天的信仰和年輕時代存在一個巨大的差別：年輕時我受革命教育的影響，堅信「消滅一切人壓迫人，人奴役人的現象」的烏托邦理想，在此岸世界就可以完全實現。也就是「地上就可以建立天堂」。以後經歷了無數的血的教訓，包括大躍進、文革這樣的歷史悲劇，以及我們每天都必須面對的種種無情的現實，才認識到「消滅一切人壓迫人、人奴役人」的烏托邦理想的彼岸性，它只存在於彼岸世界，而此岸世界，壓迫與奴役永遠存在，而且會不斷再生產，反壓迫、反奴役的鬥爭也就永遠不能止歇。作為「不再存在壓迫與奴役」的彼岸的理想世界，雖永遠不能到達，卻是可以逐漸趨近的；更重要的是，有了這樣的彼岸理想、終極關懷，就會照亮此岸的黑暗，成為在此岸現實世界裡，永遠反壓迫、反奴役的不懈鬥爭的一個原動力。我現在就是這樣，我對現實生活中一切壓迫人、奴役人的現象都極度敏感，對自己也可能因為具有某種權威地位而自覺不自覺地壓迫他人，保持高度的警惕。如果說，徹底的批判性是左翼知識分子基本特質；那麼，這樣的「消滅一切人壓迫人、人奴役人的現象和制度」的彼岸信仰，就是其基本動因，這也可以說是左翼傳統的世界觀基礎吧。

　　（感謝我的研究生閻文革整理訪談錄音初稿，文本已經錢理群先生修訂。）

　　唐小兵，上海華東師範大學歷史學系教師，研究領域在現代中國傳播媒介與知識群體之關聯，著有《現代中國的公共輿論》等。

韋伯
大國崛起的思想挑戰

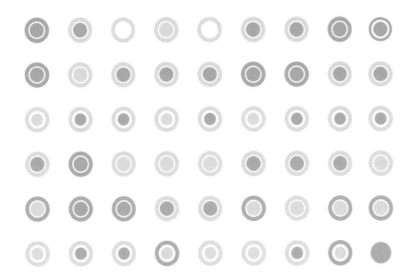

前言

　　德國學者沃爾夫岡·蒙森的名著《馬克斯·韋伯與德國政治，1890-1920》最近譯成中文，在中國大陸出版。蒙森此書所呈現的韋伯是一位犀利、深刻、複雜的政治思想家：既追求德國的民族利益與強權大國地位，又力倡自由主義與民主體制；一方面反對威權統治，可是又寄希望於選舉產生的強人領袖。這兩類價值之間的緊張、衝突，正好也尖銳地反映著當前中國「大國崛起」形勢所帶來的思想挑戰。這是一項具有重大意義的議題，借著蒙森該書出版的時機，我們邀集兩篇文章重訪韋伯，相信有助於釐清問題的所在，開啟進一步的思考。

──編者

個人自由與大國崛起：
從馬克斯‧韋伯的政治光譜談起

周 濂

　　德國自由主義者在19世紀到20世紀上半葉的歷史可以說是一部失敗史，他們在每一個重大歷史時刻出場，又在每一個重大時刻遭受重創：1848年革命功敗垂成，1870年代向俾斯麥繳械投降，魏瑪共和國時期一度短暫輝煌，但始終受困於社會民主黨和容克地主階級的雙重壓制，最終被納粹以合法手段戲劇性地奪取政權。可是歷史從不同情失敗者，歷史甚至常常將自己的失敗歸咎於失敗者。恰如沃爾夫岡‧蒙森在〈19世紀的德國自由主義〉一文中所指出的：「德國自由主義的歷史總是被視為所謂的德國獨特道路（German Sonderweg）的面向之一，這條道路最終脫離了通往現代性以及在西歐其他地方成功建立的自由主義政府。在這個路徑上，自由主義的失敗對於德國社會的影響被視為是關鍵因素。」[1]

　　作為德國自由主義的傳統中人，資產階級的馬克思，19世紀末20世紀初最偉大的德國心靈，馬克斯‧韋伯在德國的現代性歧路上究竟扮演了什麼樣的角色，發揮了什麼樣的作用，這個問題意義重

1　Wolfgang J. Mommsen, "German liberalism in the nineteenth century," in *The Cambridge History of Nineteenth-Century Political Thought*, Edited by Gareth Stedman Jones, Gregory Claeys, p. 409 .

大。1959年之前，學界的基本共識是韋伯雖然有很強烈的民族主義
傾向，但歸根結底還是一位自由主義者，1959年之後，沃爾夫岡‧
蒙森出版《馬克斯‧韋伯與德國政治》，一舉改變了這一局面，在
這本里程碑式的著作中，蒙森通過大量扎實的新材料和嚴謹的論證
告訴世人，韋伯的民族主義和帝國主義立場不僅勝過了自由主義，
而且與納粹德國的興起存在隱祕的思想關聯。五年之後，哈貝馬斯
與雷蒙‧阿隆在德國社會學會舉辦的韋伯誕辰一百周年紀念會上接
力蒙森，先後發難。哈貝馬斯重點強調了韋伯思想的危險性，尤其
是其中的決斷論因素：「如果我們在此時此地對韋伯做出評價，我
們就不能忽視卡爾‧施米特是韋伯的『嫡傳弟子』這個事實。」[2]雷
蒙‧阿隆則在論文〈馬克斯‧韋伯與強權政治〉中指出韋伯並非「美
國意義上的自由主義者」，也不是「嚴格意義上的法國人、英國人
或者美國人理解中的民主主義。」究其根本，韋伯把「民族的榮耀
和國家的權力」放在至高無上的位置[3]。當然，並非所有學者都接受
上述論點，大衛‧畢瑟姆就認為不可對韋伯的政治思想做簡單化的
處理：「韋伯民族主義主張的特性較之蒙森所言要微妙得多；而另
一方面，韋伯的辯護者沒有弄清楚韋伯信奉的是哪種類型的自由主
義，而且他們也忽視了這種自由主義與他主張的其他價值之間存在
的張力。」[4]

2　轉引自Matthew G. Specter，*Habermas: An Intellectual Biography*，
　　Cambridge University Press, 2011, p. 17.哈貝馬斯用legitimate pupil來
　　形容施米特與韋伯的關係，但日後他承認更為合適的說法也許是
　　natural son（私生子）。
3　大衛‧畢瑟姆，《馬克斯‧韋伯與現代政治學理論》，頁2，徐鴻
　　賓，徐京輝，康立偉譯（吉林出版集團有限責任公司，2015）。
4　畢瑟姆，《馬克斯‧韋伯與現代政治學理論》，頁3。

在即將出版的《馬克斯‧韋伯與德國政治》中譯本序言中，臺灣中研院的錢永祥先生呼應了畢瑟姆和理查‧貝拉米的立場，認為韋伯的問題意識在於：「身在德國自由主義傳統中，如何回應德國的崛起大勢？德國的崛起有沒有可能與自由主義的價值並存？」[5] 錢永祥指出：「自由主義仍然是韋伯思想的核心價值，只是由於他對晚期資本主義社會的悲觀論斷切斷了退路，迫使他必須從強權國家與精英主義的『現實』角度思考個人與制度的自由可能，筆者相信應是比較持平也比較積極的詮釋。」[6]

韋伯到底是自由主義者還是民族主義者？如果是自由主義者，是何種意義上的自由主義者？如果是民族主義者，又是哪種意義上的民族主義者？他因為什麼理由以及在何種程度上放棄了自由主義價值理想？他投身民族主義的洪流、寄望卡理斯瑪型政治領袖與其獨特的自由主義理解到底有何關聯？蒙森的譯著和錢永祥的序言給我們提供了重新思考這些問題的良機，在大國崛起和文明復興的今天，我相信它們不只是學院問題或者字詞之爭，而是自由主義者應該如何自處的生存論問題，以及自由主義價值能否回應民族主義衝擊和抵禦卡理斯瑪型政治領袖的根本問題。

誠如錢永祥所言：「韋伯並非在真空中衡量民族主義和自由主義的輕重短長」[7]，為避免在真空中討論韋伯，本文將先行考察韋伯所處的時代背景，尤其是「鐵血宰相」俾斯麥給德國人留下的政治遺產。

---

5 錢永祥，〈韋伯：「大國崛起」的思想家〉，《讀書》雜誌2016年第10期，頁157。

6 錢永祥，〈韋伯：「大國崛起」的思想家〉，頁158。

7 錢永祥，〈韋伯：「大國崛起」的思想家〉，頁158-159。

一、俾斯麥的遺產與德意志民族的歷史使命

　　俾斯麥的政治遺產首推「統一德國」。儘管早已是歐洲著名的
文化大國，康德、席勒、歌德、黑格爾、貝多芬群星璀璨、交相輝
映，但是長達952年的分裂狀態讓德意志民族始終無法完成從文化大
國到政治大國的蛻變。韋伯青年時期的精神導師、歷史學家赫爾曼‧
鮑姆加滕曾說：「國家統一、國家權力、國家獨立」是「至高無上
的政治目標，是全部現世繁榮的基礎和開端」[8]。1871年1月18日，
在俾斯麥的運籌帷幄下，普魯士國王威廉一世加冕德意志皇帝，面
對俾斯麥統一德國的偉業，韋伯承認他「完全實現了自由主義運動
要求德國統一的政治目標。」[9]韋伯之所以出此斷言，是因為個體自
由和民族解放雖然存在著難以克服的內在緊張，但是在19世紀卻曾
長期攜手並進，成為反對封建主義、推動民族國家呼嘯向前的兩個
車輪。在搭上德國統一的「歷史順風車」之後，自由主義者能否擺
脫附庸地位，自覺而有效地承擔起大國崛起的重任，是韋伯這一代
知識人最為關注的問題。

　　引入普選制是俾斯麥留給德國人的第二個政治遺產。這原本是
俾斯麥的政治策略和陰謀，目的之一是打壓自由主義，把德皇托舉
到一個「革命的洪水永遠無法觸及的岩石上」，因為俾斯麥相信群
眾總是會站在國王一邊[10]。但是此舉無異於火中取栗，極可能造成

8　沃爾夫岡‧J‧蒙森，《馬克斯‧韋伯與德國政治》，頁5，閻克
　　文譯（中信出版社，2016）。

9　轉引自蒙森，《馬克斯‧韋伯與德國政治》，頁53。

10　參見埃里克埃克，《俾斯麥與德意志帝國》，頁121，啟蒙編譯所
　　譯（上海社會科學院出版社，2015）。

螳螂捕蟬黃雀在後的意外效果，事實證明，普選制的真正獲益者並非德皇而是俾斯麥的死敵天主教中央黨和社會民主黨。引入普選制的另一破壞性後果，如鮑姆加滕所擔心的，會危及「我們的整個文化」，它將使「大眾在所有問題上都陷入原始的權力本能」[11]。青年時期的韋伯在私人信件中附會了鮑姆加滕的觀點，將普選權稱作「俾斯麥式君主政治的危險禮物」，認為「這是所有人在這個詞的最真實意義上的最純粹的平等死亡」[12]。但是另一方面韋伯深刻認識到大眾民主時代的不可逆轉，在1917年發表的〈德國的選舉權與民主〉中坦承：「任何沒有普選權的制度都是與現代制度特徵不相容的。」[13]現代制度的基本特徵是什麼？一言以蔽之，就是人人享有形式上的平等地位以及法律不認可任何特殊之特權。資本主義、官僚制、現代國家以及普選制，均以各自的方式反映出這一特點。

落實普選權的最直接後果就是勞工階層擁有了政治手段來實現經濟要求，這讓階級衝突進入了一個嶄新的時代。俾斯麥的第三個政治遺產「創立社會保障計畫」由此應運而生。但是韋伯並不贊成用福利措施收買工人，認為這是「維持工人順服和依附的家長制措施」，無助於培育「人性中有價值的東西、自我負責、對人類精神和道德遺產的渴望。」[14]韋伯欣賞英國模式的工會，認為強大的工會運動可以「賦予他們（工人）以十分缺乏的政治教育，鼓勵他們與資產階級民主合作，而不是試圖推翻他們。」[15]某種意義上，1923

11　參見蒙森，《馬克斯·韋伯與德國政治》，頁6。

12　參見蒙森，《馬克斯·韋伯與德國政治》，頁8。

13　參見畢瑟姆，《馬克斯·韋伯與現代政治學理論》，頁107。

14　理查·貝拉米，《自由主義與現代社會》，頁255，毛興貴等譯，劉訓練校（江蘇人民出版社，2012）。

15　貝拉米，《自由主義與現代社會》，頁256。

年由英國保守黨提出的「財產所有的民主制」呼應了韋伯的問題意識，其根本宗旨在於通過提升無產者的財產地位而提升其教育地位和政治參與能力，從而化解平等與自由、民主與資本主義、無產階級與資產階級的衝突。遺憾的是，韋伯的政治思考和德國的現實政治並未沿著這個方向繼續發展。

正如韋伯所言：「繼承問題始終就是一切純凱撒式統治的阿基里斯之踵。」[16]俾斯麥留給德國人的第四個也是最重要的政治遺產在於他壓制了所有的政治人才，以致於在他之後，「沒有任何人——一個政治家——能把握全域。」[17]韋伯濃墨重彩地批判了這個與其說是禮物不如說是災難的政治遺產：俾斯麥「留下了一個缺乏任何政治教育的民族，它在這方面的表現遠遠不及它在20年前就已經達到的那個水準。尤其是，他留下了一個完全沒有任何政治意志的民族，它已經習慣於認為掌舵的大政治家能夠為它照料好政治事務。更有甚者，因為他濫用君主制情感以掩飾他在各政黨之間的鬥爭中謀取自己的權力利益，他留下了一個習慣於逆來順受地容忍所有以『君主之治』名義做出的決策的民族……這位大政治家沒有留下任何意義上的政治傳統。他既沒有吸引來、甚至也不能忍受具有獨立思考能力的人，更不用說那些特立獨行的人物了。」[18]

以俾斯麥的政治遺產為參照系，不難發現，韋伯全心全意地接受了德國統一以及由此帶來的大國崛起和文明復興的歷史重任，半心半意地接受了大眾民主和福利制度，徹頭徹尾否定了俾斯麥讓德國民族陷入政治不成熟的做法。實則，無論肯定還是反對，俾斯麥

16 馬克斯‧韋伯，《韋伯政治著作選》，頁183，（英）拉斯曼、（英）斯佩爾斯編，閻克文譯（東方出版社，2009）。
17 轉引自蒙森，《馬克斯‧韋伯與德國政治》，頁179。
18 韋伯，《韋伯政治著作選》，頁119。

的政治遺產都極大限制了韋伯這一代德國人的問題意識和政治想像力。本文認為，作為德國人，終其一生韋伯關注的特殊問題是：一個政治不成熟的民族如何能夠承擔起大國崛起和文明復興的重任？作為學者，韋伯念茲在茲的普遍問題是：在一個工具理性佔據主導地位的現代資本主義社會裡，人究竟有沒有自由，有沒有獨立的價值和尊嚴？特殊問題直指德國的危機，普遍問題則直指自由主義的危機。二者看似隔膜，實則互相影響彼此滲透，德國的危機是韋伯思考政治問題的根本出發點和終極原則，而韋伯對於自由主義危機的診斷和應對則進一步呼應和強化了他對德國危機的診斷和應對，最終導致韋伯放棄自由主義和憲政民主，轉而擁抱民族主義以及卡理斯瑪型的政治領袖。

二、自由主義的危機

有人稱韋伯是自由主義的「麻煩製造者」，理由是韋伯反對將自然法理論作為古典自由主義的哲學根基，這不僅讓自由主義在哲學上變得無根，而且還隱含了對平等主義和普適主義的反對，因此韋伯又被視為「沒有自由主義價值的自由主義者」[19]。

可是正如尼采宣告「上帝死了」，但尼采並不是殺死上帝的兇手，世人殺死了上帝，尼采只不過揭示了這個早已發生的事實。同理，韋伯雖然反對將自然權利和自然法理論作為古典自由主義的哲學根基，但並不是韋伯一手導致了自由主義失去哲學上的根基，韋伯只不過揭示了這個事實。

---

19 David Beetham, "Max Weber and the Liberal Political Tradition," *European Journal of Sociology*, Vol. 30, No. 2（1989），p. 312.

這樣看來，與其說韋伯是自由主義的麻煩製造者，不如說韋伯是自由主義危機的病理診斷者。19世紀末20世紀初的自由主義到底面臨著什麼危機？簡而言之，自由主義的危機就是個人主義的危機。借助畢瑟姆的總結，我們可以將韋伯眼中的「自由主義危機」概述如下：

第一，韋伯推崇早期資本主義「經濟上的個人主義」，也即「擁有一個由私有財產權保障的獨立經濟活動領域，在這一領域之中，個人是自己的主人。」[20]然而，現代資本主義的生產方式是典型的標準化、卡特爾化和官僚化的生產，對於個人主義的社會支柱——逐漸興起的小企業家資產階級——造成了根本意義的侵蝕和破壞。與此同時，理性化和官僚制的鐵籠也禁錮了個人的自由，個人成為機器的螺絲釘，奮鬥的唯一目標就是成為更大的螺絲釘。所謂開弓沒有回頭箭，韋伯深刻地意識到上述趨勢都是不可逆的進程，就此而言，個人自由的喪失也是無可阻擋的。

第二，韋伯認同「公民和政治的自由」，也即「個人的權利受到保障並實施法治」[21]。但是問題在於，政治自由植根於早期資本主義時代的經濟與社會結構之中，韋伯判斷，德國、俄國這兩個後發資本主義國家已經「錯過了為自由的政治制度和強大的自由傳統提供基礎的社會與經濟發展的時代。」[22]並且，德國和俄國的資產階級從未真正掌握過政治權力，處於高度政治不成熟的狀態，無法寄望他們成為政治自由的守護者。

第三，韋伯信奉「個體自主或責任感的更加內在化的自由概

20　畢瑟姆，《馬克斯‧韋伯與現代政治學理論》，頁43。
21　畢瑟姆，《馬克斯‧韋伯與現代政治學理論》，頁43。
22　畢瑟姆，《馬克斯‧韋伯與現代政治學理論》，頁243。

念」，即不是「讓生命像自然物體那般隨意運行的能力」，而是把
生命視為「一系列終極決定，在這些決定過程中，心靈……選擇自
己存在的意義」的能力[23]。這種只可能在少數精英身上實現的個體
自由同樣面臨現代資本主義、大眾民主和官僚制的多重威脅。

面對自由主義的危機，需要問一個車爾尼雪夫斯基式的問題：
「怎麼辦？」畢瑟姆認為，19世紀末20世紀初的歐洲存在著自由主
義的兩個分支，他們對於自由主義危機的診斷和開出的藥方迥然不
同。

來自英國的新自由主義者（New liberalism，代表人物有霍布
森、霍布豪斯等人）主張人人生而自由平等，「強調每個人都有自
我實現的內在潛能。在這個視域裡，自由的價值源自於他為每個人
提供自我發展的空間。」[24]他們認同與「形式自由」相對的「實質
自由」，主張「自由的價值」之所以受到抑制，根源在於私有產權
制度導致自我發展資源和機會的高度不平等分配，為此他們將解決
社會問題和再分配收入作為破解自由主義危機的方法。

相比之下，韋伯從屬的自由主義小傳統則迥然不同。這裡可以
引用畢瑟姆的觀點做一概括：韋伯式的自由主義具有「更為排他主
義或者精英主義的取向，強調不同的品性通過內在能力和外在環境
的結合，發展成為不同的個體或者群體。從這一視角出發，自由的
價值僅在於它為優異品性提供表達的空間，並使其最大程度地影響
社會。尤其是，被定義為優異的或者模範的品性是在資產階級的上
升時期歷時地發展出來的。韋伯就處於這一傳統當中。他對於這個
傳統的突出貢獻在於表明資產階級個人主義的獨特品性乃是社會條

23 畢瑟姆，《馬克斯·韋伯與現代政治學理論》，頁43。
24 Beetham, "Max Weber and the Liberal Political Tradition," p. 315.

件異乎尋常的結合產物。」[25]理查‧貝拉米的解讀與畢瑟姆相近，他認為韋伯的自由主義和民主理論包含了兩方面的內容：「一方面，他依然信奉富有創造性的、負責任的個人這一自由主義觀念；另一方面，他又認為這樣的能動性只能為少數人所保有。」[26]

對比韋伯式的精英主義自由主義與新自由主義（我們甚至可以將視野拓展到當代的自由平等主義）可以發現，後者對韋伯理論至少做了三處至關重要的修正：其一，主張具有能動性的自由主義個人觀念並非只有少數人擁有，而是可以被大多數人所保有的。以羅爾斯為例，他主張每個人在道德上是平等的，因此也都具有實現其內在潛能的權利，政府必須在這個問題上平等地對待所有公民。一個正義的制度雖然也會基於潛能實現的不同程度而造就差序社會，但這是經過正義二原則檢驗的合理的不平等，而不是任意的不平等。由此導致的第二個修正是主張普選制和大眾民主不只具有工具性的價值，而是本身就自有價值，它應該也能夠實現所有公民的經濟自由和政治自由。其三，突出強調「負責任」的特性而降低甚至忽略「創造性」的重要性，因為後者對於多數人來說要求過高。以德沃金的「人類尊嚴二原則」中的「個人責任原則」為例，強調的就是「每一個人都對實現他自己的生活的成功負有特殊的責任」。

從韋伯的精英式自由主義出發，不難理解他為何會在1895年弗萊堡就職演講中發表如下的觀點：「激動我們的問題並不是未來的人類將如何豐衣足食，而是他們將成為什麼樣的人，正是這個問題才是政治經濟學全部工作的基石。我們所渴求的並不是培養豐衣足食之人，而是要培養我們認為構成了我們人性之偉大與高貴的那些

25　Beetham, "Max Weber and the Liberal Political Tradition," p. 318.

26　貝拉米，《自由主義與現代社會》，頁286。

素質。」[27]這個表述無疑源自於韋伯對於自由主義危機的反應，但是在德國危機的加持下，韋伯真正叩問的是德國民族在未來將會成為什麼樣的人，德國民族將會被培養成何種偉大與高貴的素質？而在精英式自由主義的助推下，德國人和德國民族這個群體性概念則被高度濃縮在少數精英乃至卡理斯瑪型政治領袖的超凡人格之上。

三、德國的危機

19世紀末20世紀初的歐洲是大國逐鹿的時代，民族國家的興起伴隨著激烈的經濟競爭和軍事衝突。在這場「權力的遊戲」中，統一的德國並未贏來煥然一新的格局，反而面臨前所未有的危機：外交政策上出爾反爾，先後錯失與俄羅斯、英國結盟的良機，國際政治上陷入孤立，作為國家象徵的德皇淪為國際嘲笑的對象。第一次世界大戰爆發，這一切跡象都讓韋伯斷定，舊有的專制政體已無力參與世界政治，若想成為世界大國，德國就「必須調整政治制度來與這一任務相匹配」。

然而韋伯並非制度主義者，韋伯關心的不是制度的道德規範性而是制度的實際有效性，所謂調整政治制度以與世界大國的任務相匹配，在韋伯這裡目的只有一個──有效地選取負責任的政治領袖。

韋伯採用典型的階級分析方法來診斷德國危機：「如果政治權力由經濟上正在下落的階級所掌握，不僅危險，而且長遠來說也是與國家利益不相合的。而如果正在取得經濟力量以及因此取得政治權威的階級，在他們對國家的領導中，缺乏政治上的成熟，那就更危險了。此刻，德國正受到這兩種情況的威脅；實際上，我們處境

27　韋伯，《韋伯政治著作選》，頁12。

當前的危險，關鍵便是在這兩方面。」[28]

　　具體說來，容克地主階級作為經濟上正在沒落的階級，在新興的資本主義經濟結構中已無容身之地；他們雖然仍舊把持著政治權力，但其衰落已無可避免。資產階級作為經濟上升階級，理應責無旁貸地承擔起歷史重任，但不幸的是，他們在政治上高度不成熟：「他們怯懦，他們『安於無權的現狀』，他們只求和平與安靜。他們『沉醉於成功的氛圍中和對和平的渴望中』，他們被一種極為『非歷史』與非政治的精神綑住手腳。」[29]

　　韋伯對無產階級更加不抱政治期待。韋伯接受大眾民主是歷史必然趨勢，但並不為此歡欣鼓舞：「經驗告訴我們，大眾總是容易瞬間就受到純粹情感的和無理性的直接影響。」韋伯甚至認為「民主化」一詞具有誤導性，因為「民眾」（demos）永遠不能統治，而只能被統治，所以他以工具化的方式對待大眾民主；群眾在形式上是國家的主人，是合法性的源泉，他們負責歡呼、舉手、鼓掌以及做橡皮圖章，一旦履行完為凱撒式政治領袖加冕的功能後，他們就什麼都不是。

　　1919年韋伯發表著名演講〈以政治為志業〉，區分「為政治而生的人」與「靠政治而生的人」，後者的代表是俾斯麥留下的龐大的官僚組織成員，他們的優點也正是缺點：精確、穩定、有紀律、嚴格、可靠、高效率，「在純技術意義上的完善程度達到了最高標準：是形式上最理性的行使權威的手段。」[30]為了對沖官僚制帶來的全面僵化和工具理性化，必須召喚有責任倫理的政治家，這些人

28　轉引自馬克斯・韋伯，《學術與政治》，頁51，錢永祥等譯（廣西師大出版社，2004）。
29　轉引自畢瑟姆，《馬克斯・韋伯與現代政治學理論》，頁167-168。
30　蒙森，《馬克斯・韋伯與德國政治》，頁181。

是「為政治而生的人」，兼具「激情、責任感和眼光」。「為政治而生的人」不僅在理論層面上滿足了韋伯式的自由主義的理想人格，更重要的是在現實政治層面上能夠帶領德國人走出德國危機，擺脫德意志民族一個世紀以來的宿命——「因為缺少具有強烈權力意志的政治家而一再決策失敗。」[31]

如果說柏拉圖的《理想國》旨在培養「哲學王」，那麼韋伯念茲在茲的就是尋找具有強烈權力意志的政治家，他所有的政治思考最終都匯聚於此：僵化的官僚制帶來的普遍威脅是現代社會不可避免的趨勢，因此就需要「為政治而生的人」來平衡其影響力；議會民主制之所以有價值，不在於它本身就是好的，而在於它可以成為政治領袖的培訓基地和實操場地；議會民主制之所以要被總統直選所取代，不在於它本身是壞的，而在於它已經無力承擔揀選政治領袖的重任。

畢瑟姆承認韋伯的議會制政府理論不能被稱為民主理論，因為它並未試圖以公認的民主價值去為這樣的政府辯護[32]。但畢瑟姆仍然試圖替韋伯辯護：「韋伯政治立場的特色是他同時認可強領袖和政治自由的價值。」[33]可是問題在於這是一個含混其詞的表述，我們必須打破沙鍋問到底：什麼叫做「同時認可強領袖和政治自由的價值」？到底是誰的政治自由？當強領袖與政治自由發生衝突時，韋伯會做何選擇？一戰結束之前，韋伯的確曾經主張通過議會約束民選領袖的個人權力來保護政治自由，可是隨著戰事逐漸不利於德國，韋伯最終否定了這個觀點，對此畢瑟姆也直認不諱。在我看來，

31 蒙森，《馬克斯·韋伯與德國政治》，頁203。
32 畢瑟姆，《馬克斯·韋伯與現代政治學理論》，頁103。
33 畢瑟姆，《馬克斯·韋伯與現代政治學理論》，頁119。

與其說韋伯認可的是「強領袖和政治自由價值」，不如說韋伯認可的是「強領袖的政治自由價值」。韋伯在1919年寫給艾倫伯格教授的信足以證明這一點：「對我來說，憲法的形式不過同任何其他機制一樣是一種技術手段。假如一個君主是表明其將會成為一個政治家，那麼，我會願意站在他一邊來反對議會。」[34]

因為否認自然法的傳統，韋伯的政治合法性（正當性）理論成為典型的「態度解釋」，由於聚焦於被統治者對於統治者的主觀信念，用形式合理性取代實質的道德，其代價就是掏空了政治正當性的規範性。約翰・西蒙斯指出，國民的態度與信念頂多可以作為支援政治正當性的部分理由，絕非正當性之根本所在，否則國家就可以通過意識形態宣傳、灌輸、洗腦乃至愚民統治來達到這個目的[35]。追本溯源，韋伯的理論誤區在於，過分擔心「日益僵化的官僚制趨勢使得卡理斯瑪領袖越來越難以脫穎而出」，忽視了「領袖民主制轉變為一種卡理斯瑪獨裁統治」的危險性，雖然他的「責任倫理觀」與「殘忍偏狹的法西斯主義統治」完全對立，但是「直選—卡理斯瑪領袖支配」的爛熟形式極易滑向極權主義的法西斯獨裁而不是強大的民主制，這也是毋庸置疑的[36]。有鑑於此，蒙森指出：「我們不得不承認，韋伯的卡理斯瑪領袖理論與徹底形式化的民主制含義結合在一起，很有助於——儘管只是微不足道地——促使德國人民去擁戴一個領袖，甚至擁戴阿道夫・希特勒。」[37]

韋伯痛心疾首於俾斯麥一手造就的德國民族的政治不成熟，可

34　轉引自畢瑟姆，《馬克斯・韋伯與現代政治學理論》，頁103。

35　A. John Simmons, "Justification and Legitimacy," in *Ethics*, July 1999, Vol. 109, 4; pp. 749-750.

36　蒙森，《馬克斯・韋伯與德國政治》，頁435-436。

37　蒙森，《馬克斯・韋伯與德國政治》，頁437。

是當他面對深重的德國危機，彷徨於無地時，呼喚的卻是俾斯麥式的卡理斯瑪領袖的降臨。在這個意義上，俾斯麥是德國危機的始作俑者，他為後來的德國人設置議題，規範路徑，甚至預定了答案。

四、作爲民族主義者的韋伯

套用羅爾斯那句名言：「正義是社會制度的首要美德」，我們可以稍微冒險地斷稱，對韋伯而言民族是一切社會政策和政治行動的首要美德。他的弗萊堡就職演說可以為此作證。這是個充滿挑釁意味的演講，韋伯也頗為這種刻意為之的挑釁和冒犯而自得。但是除了出語驚人的外在動機，這個看似粗糙的早年演說實則蘊藏著韋伯終其一生堅持的根本立場。15年後，他在寫給一些弗萊堡教授的信中說：「我的弗萊堡就職演講儘管在許多方面還不成熟，但我已經支持了民族理想在所有實際政治領域、包括所謂社會政策領域的至尊地位，……當時我這個領域的絕大多數同行正在進入所謂社會王國的騙局。但即便在當時，我也謹慎地強調了政治不是也從來不可能是一門以道德為基礎的職業。」[38]

弗萊堡演講中的很多話語至今讀來撼人魂魄，比如：「對我們而言，民族國家並不是什麼含糊不清的東西……事實上，它就是民族權力的世俗組織。在這種民族國家中，經濟政策的終極價值標準就是我們眼中的『國家的理由』，所有其他的民族莫不如此。」[39]「我們傳給子孫後代的並不是和平及人間樂園，而是為保存和提高我們

---

38 蒙森，《馬克斯·韋伯與德國政治》，頁40。
39 韋伯，《韋伯政治著作選》，頁14。

民族的物種品質進行的永恆鬥爭。」[40]

在評論弗萊堡演講的深遠影響時,畢瑟姆有過這麼一段總結:「在演講中,韋伯表達的最明顯且典型的主張是明確地把德國的民族利益作為制定政治和經濟政策時所要參考的根本性價值。韋伯在晚年又重申了這一主張。在1909年的一次演講中,他提到:『我們多數人認為,終極的決定性價值……是一個民族在世界中的權力地位。』在1916年,他再次寫道,自己『總是僅僅從民族的視角來看待政策。』……韋伯的民族主義的核心部分在於他信奉『文化』的價值,一般而言,文化獨特性體現在民族共同體之中,具體而言,它體現於德國民族之中,而且,在現代條件下它只有通過國家才能得到有效的保護。」[41]這個總結非常清晰地表明畢瑟姆對於韋伯民族主義取向的判斷與蒙森相距不遠[42]。蒙森指出:「韋伯一再強調說,他認為『德意志民族的事業及其未來在世界上的地位,遠比國體問題重要得多』。」[43]「他的政治心願和努力,始終就是以強大的民族國家理想為標準。他始終是威廉時代那種類型的追求民族實力的政治家,即便在魏瑪國家的條件下也依然如此。」[44]

錢永祥先生在《馬克斯‧韋伯與德國政治》中譯本序言中指出:「他(韋伯)的政治思考用心所在,即是為個人的基本價值尋找新

---

40 韋伯,《韋伯政治著作選》,頁13。

41 畢瑟姆,《馬克斯‧韋伯與現代政治學理論》,頁32-33。

42 Zenonas Norkus在"Max Weber on Nations and Nationalism: Political Economy before Political Sociology"一文中認為畢瑟姆接受了蒙森的基本判斷,認為韋伯是一個熱情的德國民族主義者,參見The Canadian Journal of Sociology, Volume 29, Number 3, Summer 2004, p. 391.

43 蒙森,《馬克斯‧韋伯與德國政治》,頁205。

44 蒙森,《馬克斯‧韋伯與德國政治》,頁351。

的精神資源，也尋找制度上的存身機會。」[45]對此，我的疑問是韋伯政治思考的基本單位究竟是「個人」與「制度」還是「民族」與「文化」？韋伯所謂的「個人」指稱的是普遍意義上的個人還是少數精英個體甚至卡理斯瑪型領袖？結合上文的討論，答案非常清楚：韋伯政治思考的基本單位是「民族」與「文化」而非「個人」與「制度」，韋伯更認同精英而非大眾，更熱衷實現少數人的自由而非普世的平等自由，更推崇權力為導向的政治而非以權利為基礎的政治。德國的危機是韋伯思考政治問題的根本出發點和終極原則，而韋伯對於自由主義危機的診斷和應對則進一步呼應和強化了他對德國危機的診斷和應對，最終導致韋伯放棄自由主義和憲政民主，轉而擁抱民族主義以及卡理斯瑪型的政治領袖。

　　然而，我們並不能因此認定韋伯是一個「本能的民族主義者」，毋寧說韋伯更像是一個「理性的民族主義者」。韋伯的確承認他的民族主義信念最終是個信仰問題，不能為科學證據所證實[46]。但是作為一個嚴謹的社會學家，韋伯終身恪守價值中立的分析方法，他對德國危機和自由主義危機做出的診斷和開出的藥方，絕非只是本能或者情緒的反應，而是與他對現代國家的認知和理解有著根本的聯繫。具體來說，在韋伯的政治理論中，政治經濟結構、行動者以及民族的文化價值這三個元素發揮著不同的作用：政治經濟結構把開放的可能性約減為確定性，鎖定了德國現代性道路的「獨特性」；行動者（最初是資產階級，最終是卡理斯瑪型的政治領袖）作為動力資源和居間環節發揮著至關重要的樞紐作用；民族的文化價值既是背景條件也是前設目的，構成了韋伯政治思考的根本立場和終極

45　錢永祥，〈韋伯：「大國崛起」的思想家〉，頁157。
46　畢瑟姆，《馬克斯‧韋伯與現代政治學理論》，頁123。

價值。

　　韋伯其人其文都彌漫著一種「以客觀為尚的精神」，透過韋伯
「嚴冷的目光」我們看到的是「一個喜悅全無的世界」。當韋伯說
「就和平與人類幸福的夢想而言，我們最好記住，在人類歷史陌生
未來的入口處寫著：lasciate ogni speranza（放棄一切希望）！」[47]他
不是在製造虛假絕望，而就是把他看到的事實一五一十地攤開給你
看，我們可以不同意他看到的事實，但無法否認他的真誠。

五、韋伯政治思考在中國的迴響

　　運偉大之思者，必行偉大之迷途。我們之所以探討韋伯的政治
思想，標定韋伯的政治光譜，絕非出於知識考古學的癖好，而是希
望探討韋伯的成敗得失獲得思想的啟發，在歧路叢生的觀念叢林中
探出一條生路。

　　在最抽象的政治哲學層面上，韋伯迫使我們重新思考政治與道
德的關係。雖然韋伯政治觀的弱點在於缺少個體權利的視角，但另
一方面，他的政治現實主義取向也提醒我們認識到政治的主題除了
權利（rights）更有權力（power），在政治轉型國家當然應該重視
權利對抗權力的問題，但絕不應畫地為牢，忽視「爭取分享權力或
權力分配的影響力」的問題。

　　此外，韋伯還刺激我們重新思考合法性與正當性的關係。與韋
伯同時代的英國新自由主義者之所以能夠堅持普適主義和平等主義
的立場，根源在於他們依舊信奉自然法和自然權利這一傳統，但是
當代自由平等主義卻分享了韋伯對自然法傳統所做的死亡判斷。自

47　韋伯，《韋伯政治著作選》，頁12。

由主義不再奠基於自然法之上，並不意味著自由主義就此成為風中之燭；也許恰恰相反，這是死後重生的契機。它意味著現代文明人對於自身有限性的正視和確認。哈貝馬斯所主張的「正當性來自於合法性」的悖論式解決方案正是為了回應韋伯式法律實證主義的挑戰，他的基本思路是，一方面正當性只能產生自合法性——這是現代社會唯一可能的選擇，另一方面，通過合法的立法程式所制定的法律與道德存在內在聯繫。所謂「形而上學把哲學從軟弱無力的後形而上學思想的貧瘠中解放出來的願望，只可能是以後形而上學的方式才能實現。」[48]這種正當性產生於合法性的「悖論式現象」，只可能發生在後形而上學時代的憲政民主國家之中。

韋伯的政治思考對於具體的政治實踐同樣意義深遠。從正面的角度說，韋伯告誡作為經濟上升階級的資產階級要形成擔當政治責任的新意願，組建利益集團參與政治，不做當局的附庸者而要做政治的領導者和社會的壓倉石。從負面的角度說，韋伯用他的失敗經驗（以及德國的失敗經驗）提醒資產階級和自由主義者，與其半心半意、工具化地接受普選制與福利政策，不如真心實意地回應普羅大眾和社會底層的利益訴求和社會公正議題，在面對大國崛起、民族復興的誘惑時，必須恪守自由主義個體權利和程序正義的底線，從內部夯實憲政民主制度，始終警惕來自民族主義話語以及卡理斯瑪型領袖人物的威脅。

當然，作為中文讀者，我們更為關心韋伯政治理論在中國的傳播史和效果史，他對於資產階級政治不成熟的痛心疾首，對於卡理斯瑪型領袖人物的呼喚，對於大國崛起和民族復興的渴望，到底會

48　Habermas, "Richard Rorty's Pragmatic Turn," in *Rorty and His Critics*, edited by Robert B. Brandom, Blackwell Puilshers Ltd 2000, p. 33.

在中國引起什麼樣的反響和回應？它在給中國自由派敲響警鐘的同
時，會不會同時成為對國家主義者的禮讚？

　　在進入這個主題之前，我們不妨簡要分析一下韋伯的專用術
語——「政治成熟」。韋伯衡量各個社會階層「政治成熟」程度的
標準，是看它們有沒有準備好「把民族的永久性經濟和政治權力利
益置於任何其他考慮之上」[49]。而為了克服資產階級的政治不成熟，
韋伯相信必須要對資產階級進行必要的「政治教育」。此處的「政
治教育」不是泛泛而言的，而是有著非常特殊和具體的規定，即通
過德國「世界權力政策」與「重大權力政治任務」的「回饋」帶來
「持之有恆的政治教育」。韋伯「希望整個民族通過堅決的帝國主
義行動，快刀斬斷德國政治局面的亂麻，克服那些有礙世界政策誕
生的精神缺陷。經由這樣的權力政治，德國資產階級將有可能重獲
它的政治自信。」[50] 由此可見，在韋伯那裡，只有與「民族利益」
和「權力政治」相結合才有可能實現資產階級的「政治成熟」。照
此邏輯回到當代中國的語境，我們需要問的是，誰有資格和有能力
代表民族利益？誰有資格和有能力實行權力政治、解決現實的國內
國際問題？資產階級以及知識分子有無可能接受所謂的「政治教
育」？又在什麼意義上實現所謂的「政治成熟」？揆諸中國知識界
對韋伯的反應，在這種語境中侈談韋伯意義上的政治成熟和民族利
益，結果只能是出現一個與當下統治集團綁定的粗鄙的國家主義。

　　1997年，韋伯的弗萊堡就職演講《民族國家與經濟政策》由北
京三聯書店出版，譯者甘陽在序言「韋伯研究再出發」中雖然尚未
體現出非常明確的問題意識，但已然指出要重視「歷史之維」，強

49　蒙森，《馬克斯·韋伯與德國政治》，頁94。
50　蒙森，《馬克斯·韋伯與德國政治》，頁94-95。

調「特殊主義」而非「普遍主義」的進路[51]。此後在2003和2004年《21世紀經濟報導》的特刊專訪中,甘陽先後拋出兩個論點,第一,中國要從「民族國家」走向「文明國家」,使現代中國立足於自己的文明源泉之中。第二,提出新時期的「通三統」,主張融會中國的三種傳統,建構中國人的歷史文化身分。毫不誇張地說,韋伯的問題意識在這個時期徹底籠罩和塑造了甘陽的問題意識。在2003年4月發表在《讀書》雜誌的〈走向政治民族〉一文中,甘陽開篇第一句便是:「中國在經濟上的崛起今天已為舉世所矚目,但中國在進入下一世紀時必將面臨的關鍵考驗或在於,古老的中華民族能否成熟為韋伯所謂的現代『政治民族』。」[52]全文亦步亦趨模仿韋伯工具化對待大眾民主的態度,把中國走向政治成熟之民族的路徑歸結為「重新奠定中央政治權力的正當性基礎問題,亦即使之能直接立足於以全國性大選為槓杆的大眾民主基礎之上。」[53]

　　無獨有偶,劉小楓在2006年出版的《現代人及其敵人》中同樣生吞活剝韋伯的弗萊堡演講來為自己的觀點背書:「對韋伯來說,『政治不成熟』的政治經濟學是一種天真、誇張的理想主義,『以不斷配置普遍幸福的菜譜為己任』,加油添醋以促進人類生存的『預約平衡』;施米特則說,自由主義政治學迂腐可笑,持守一些抽象的普遍理想,以不斷配置普遍的個人自由和權利的菜譜為己任,加油添醋以促進人類生存的『自由平衡』……」[54]

---

51 馬克斯·韋伯,《民族國家與經濟政策》,甘陽等譯,頁93(三聯書店,1997)。

52 甘陽,〈走向政治民族〉,《讀書》2003年第4期,頁3。當然,「以全國性大選為杠杆的大眾民主」很快就悄悄從甘陽的筆下消失了。

53 甘陽,〈走向政治民族〉,頁6-7。

54 劉小楓,《現代人及其敵人》,頁123(華夏出版社,2006)。

他又說：「經濟改革後的中國有如俾斯麥新政後的德國，在國際政治格局中已經日漸強盛，由於國內經濟因轉型出現諸多社會不公正現象，經濟學家們為自由經濟抑或經濟民主和社會公正吵翻了天，於是有韋伯式的聲音說：中國學人還沒有『政治成熟』，不懂得中國已經成為經濟民族，如今的問題端在於如何成為政治成熟的民族。」[55]

通過以上簡單的考察可知，在從新左派到國家主義者、從強調古典西學到主張復興古典中學的轉變過程中，韋伯的政治思考恰恰給甘陽等人提供了關鍵性的啟發以及自我合理化的最佳說辭。一旦冠上「政治成熟」、「大國崛起」以及「文化復興」的名號，就使得這一系列轉向不僅順理成章，而且擁有了涅槃重生一般的道德美感和歷史厚度。「深刻」、「成熟」、「人性之高貴偉大」這樣的修辭對於部分青年學子更是具有難以抗拒的誘惑力和說服力。職是之故，如果在中國語境下不加辨析地引用韋伯的政治思考，未對其具體論述和邏輯後果進行深入的分析和批判，就極有可能用來禮讚民族主義和國家主義，貶抑和醜化自由主義和民主制度。

不久前在《開放時代》雜誌組織的「走出韋伯神話」研討會上，大陸新儒家的一位代表人物發言稱：「韋伯……就是要通過對西方獨特性、中心性的建構來論證德國的西方性，實現自己的理想，即推進德國文化和政治上的成熟。我覺得這是我們真正需要向韋伯學習的地方。我們的知識分子怎麼就沒有這種焦慮呢？由於近代落後挨打，就覺得自己百事不如人，卡爾·馬克思不行了，又找來一個新的馬克斯·韋伯。專找葵花寶典開練，揮刀自宮還一路傻笑！韋

---

55 劉小楓，《現代人及其敵人》，頁106-107。

伯的學術神話可以解構，他的人格精神我卻要致敬再三！」[56]這番
粗野蠻橫但卻力道十足的言論讓人不禁想起鮑姆加滕的那句話：

> 每一個經歷了多年政治虛弱、突然在世界上獲得了權力和聲望
> 的民族，都免不了這樣幾種毛病，其中最大的毛病就是民族自
> 大狂，傾向於迷戀本土的一切而貶低外來的一切。……現在，
> 在迄今為止對我們來說完全陌生的思想生活的一個重要領域，
> 我們就已經目睹了一個觀點再度流行的樣子。我們開始在學術
> 工作上自吹自擂，炫耀民族自豪感，以黨派的門戶之見影響學
> 術研究。[57]

　　如前所述，韋伯其人其文都瀰漫著一種「以客觀為尚的精神」，
在他的論述邏輯裡有一種「不得不然」的宿命感。在〈以政治為志
業〉中韋伯說：「能深深打動人心的，是一個成熟的人（無論年齡
大小）意識到了對自己行動後果的責任，真正發自內心地感受著這
一責任，然後他遵照責任倫理採取行動，到了某個時刻，他說：『這
就是我的立場，我只能如此。』」[58]作為站在21世紀初的中國知識
人回首韋伯的政治思想，也許要多一份同情的理解。我們必須設問：
他的思想地平線到底在哪裡？有哪些元素限制了他的政治想像？當
時當地的歷史處境、文化背景、思想資源以及政治格局和經濟發展
是不是讓他只能如此，別無選擇？反過來說，我們現在是否還有別
的選擇？我們的判斷與行動到底遵照的是責任倫理還是信念倫理，

56　〈走出韋伯神話〉，《開放時代》雜誌社2016年第3期，參見網路
　　資源http://www.opentimes.cn/bencandy.php?fid=410&aid=1965。
57　轉引自蒙森，《馬克斯‧韋伯與德國政治》，頁8，註腳25。
58　韋伯，《韋伯政治著作選》，頁295。

抑或二者都不是，只是純粹地在迎風起舞？我們是否真的只能如此？

　　周濂，中國人民大學哲學院副教授。著有《現代政治的正當性基礎》、《你永遠都無法叫醒一個裝睡的人》、《正義的可能》，並發表中英文論文多篇。研究領域為政治哲學和道德哲學。

另一種韋伯故事：
政治參與方能造就政治成熟

楊尚儒

一、民族主義的韋伯故事

　　要如何理解作為政治人的韋伯，始終是件困難的事。這點和他主要的政治著作多數是時論與政論有關——既然是時論，那麼所述所作就是因時而發，既然是因時而發，不同著作也就因應著不同的事件與情境。如果吾人可以將韋伯的文字視為「情境性」的，那麼要理解其不同文本背後的意義，就得要先掌握其著述的背景和脈絡。但對於一個處於快速且巨大時代變動中的人物而言，要深入地掌握其身處脈絡的細節、對話的對象，卻是如此困難。因為如此，所以對於韋伯政治思想的詮釋才如此分殊。

　　然則，隨著中國的崛起，近年來對於韋伯的閱讀與詮釋似乎有著趨同的傾向。沿著這條閱讀的路徑，人們可以反覆地讀到這些關鍵詞：後進發展、民族主義、強權國家、政治成熟、民族的擔綱者。這些關鍵詞概略勾勒出了一幅以民族主義為基底的韋伯思想圖像[1]：

1　可參見劉小楓，〈施米特論政治的正當性：從《政治的概念》到《政治的神學》〉，《施米特：政治的剩餘價值》（上海：上海人民出

　　作為一個後進發展國家，在1871年統一後的德意志帝國，為了避免自身在世界權力政治的競逐中失敗而重蹈過去動輒受到「西方列強」干預、占領、擠迫的歷史經驗，因此必須厚植國力、急起直追。唯有成為強權國家，才能使德意志民族在國家與民族的鬥爭中生存下去。然而在俾斯麥之後，容克貴族不再能夠肩負起民族的利益、捍衛民族的生存。資產階級卻在政治上尚未成熟，只希冀透過自由主義體制來鞏固自身的私人利益、私人生活，卻無法超越於個別的階級利益而追求民族整體的利益──這也同樣是無產階級的問題。因此，雖然韋伯要求議會、要求民主，但更在意的是人民直選出具有「葛理斯瑪」的政治領袖。換言之，民主的功能只是為政治領導者背書，來正當化他的強勢政治權力，並由之以鞏固國權。對比於民族國家的集體命運來說，個人的自由權利就是相對次要之事，也必定要讓位於前者。就此而言，直選出來的強勢政治領導人，更可能帶領德國走向強大，而這是議會制所無法達成的──這樣的觀點同時暗示著，英法的自由主義與議會制不適用於德國。

　　與這種從強權國家的詮釋角度相應和的，則是從「文化政治」來詮釋韋伯的嘗試[2]。就其內容來看，這一詮釋的論證路徑同樣從國家競爭以及德國的「後發現代性」為起點：現代化從西歐席捲了世界，因此德國被迫在物質層面上採取西方的、資本主義的生存方式，以使自己在物質條件上能夠強大，趕上西方，從而在客觀層面上確保德國的生存。但這一詮釋觀點則更強調，韋伯的核心關切，是在「西方的」物質文明不斷改變德國的生活方式與價值觀這一背景

（續）───────────────
　　　版社，2002），頁23-33、36-47。
　2　張旭東，《全球化時代的文化認同：西方普遍主義話語的歷史批判》
　　　（北京：北京大學出版社，2005），頁211-260。

下，德國要如何保存並且維繫德國人之所以為德國人的特殊性與文化特質。也就是說，按照這一詮釋觀點來看，韋伯將源於西歐的現代性與政治價值觀，連同與之相連的概念如「文明」、「進步」、「普遍性」等都視為某種西方的「話術」。當德國資產階級廣泛地接受了這套「西方話語」，忘卻了世界的現實本質其實是活生生、赤裸裸的生存鬥爭——德國資產階級在這個意義上便是「政治不成熟」的——因而無力在現實政治中爭勝；如果無力於鬥爭與爭勝，也就無法確保德國的政治生存與歷史命運，更遑論維繫德國的文化特質。由這裡可以看到，這類「文化政治」的觀點顯然是將普遍性的話語當成是有利於「西方」的話語，相對的，則把韋伯當成是強權政治的現實主義者，為了德國的民族利益和特殊性而拆穿了西方普遍話語的虛偽性。

　　值得注意的是，上述這些詮釋方式試著突顯出韋伯的民族主義面向，但如此而被描繪出的韋伯思想圖像所立基的文本證據，則主要是他在1895年取得弗萊堡大學教職時的就職演說〈民族國家與國民經濟政策〉（或者還有另外一篇1916年發表的文章〈兩種法則之間〉）。同時間，甚至有一種說法將集中在這一文本所產生的韋伯圖像視為不同於「美國韋伯」的「德國韋伯」，並強調「『一戰前後的德國韋伯』乃是從當時歐洲一個後起發展國家即德國在這種歷史處境出發來思考事情的，事實上，韋伯全部問題亦都是從當時德國大大落後於英國等歐洲發達國家這種焦慮意識出發的。」[3]

　　但不管是被突顯出民族主義色彩的韋伯，或是「一戰前後的德

3　甘陽，〈韋伯研究再出發：韋伯文選第一卷編者前言〉，《民族國家與經濟政策》（北京：生活・讀書・新知三聯書店，1997），頁10。

國韋伯」，都忽略了韋伯在1917-1918逐漸踏入政治，並且親身參與
議會改革與議會體制化、制訂新憲法草案等過程當中的發言。由如
此手筆所勾勒出的思想圖像，好似將韋伯這位「民族自由派」切成
「民族」與「自由」兩面，並粗筆濃墨地書寫其「民族」的面向，
對於其「自由派」的一面，卻少有提及或乾脆隻字不提[4]。可是，人
們其實不難發現，韋伯的下一代知識分子中，有許多人明確地給韋
伯掛上了「自由派」的這個標籤。但這裡所指的「自由派」究竟應
當如何理解？在1917-1919之間的政治脈絡中又是如何呈現在韋伯
的思想中？透過這些問題，筆者想要去談一個不同的韋伯故事，一
個偏重於自由派的韋伯故事。

二、19世紀的德國階級衝突：

在進一步談論韋伯故事之前，且先讓我們談一段插曲。人們知
道，在一戰前後的德國，「文化」（Kultur, culture）曾經被當成是
和「文明」（Zivilisation, civilization）對立的概念，用以標示德國
與「西方」的不同之處。概略地說，德國知識分子認為自身有著德
意志文化的獨特性，而與源於「西方」（也就是西歐）帶有普世意

4　在二戰後的德國，也不乏知識分子對於韋伯的民族主義面向大加撻
　伐，例如蒙森（Wolfgang Mommsen）便是其中最知名者。這顯然
　和戰後德國的政治氛圍有直接的關係：德國的民族主義被視為是政
　治不正確的，因而任何與之沾上邊的思想與觀點都是應當毫不保留
　加以批判的。有趣的是，在這種政治氛圍下被型塑為民族主義者、
　民族至上論者，而被加以指責的韋伯形象，反而被許多中國的知識
　分子毫無質疑、不加批判地全盤接受。但不管是基於民族主義色
　彩，就全然地批判或是，反過來說，全然地接受，都無法良好的處
　理韋伯政治思想的複雜性。

涵的「文明」迥然有別。其中的差異不僅表現在學術和藝術、宗教
和倫理，甚至擴及到教育、政治制度、法制……等所有的生活領域
的整體。由此，則「文化」一詞在德國的思想史脈絡中便與民族意
識聯繫起來，成為德語語境中特有的用詞。尤其是在一戰的時候[5]，
文化／文明的對立更成為德國知識分子用來進行精神動員的宣傳口
號。在當時，對於德國知識分子來說，一戰所代表的意涵就不只是
國家間的戰爭，更是文化間的戰爭、是維護德意志文化與生活方式、
政治體制免於被西方霸權假借「普世價值」的幌子所吞沒的鬥爭。
甚至有學者從德國、文化／西方、文明的這組對立命題，將之進一
步發展成為「1914年理念」而與代表著自由、平等、博愛的「1789
年理念」相抗衡。自此之後，文化與文明兩者間，也就在德國政治
思想史的語境中成為一個特定的理論議題。

　　也是在這樣的脈絡裡頭，德裔社會學者埃利亞斯（Nobert Elias）
才要重新去審視文化與文明的對立，並且透過歷史的重構而賦予「文
化」這個詞以不同的政治意涵。他延續著德語世界中已然承繼下來
的概念理解[6]而說道：英國和法國所指的「文明」一詞，指向的是普
遍的線性發展過程。在這個過程中，民族之間的差距被排除了，並
且將人類整體的發展，理解為是從不文明到文明的「前進」歷程。
相反地，德國所謂的「文化」所強調的則是「民族差異和群體特性」，

5　可參見Jörg Fisch, "Zivilisation, Kultur" In Otto Brunner, Werner
　　Conze, and Reinhart Koselleck （eds.）*Geschichtliche Grundbegriffe*,
　　Vol. 8 （Stuttgart: Klett-Cotta, 2004）, pp. 759-766.

6　顯然埃利亞斯是有意識地反省德國從一戰以及其後的時代裡頭，將
　　文化與文明對立起來的概念使用方式。對此，可參見諾貝特‧埃利
　　亞斯，《文明的進程：文明的社會起源和心理起源的研究》，王佩
　　莉、袁志英譯（上海：上海譯文，2009），頁5。

並且表達了德國這個民族的自我意識[7]。

但和德國傳統的意見不同，埃利亞斯並未接受文化／文明這組對立命題所帶有的民族主義意涵。相反地，他認為這組對立起初並非是源自於民族間的對立，而主要是因為社會內部的階層矛盾與對立而產生的：「主要是那些講法語的、按照法國模式『文明化』的宮廷貴族與講德語的、處於中等階層的知識分子之間的矛盾。」[8] 在十八世紀以降很長一段時間中，德意志各邦掌握了政治權力的宮廷貴族是模仿法國宮廷的語言、行為舉止和生活模式來接受教育的，他們分享了法國貴族的生活、藝術、價值觀，但卻和中下層一般民眾的生活方式切裂開來。另一方面，知識分子雖然在思想、科學和藝術領域達到了相當的成就，從而使自身這個階層獲得相當的地位，甚至在語言和文化上先一步達成了德國的統一。但是，知識分子這個階層卻始終只是「精神貴族」，他們不但被排除在政治生活之外[9]，甚至階層流動、向上晉升的可能性也被封堵了──宮廷貴族構成的上流社會以鞏固自身的血統出身作為維繫自身特權和社會存在的主要方式[10]。在這樣的情況下，德國的市民階層便對貴族展開了鬥爭，只是這些鬥爭（和英、法等國的情況不同）自始就被除去了政治色彩，而是把「主要的攻擊矛頭指向上流社會的行為方式和一般品行……」[11]，換言之，也就是知識分子因為政治上的無力，因此放棄了關注政治、經濟和社會等領域，轉而關注於精神性的事物，將之當成有價值的。進一步，他們將自身這個階層和民族的文

7　《文明的進程》，頁2-4。

8　《文明的進程》，頁6、27。

9　《文明的進程》，頁6、13。

10　《文明的進程》，頁18-20。

11　《文明的進程》，頁27。

化與教養等同起來，並攻訐貴族表面而膚淺的「文明」作態和舉止：
「知識分子把他們所看的上層社會中與『教養』和『文化』背道而
馳的狀況作為鬥爭的目標。他們的矛頭主要針對宮廷貴族的行為，
而很少去抨擊其政治、社會特權。即便有這樣的鬥爭，往往也是膽
怯的、妥協的。」[12]

　　埃利亞斯對文化與文明這組對立概念，確實提出了一套相當獨
特的詮釋。藉由對於歷史的重構，他告訴人們這組對立概念原有的
政治意涵乃是社會內部的階層矛盾，而現今人們所認知的民族意義
反而是相當晚近才產生的。先不論這樣的詮釋角度能否被接受[13]，
但從他的詮釋可以清楚地看到兩項重點：

　　1. 從19世紀以降，貴族和市民階層知識分子之間存在著長期的
社會矛盾。雖然在1848年三月革命被鎮壓之後，德意志世界中民主
化的可能性就被消滅了，沒有像法國一樣發生政治體制的顛覆。但
這並不意謂著兩個階層之間就不再有任何的權力拉扯，相反地，看
1848年以後德意志各邦（包含1871年德意志帝國）的憲法制度設計，
就可以清楚地觀察到當時採取的君主／議會二元體制，其實就是政
治角力妥協下的產物。但即使如此，衝突仍不時發生——例如在1862
年普魯士憲政衝突就是一個最為典型的例證[14]。

12　《文明的進程》，頁25。
13　也確實有學者批評埃利亞斯的詮釋以及論點（把文化與文明的對立
　　連結到上層貴族與市民階層知識分子的對立）其實和史實不符，對
　　此可參見Fisch, "Zivilisation, Kultur," p. 722 FN 246, 751.
14　依照普魯士憲法，政府的預算案應由議會同意通過。但1862年議會
　　決議凍結普魯士政府為軍事改革和擴軍而追加的預算，該決議引發
　　了君主制政府和議會間的憲政衝突。也因為該事件，首相俾斯麥才
　　發表了著名的「鐵血演說」。就該事件的本質來看，其實所涉及的
　　就是君主和民選議會兩者間的權力分配問題。

2. 長期以來，市民階層知識分子被排除在政治圈之外，也少有
可能參與政治決策的過程。即使在二元體制中議會有限地取得政治
參與的可能性，但在實際的政治運作上，議會乃至於主要政黨並未
發生過重要的影響力。尤其是在1862年的憲政衝突之後，議會的失
敗帶來的結果便是市民階層直至1918年為止都不具有政治上的決定
性影響。甚至，在軍事、行政、外交等領域上，議會根本沒有置喙
的餘地。因此，「德意志帝國議會從來沒有真正成功地闖入這樣的
國家機密地帶。」若是從這一點來看，在19世紀下半葉以降的德意
志二元體制，毋寧可視為一套由俾斯麥建立的精巧的統治策略，透
過議會的表象但架空了議會民主參與的可能性[15]。但俾斯麥的精巧
設計，使得德國在很長的一段時間中缺乏參與政治的公民政治文
化，而只片面地期待有某個政治家來管理、處理政治事務，不願進
行政治上的獨立思考、主動擔負起自身的政治命運——如同亨利
希・曼（Heinrich Mann）所勾勒出的「臣僕」（Der Untertan）形象。

三、〈民族國家與國民經濟政策〉的農業政策背景

在概略說明了1848-1918年間「德國」的憲政制度安排，以及市
民資產階級的政治角色之後，讓我們再將觀察的焦點帶回韋伯。我
們從他早年最重要的政論〈民族國家與國民經濟政策〉一文談起。

在該演說稿中，韋伯開宗明義就要提及，他所討論的是在德國
西普魯士省的社會經濟狀況，並且「從經濟政策的考慮出發，應當

---

15 對此，可進一步參見漢斯—烏爾里希・韋勒，《德意志帝國》，邢
   來順譯（西寧：青海人民出版社，2009），頁11-14, 41-45.

如何思考以民族為基礎的國家……所面臨的處境。」[16]但有趣的是，他的分析是以德國與波蘭人的民族性差異作為起點的。

位於易北河以東的西普魯士省是在三國瓜分波蘭之後才納入普魯士的領土，因此在當地一直存在著相當比例的波蘭人口。該省是普魯士乃至於帝國時期以農業為主要經濟來源的地區之一，同時也是占有大量土地的容克貴族（Junker）聚集的地區。但韋伯發現，在19世紀的最後二十年間，該地區的容克莊園內，波蘭農工的人數有逐步上升的情況，相較之下，德國農工的人數卻因大幅遷離而下降。他將此原因歸之於德國和波蘭人的生理與心理特質差異所使然：

> 斯拉夫民族或許是天性使然、或許是歷史進程的作用，在物質與精神兩個方面對**生活標準的期望值**都較低。就是這種較低的期望值，幫助這些斯拉夫人獲得了勝利。[17]
>
> 為什麼是**波蘭農民**在向前挺進？是因為他們的經濟頭腦優越還是因為他們的資本雄厚？都不是。原因恰恰相反……能把自身的需求**最小化**的人，對生活質量只有最低限度的物質和精神要求的人，就是處於最有利地位上的人……波蘭小農獲取的更多土地，那是因為他甚至願意吃草為生。換句話說，他不是**忍受著**、而是**因為**習慣於物質和精神上的低度生活標準。[18]

由此可以看到，韋伯將波蘭農工的低生活要求當成是能夠在經濟競爭當中勝出的最重要因素，而德國的農民和零工則在這一過程

---

16 馬克斯・韋伯，《韋伯政治著作選》彼得・拉斯與羅納德・斯佩爾斯編，閻克文譯（北京：東方出版社，2009），頁2。

17 《韋伯政治著作選》，頁6-7。

18 《韋伯政治著作選》，頁9。

中被迫離鄉背井、在經濟競爭中變得每況愈下。而如果放任這樣的
情況持續加劇，則將使得德國以後的世代陷入經濟弱勢、陷入更不
堪的境地，甚至影響到德國這個民族的未來。因此，韋伯要求以民
族國家的整體利益為優先，並制訂相應的經濟政策：「一個德意志
國家的經濟政策，只能是德國的政策；同樣，一個德國經濟學家使
用的價值標準，也只能是德國的標準。」[19] 唯有如此，才能確保德
國這個民族國家的經濟生存與未來。

　　如果人們僅只看到這裡，便會得出一個粗淺的民族主義者韋伯
形象：似乎韋伯所針對的、所批評的就是那些「較為落後」的波蘭
人。而為了保障德國人在經濟競爭中能夠勝出，則需要國家力量主
動進行干預，執行某些經濟政策以避免波蘭人的數量繼續增加下
去。這樣的理解和詮釋，是許多中國學者最常採取的詮釋路徑、也
是他們視為韋伯思想中最關鍵性的部分。但這真的是韋伯所想的
嗎？

　　一如施米特所說[20]，任何的政治想像、概念都和特定的政治局
勢連結在一起，也預設了特定的對立面與對抗的對象，因此，必須
要清楚地把握這些對立面是什麼，才能全盤地了解這些政治想像的
內涵。那韋伯前述之言所針對的對象究竟是誰，是波蘭人嗎？其實
不是。

　　如果人們對於當時德國社會結構與社會史有粗淺的認識，不會
不知道在當時易北河以東的容克貴族在社會上以及在政治上所扮演

19　《韋伯政治著作選》，頁13。
20　「一切政治的概念、觀念和術語的含意都包含敵對性；它們具有特
　　定的對立面，與特定局面聯繫再一起……當這種局面消失之後，它
　　們就變成一些幽靈般空洞的抽象。」卡爾·施米特，《政治的概念》，
　　劉小楓編，劉宗坤等譯（上海：上海人民出版社，2003），頁111。

的角色。他們在政治上具有特權，也是實際上對於政治決策具有決定性意涵的社會階層，而同時還是占有大量的土地，並且相當依賴農業收益的大地主階級[21]。在1850-1870年間，德國因為農業部門的大幅發展，這些貴族在此期間希望能維持自由貿易的情況。但在1870年之後，德國的農業失去了競爭力。新大陸的廉價農業產品外銷，快速地搶走了德國的穀物出口市場——這對於容克貴族來說，是相當致命的：「直接受到影響的行業皆即是傳統的普魯士大地產者統治階層。這一階層直到19世紀70年代中期還將自由貿易視為信條。他們對於這種國際性生產過剩的反應是，優先採取政治手段而非經濟的轉變和適應方式，來捍衛他們的社會和政治統治地位的經濟基礎。一眨眼間，他們就轉向了農業保護主義的路線。」[22]另一方面，也因為這一階層的特權地位以及對於帝國政府上層的影響力，使得德意志帝國的農業政策必須採取相當程度傾向這些容克貴族利益的路線，但這樣的政策方向卻犧牲了城市裡中下階層民眾的利益[23]。例如德意志帝國的關稅政策，在相當程度上必須要經過這些大地主容克貴族的同意，才有可能通過[24]。此外這些容克貴族的特權，使得他們在易北河以東「幾乎不受限制地根據其利益統治著廣大農業地區。」也因為如此，這些大地主統治階層的支配性地位，使得當地的農工寧願選擇向城市或工業地帶流動，以追求更好的生活。「因此，這種農業區的人口外流也被描繪成一種『潛在的罷工』。」[25]

---

21 不僅如此，在軍事上，容克貴族也擔任著軍事指揮的軍官；在莊園內部，他們同時又是莊園的支配者。

22 《德意志帝國》，頁27。

23 《德意志帝國》，頁28。

24 《德意志帝國》，頁34。

25 同前註。

　　換言之，容克貴族在當時德意志帝國的經濟生活中，扮演著相當負面的角色：當德國的農業部門已經不具有競爭力的情況下，作為政治統治階層的容克貴族所想的不是變更、改良生產模式以強化自家農業產品在國際上的競爭力，而是透過自身所擁有的特權和政治影響力對中央政府施壓，並藉此干預政府的總體經濟政策。當人們了解了容克貴族這個階層的政治、社會地位以及當時德國農業部門的發展，再重新來閱讀韋伯這篇文章的話，便會有著相當不同的詮釋方向。顯然韋伯所針對的對象並非波蘭人、也不是外族人，儘管他反覆重申的是德國的總體民族利益，但真正要抨擊的對象恰恰是那些同文同種、屬於同一民族，但卻是具有政治特權的統治者特殊集團。

　　波蘭農工的問題，實際上也就是特權統治階層為維繫自身利益而衍生出來的經濟問題。這些容克貴族所掌握的莊園，仍是以過往主僕之間的連結來運作的[26]，這種已然過時的支配關係在快速現代化的社會當中，無法給予原有的農工們相當的動機留在原有的工作位置上，而寧願流動到大城市尋找更好的機會：「德國的農業勞動力已經不再能夠適應他們故鄉生活的社會條件了。據報導，西普魯士的莊園主經常抱怨他們的工人『桀驁不馴』。」[27]相對地，社經地位較低的波蘭人為了生計卻願意屈就、頂替原有德國農工所空出

26　「為什麼對大城市的嚮往在大規模土地所有占主導優勢的地方特別吸引人？為什麼會有這種顯著的情況、即零工的外遷導致人口減少、而**農民村莊**的人口卻在增多？原因就在於：莊園中的零工，他的整個家園就只有主人與僕人，他的子孫後代面對的唯一前景就是聽著莊園的鐘聲、永無休止地在別人的土地上辛苦勞作。」《韋伯政治著作選》，頁7。

27　《德意志帝國》，頁7。

的位子。而容克貴族是如何對因應德國農工出走所導致的勞動力短
缺？他們不是自行調整生產關係、不是改善勞動條件以留住德國農
工，也沒有增加投資以革新生產能力。而是利用政治統治的特權要
求再次開放東部邊界，讓更多的波蘭人能夠進入德國擔任農工。如
此一來，容克貴族就能繼續以低度的勞動條件來維持自己的莊園營
運。因此韋伯痛斥：

> 外國人雖不可以成為永久居民，但可以作為外來勞工進入德國
> 東部。大地主是從外來勞工潮中**唯一受益的人**，但一位具有「階
> 級意識」、身為普魯士政府首腦的大地主，為了保護我們民族
> 的利益要驅逐這些波蘭人，而那位可憎的農民黨對手卻為了大
> 地主的利益對波蘭人敞開了門戶。……**關閉東部邊界政策的失
> 敗，是一只弱手從一只強手那裡接管了國家航船之舵的結果。**[28]

　　這一極度偏袒容克貴族這一統治階層的經濟政策，一來將迫使
德國農工持續外移，以尋求其他的生存機會；二來則讓容克貴族維
持過往的惰性，不必考慮並著手進行「產業升級」。但這樣一來，
德國政府卻又得要透過政策補貼以及相關政策以維持這些貴族的產
業生存。換言之，這等於是拿德國的整體民族利益，去成就某個單
一階層的特殊利益。長此以往，則不啻是拿德國整個國家民族的生
存在開玩笑。
　　但韋伯的觀察並不停留在經濟的面向上，而是將批判的矛頭指
向德意志帝國當時的整體政治結構。他要追問，如果這些經濟政策

28　《韋伯政治著作選》，頁10。

是「古老的普魯士容克階級經濟上瀕臨死亡時痛苦掙扎」[29]所帶來
的結果，那麼為何這一階層能夠以此種方式綁架整個民族？說到
底，原因不過是這些容克貴族掌握了政治權力，他們是政治上的統
治者，因此能夠在經濟弱勢的情況下，卻透過他們手中所具有的政
治權力來苟延殘喘。韋伯承認這些容克貴族曾經對國家帶來了貢
獻，但在現今他們已經完成了他們的歷史任務，而且已經處在經濟
上垂死掙扎的情況。因此，國家不應該再由這些統治階層主導政策
的走向：「一個經濟上的沒落階級實行政治統治是危險的，而且從
長遠來看也有悖於民族利益。」[30]

　　若是從國內的階層矛盾和權力鬥爭的角度來看，韋伯的論述結
構和九十年前寫下〈論特權〉與〈何謂第三等級？〉並引導了法國
大革命的西耶斯（Abbé Sieyès）是很像的。兩者都將特權者和民族
整體對立起來，並且以特權者的個別利益將損及總體利益為由，抨
擊特權者在政治上所處的特殊地位。西耶斯由此則推及政治上的變
革。韋伯雖然沒有那麼激進，要求政治變革或是政治革命，但他確
實是將矛頭指向了國內的政治統治階層，並且訴諸「民族」的概念
來抨擊了容克貴族。

四、政治不成熟與政治教育：強化議會制

　　儘管韋伯強烈抨擊容克貴族已經不適合再掌握政治領導權、不
應再由他們主導政策走向。但回過頭來，韋伯也追問，那麼德國的
市民資產階層已經像英國一樣具有資格，足以肩負起民族的命運，

29　《韋伯政治著作選》，頁8。
30　《韋伯政治著作選》，頁18。

並且領導政治的運作嗎？顯然沒有。他認為，俾斯麥在架空議會之後，排開了所有的政治頭腦。整個市民資產階級無法參與政治、培養政治眼光，甚至是被禁止於政治生活之外。長此以往，資產階級便養出了濃厚的非政治性格、「政治饜足」：只關心是否能賺到錢、能否有穩定的生活，卻安於自身的去政治化地位，對超出於自身之外的政治事務、公共事務一概不顧不理。用今天的話來說，俾斯麥把德國的市民資產階級給馴養成了「經濟動物」。因此在他去職之後，他所留下的政治遺產就只是一個完全去政治、沒有絲毫政治傳統的民族，韋伯再三地批評：

> 他留下了一個完全沒有政治意志的民族，它已經習慣於認為掌舵的大政治家能夠為它照料好政治事務……他留下了一個習慣於逆來順受地容忍所以「君主之治」名義做出的決策的民族，這個民族並沒有準備好用批評的眼光看待俾斯麥去職後填補空缺、在攫取統治權時令人吃驚地自以為是的那些人的資格。……這位大政治家沒有留下任何意義上的政治傳統。他既沒有吸引來、甚至也不能忍受具有獨立思考能力的人，更不用說那些特立獨行的人物了。[31]

在俾斯麥這位政治巨人的身影下，德意志民族成了由「被統治者」所構成的民族。從初始時是無法參與政治，最終變成了不願意參與政治、不願意為自身做出政治決策並且為了自身的政治命運共同負責。安於被當成在政治上被安排的對象，無法透過自身的能力獨立思考政治事務、不願意進行「政治之思」。他們期待下一位俾

---

31 《韋伯政治著作選》，頁119。

斯麥，或者毫無理由地相信在任者會具有如同俾斯麥一樣的政治天分，能夠處理好所有的政治事務，自己只要服從、聽命即可。在這種單向被統治的非民主情境下，也就無從透過政治參與得到政治的實踐智慧以及必需的判斷力。長此以往，市民資產階級（也就是韋伯常提及的『文人墨客』，關於其組成和言論，後文會再敘述）以及無產階級都陷入了政治不成熟的境地當中：「德國人在政治上的『不成熟』便從不受控制的官員統治和被統治者習慣於服從那種統治中產生了，因為被統治者並不分擔責任、也不關心官員的工作狀況和程序。」[32]

　　什麼叫做「政治不成熟」？雖然許多學者從這一段落來理解韋伯所談的政治不成熟：「對民族的永久性經濟和政治權力利益的領悟，以及在任何情況下把這些利益置於任何其他考慮之上的能力。」[33]並且由此得出結論，民族集體的生死存亡和利益高於憲政體系、高於個人的自由之上。但這樣的說法卻完全忽略了韋伯在談到「政治不成熟」時，始終是跟著俾斯麥所留下去政治、非政治的政治文化一起談的。確實，「政治成熟」的判斷與民族整體利益連結在一起，但什麼是民族整體利益？誰代表民族整體利益，誰又傷害了民族整體利益？從前面〈民族國家〉一文的脈絡中可以清楚看到，傷害了民族整體利益的是既得利益的特權統治階層。然而在長期的「非政治」氛圍籠罩下，多數「被統治階層」卻不能也不願從政治的角度去辨識究竟民族整體利益是什麼，並且挑戰統治階層的既得利益，而是遁入某些學科語言中不敢做出政治判斷，或是單純地肯定國家

32　《韋伯政治著作選》，頁215。
33　《韋伯政治著作選》，頁17。

的政策，甚至是肯定統治階層的利益便是民族整體的利益[34]。這種看不清民族整體利益之所在，並且輕率地與統治階層靠攏的政治思維，才是「政治不成熟」。

韋伯猛烈地批評當時德國市民資產階層和工人階層都還政治不成熟，因此尚不具有資格擔負領導政治的責任，但這絕非意謂著德意志的公民就不應參與政治。恰恰相反，韋伯強調，如果德國人的政治不成熟乃是因為耽誤了一百年的政治教育，那麼開展政治教育的巨大工作就刻不容緩[35]。而如何接受政治教育？從他在1917/1918關於普魯士邦三級選舉制改革和帝國議會改革的相關文章中，不難看到韋伯對於德國邁向真正議會制的期許。他認為，只有透過議會讓所有德國「公民作為共同統治者被整合進國家之中」[36]，人們才可能獲得「政治教育」以達致政治成熟。綜觀他關於議會的書寫，韋伯大致上將議會的功能分為幾項：一是透過議會來控制官僚體制；二是作為甄補政治精英的場所。

對韋伯來說，現代國家的發展進程，不可避免地會朝著「理性化」的方向發展，也就是建立起完整的官僚體制來執行國家功能。但是，在行政文官逐漸成為社會分工當中的一個重要部門而逐漸膨脹，甚至其權力也隨之大幅擴張，那麼要如何控制其權力，以及是否能夠讓行政文官來掌握政治領導權（也就是讓行政事務官來主導政治決策）就成了重要的問題[37]。很清楚地，行政文官在專業和倫理上的要求和政務官截然不同[38]，因此不應由行政官僚來主導大政

---

34 《韋伯政治著作選》，頁16-17。
35 《韋伯政治著作選》，頁22。
36 《韋伯政治著作選》，頁106。
37 《韋伯政治著作選》，頁104-105、131。
38 韋伯清楚地表達，專業行政官僚和政務官顯有不同，在另一處他將

方針的擬定，否則帶來的只會是政治災難——政治應該讓政治家領
導，而不是由行政官僚領導。然而，在俾斯麥之後，德國僅只留下
了高效、出色的官僚體系進行治理，卻正少了可堪稱政治家的政務
官來領導國政[39]。

　　既然把政治和行政管理兩者區分開來，那麼接下來就是問，在
當時的德國誰才有能力控制行政文官，是君主還是議會[40]？這也就
是說，究竟政務官應當來自於君主任命，或是從議會晉升，並對議
會負責？

　　就韋伯看來，世襲君主自身的權威並非來自於政治鬥（競）爭，
不僅如此，還要讓自身超脫於鬥爭之外，因此只是政治上的半瓶水，
根本無法有效控制住行政系統。以君主為中心的權力運作，基本上
是靠著君主個人的好惡去留進退，因此官員的施政考量必定只投君
主所好以保自身官位，而不是對民族整體與國家命運負起政治責
任。這樣的官員享有「**不受控制且不必負責的特權**」[41]，既不受人
民大眾的監督控制，又不必負起政治責任。因此，這樣的制度或者
能讓其聽命行事、服從盡責的行政官僚待在重要的政治位置上，但

（續）

　　前者稱為專業化的職業文官（Fachbeamte），而後者則為政治官員
　　（politische Beamte），可參見《韋伯政治著作選》，頁260。且韋
　　伯認為，行政官僚所應具有的責任感以及服從性表現在：「官員接
　　到一項命令，如果他認為該命令是錯誤，他可以並且被認為應該表
　　示異議。如果他的上司堅決要求他執行命令，那麼官員像遵守內在
　　的信念一樣去執行命令，就不僅是他的責任，而且還是他的榮譽，
　　以此證明他的責任感高於他的個人好惡。」見《韋伯政治著作選》，
　　頁132。

39　《韋伯政治著作選》，頁131-132。
40　《韋伯政治著作選》，頁104、133。
41　《韋伯政治著作選》，頁135。

卻無法拔擢具有政治家天zp
的官員。這對韋伯而言，卻恰恰是至今為止使得德國以容克貴族為主的政治統治階層做出一些荒謬決策，並且常背離民族實質利益的原因。

在議會制中的權力運作則截然不同。韋伯強調，在議會真正能發揮功能的國家當中[42]，議會參與並且分享了國家的權力運作，因此，對於希望能夠追求權力以及相對應政治責任的政黨、議會領袖們，便願意透過議會、經由政黨間的競爭而取得最高權力。而能夠在政黨對於權力的競逐中脫穎而出，掌握了權力最高位的人，「就是那些具有十足的政治權力本能和最高度發達的政治領袖品質的人；黨在國內的繼續存在，以及無數與黨綁在一起的理想關切、一定程度上還有一些非常實際的關切，都需要有能力的領袖得到那個最高職位。」[43]換言之，議會乃是一個甄補政治精英的場域，並且使得優秀的政治人才能夠透過政黨間彼此的競爭[44]而出線。

除了政治甄補的過程外，議會同時也需要特定的職權才能有效地監督、控制行政官僚。為了達成此目的，必須賦予議會質詢權，

---

42 韋伯認為真正意義上的議會制國家具有如下功能：行政領導人必須直接從議會成員中產生；由議會選擇領導人（行政領導人因為議會的多數信任而決定去留）；領導人必須向議會負責（對議會說明自己的行動，服從議會和委員會的查核）；領導人必須按照議會所指定的大政方針施政。參見《韋伯政治著作選》，頁136。

43 《韋伯政治著作選》，頁136。

44 同時，韋伯也強調透過政黨競爭，將會使得獲得權力的政治家受到公共的檢視和監督：「獲得公共權力的政治家，特別是政黨領袖，會由於對手和競爭者在媒體上的批評而受到公眾的仔細審視，他們在與他的鬥爭中肯定會無情地公開他向上攀升的動機和手段。」《韋伯政治著作選》，頁176。

以及——更為重要的——調查權，以得知行政事務的相關訊息，從
而才能牢牢地控制行政部門。換言之，藉由議會的職權將行政事務
拉到公共領域之下，才能避免行政部門以「業務機密」為由來隱匿
重要的政治資訊，藉以免除外部的監督控制。一如韋伯所強調：

> 有效的**議會監督**和**控制體系**將迫使行政當局保持**公開性**，*這必
> 須成為對國民進行政治教育以及一切有效的議會工作的先決條
> 件*。[45]（斜體字為筆者所加）

　　韋伯在這裡所說的，也就是施米特日後在其〈當今議會制的思
想史狀況〉中所提及構成議會制的原則之一：公共性
（Öffentlichkeit）——藉以避免絕對君主制底下官僚體系—專業
性—技術性的祕密政治[46]。
　　韋伯不只注重議會的功能（監督和政治甄補），從上面的那一
段引文中我們可以看到，透過議會將行政部門的事務給公共化，可
以讓一般大眾都能理解政府的運作、進而關切政治事務。這正是「政

---

45 在這一段中，「公開性」的德文是Publizität，在此應譯為「公共性」
　　為佳；而「行政當局保持公開性」，應為「行政管理的公共性」
　　（Publizität der Verwaltung）。參見《韋伯政治著作選》，頁148。
46 「每一種政治中都有『機密』，政治上的機密為絕對王權主義所必
　　需，就像依靠私有財產和競爭的經濟生活需要商業和經濟機密。由
　　少數人關起門來操作的內閣政治，如今已變成一種不言自明的罪
　　惡，於是，政治生活的公開性似乎僅僅因為其公開性就成了正確而
　　美好的事情。公開性變成了一種絕對價值，雖然它最初只是一種反
　　抗絕對王權主義官僚化的、專業技術性的祕密政治的實踐手段。」
　　見卡爾·施米特，〈當今議會制的思想史狀況〉，《政治的浪漫派》，
　　劉小楓編，馮克利譯（上海市：上海人民出版社，2004），頁189。

治教育」的開端，人民也才能藉此擺脫「政治不成熟」的狀態，並且成為「主宰者民族」（Herrenvolk）。

「主宰者民族」又是什麼意思？韋伯這裡的意思絕非是指「一個民族的民族尊嚴感容許它們表現出醜陋的暴發戶嘴臉」，並將德意志民族置於其他一切民族之上甚至支配之，而是指：「**只有一個政治上成熟的民族才能成為『主宰者民族』**」，這意味著人民控制著對自身事務的行政管理，通過自己選舉產生的代表果斷地共同選擇自己的政治領袖。」[47] 韋伯強調，在官僚體系完整且高效的德國，只存在著兩種非此即彼的選擇：不是被統治，就是參與統治。不是公民在官僚把持的「威權國家」中喪失自由，像家畜一樣被「行政管理」——這是當時德國的現況；或者就是由議會為中心，將所有公民整合進政治決策的過程當中，並擺脫被統治者的狀態。但是，一個民族的公民如果無法參與政治，決定自身的政治生活，反而將之交給沒有「民主」基礎、只投君主所好以保自身官祿而不對民族整體與國家命運負責的一群官員身上，這也就意味著這些公民根本無法決定自身的政治命運。那麼，在這樣的情況下，德國可能會同時受到內部和外部的壓力。

就內部來看，如果德國的保守派繼續維持舊有體制、繼續為了自身政治利益阻擋改革，而不願意鬆手藉由議會走向「民主化」，讓無產階級以及市民資產階級的下層成員也被納入到政治生活中。那麼未來，這些政治上的無力者便可能會採取更加激進的革命作為。「到那時，大眾的全部活力都將投入到反對這個國家的鬥爭之中，因為這個國家只是把它們當做純粹的客體，它們無緣共享這個

47　《韋伯政治著作選》，頁215。

國家。」[48]

　　另從外部來看，倘若只把政治交給不受控制又不負責任的官僚，便可能採行劣質又不負責任的外交政策[49]，甚至將其他國家都推向對立面，在世界上為自身創造一個又一個的敵人。既是如此，就不可能奢言侈談要參與「世界政治」了。相反，只有已經民主化的、能夠參與政治決策的主宰者民族才能「把握世界發展之舵。如果沒有這種品質的民族也打算這樣去做，那麼不僅會遭到其他民族可靠本能的反抗，而且就其內在因素來說也會以失敗告終。」[50]是以，韋伯慷慨疾呼，德國的政治命運並不能只從虛假的「民族虛榮感」出發，把所有的政治問題，連同德國的政治體制問題都化約為德國與他國之間的衝突問題，或是以民族特質或傳統之名抗拒體制的改革──一如當時眾多知識分子所為。如果德國真的要在世界上承擔起大國的責任，那麼德國的國際責任同時也和國內的體制改革緊密綁在一起。德國必須先從根本上解決內部的體制問題，才能取得他國的信任、免除外部世界對德國的批評壓力，而能以「負責任」的國際社會一員參與入世界政治。

五、市民資產階級政治不成熟的典型：文人墨客

　　從上文韋伯的時論文章可以清楚地看到，韋伯念茲在茲的，始終是在德意志帝國的君主／議會二元體制中，逐漸將政治決策的重心從君主的小朝廷以及圍繞著君主的那些特權貴族手中，逐步轉移

48　《韋伯政治著作選》，頁106。
49　《韋伯政治著作選》，頁159-169。
50　《韋伯政治著作選》，頁215-216。

到議會手中[51]。透過議會，讓德國人民開始熟悉國家事務、共同參與政治事務，唯有如此，才能讓人民在政治上逐步啟蒙，擺脫政治的不成熟。這一點，始終被韋伯看作與德意志民族的未來與命運緊密綁在一起的重大任務。

但韋伯這一議會制路線的設想，卻同時受到各方的壓力與指責，甚至不乏來自與他身分相近的知識分子。這些知識分子，韋伯多半將之稱為「文人墨客」，組成的主要分子也就是「學院派或是受過學院教育的文人」[52]，這些人雖然在傳統上同屬市民資產階級而非統治階層（容克貴族），但在一次大戰前後，卻在國家型態以及政治體制的相關問題上，抱持著有利於既有統治的保守派觀點，極力反對普選制度以及議會制的民主改革。

值得留意的是，這些知識分子抨擊韋伯的理據，核心之一卻和前文所提到、被用以精神動員的德國文化／西方文明這組對立接合在一起。許多人將民主化的議會制當成是一種源於西歐的「國家觀念」，而與德國的國家觀念，甚至與德國的民族性並不相符[53]；甚至還有人認為，如果強行推動「西歐的」議會制，會摧毀某些「德

---

51 必須強調，韋伯在君主制崩潰之前並不贊同大規模地引入全民公投，尤其是透過全民直選大規模的選舉專業文官，以及像瑞士那樣頻繁地全民投票以創制立法。可參見《韋伯政治著作選》，頁104-106，180-186。但同時，他並不全然反對由全民投票直選政治領袖以及在必要的情況下以公投作為最終手段來作為矯正機制（《韋伯政治著作選》，頁179、 183、106），只是認為就算引入了公投這種直接民主機制，仍無法全面性的取代議會。

52 《韋伯政治著作選》，頁107。

53 《韋伯政治著作選》，頁109-110。亦可見德文版 Max Weber, *Gesammelte politische Schriften*, Johannes Winckelmann（eds.）, 5th ed.（Tübingen: J. C. B. Mohr Siebeck, 1988）, pp. 217-218.

意志」的「高貴」傳統以及「日耳曼精神」。與這種民族主義心態
相應和的，則是他們常將國外的民主國家描繪成陰謀顛覆德國的外
國勢力聯盟，另外，對韋伯這類努力推動普選和強化議會權力的人
們則極盡抹黑謾罵之能事，將之稱為「煽動家」、「非德國的」或
是「外國代理人」[54]。

　　韋伯則認為，這些以「國情不同」為由認定「西方議會制」並
不適合於德國人的說法，實在是胡言亂語。這類說法，除了滿足民
族虛榮心之外，並不能帶來務實的意見。而訴諸於德意志的傳統與
文明，甚至是所謂的「德意志精神」同樣也無法為德國的未來帶來
客觀且具有現實性的政治體系[55]。究其實，這種德意志民族主義修
辭只是種表象，只是為了遮掩這些學院派、這些文人墨客的「終極
信念，即為了威權主義統治的利益而把實行這種統治的任何形式都
置於民族的全部利益之上……」[56] 換言之，文人墨客雖然在這樣的
制度下無法參與政治，卻站在特權統治階級的立場上來支持擁護這

54　《韋伯政治著作選》，頁88、108-110、132-133。
55　「在政治問題上尤其如此。我們不可能指望從故紙堆中提煉『德意
　　志精神』解決這些問題，無論這些故紙堆的價值可能多麼偉大。……
　　德國的經典作品可以告訴我們，即使在一個物質乏、政治低能、
　　甚至異族統治的時代，德意志民族也能成為世界上主導性的文明民
　　族（Kulturvolk）之一。我們經典作家們的觀念都是源自一個非政
　　治的時代……在圍繞法國大革命進行的爭論鼓舞下，這些觀念一定
　　程度上是在一種缺乏政治與經濟激情的氛圍中構造出來的……此
　　外的一切仍然都處於哲學觀念的水平，它們可以刺激我們採取一種
　　合乎**我們的**政治現實與**時代**要求的立場，但卻不可能用做未來的路
　　標。現代的議會制統治與民主制問題，實際上總的來說，我們現代
　　國家的基本性質問題，根本就不在它們的視野之內。」《韋伯政治
　　著作選》，頁101。必須一提，從本文前述的文明／文化的對立來
　　看，此段落中「文明民族」一詞顯應譯作文化民族。
56　《韋伯政治著作選》，頁109。

一制度，甚至可說是「奉承有加、諂媚無度」[57]。他們自己缺乏政治權利，卻批評要求政治權利的人——這就是「求無力的意志」[58]，尋求並且安於政治無力的現狀。

　　這類身處學院當中卻自甘政治無力的知識分子，因此被韋伯當成證明資產階級政治不成熟的典型。他們一方面具有強烈的「求無力的意志」，並且假民族之名批評追求民主化的人們；另一方面，卻又喜歡對政治事務比手劃腳、夸夸其詞，以當成他們的消遣。但是他們之所以認定自己有能力、有資格指點江山、評論時政，只是因為他們的學院文憑和頭銜。彷彿有了這些，他們就已經受到了足夠的政治教育、已經在政治上成熟。但是韋伯完全不相信這種學者等同於受過政治教育的觀念：「畢業文憑或者物理學、生物學以及其他任何學科的教授頭銜，從來不會賦予持有者以政治資質，更不會成為政治人品的保證。只要陷入了對他們那個社會階層（那些獲得大學學位的階層）之聲望的敬畏——這就是反對『民主』和『議會外行』的一切夸夸其談的理由——這樣的社會階層就始終是盲目的，而且總是會繼續盲目下去……」[59] 對此，韋伯更提請讀者回想一下這些文人墨客在戰前、戰時的發言，便可以發現他們根本不具有足夠的政治判斷力，而只是盲目地服從、應和政府的不當決策，並且以他們的學術資格為這些政治錯誤掛保證，公開投書支持威權政府的作為[60]。從過去的種種發言來看，又憑什麼認為這些文人墨

57　《韋伯政治著作選》，頁108。

58　中譯將此詞「Wille zur Ohnmacht」譯為「無權力意志」，而與「權力意志（Wille zur Macht）」相對。筆者認為譯為「求無力的意志」在此較為貼切。

59　《韋伯政治著作選》，頁215，亦可參見頁69。

60　「今天的德國文人實在是可以用來判斷什麼叫做政治『成熟』的最

客已然政治成熟？他們的所言所為，不正是把統治階層的統治權與
個別利益置為優先，卻犧牲了民族的總體利益與命運？

　　因此說到底，政治的成熟，對韋伯來說，必須先以政治教育為
前提，而這又意味著，必定先要有個適切的場域提供公民參與政治，
從而獲得政治教育，那麼德國的民主化——在當時的情境下，也就
是走向議會制——就必定是不得不選擇的道路。唯有如此，才能改
變德國的內部結構，並且給它一個適切的政治體系，以適應民主化
的普遍歷史趨勢。是以韋伯會說，倘若這些自甘為政治無力者、自
甘為被統治對象的文人墨客，仍舊只關切諸如「1914年理念」這類
僅只源於民族虛榮心、大而空泛的詞語，卻持續地阻擋德國的民主
化，那麼就請去「關心那些永恆真理的問題並埋首於書卷之中」，
畢竟政治是與學術截然不同的領域[61]。

六、帝國總統：作爲議會與聯邦主義的制衡角色

　　從韋伯在1918年十一月革命前的言論來看，他關切的核心始終

────────────

(續)────────────

　　　新一批人物。他們同聲相應為戰前德國政策的**幾乎一切錯誤**、為戰
　　　爭期間不負責任的煽動主義造成的判斷力缺失拍手叫好。**當舊制度
　　　犯下嚴重錯誤時他們在哪裡呢**？人們還會記得，這些明擺著的嚴重
　　　錯誤就是，普魯士的**保守派**代表們曾聯合向君主發出了公開要求，
　　　讓他根據他所指定的顧問的建議進行決策。**那時**已經是恰逢其時；
　　　人人都能看到發生了什麼以及錯誤何在。人人都同意這一點，政黨
　　　之間並無歧見。**那麼他們又在哪裡呢**？當時有幾千名學校教師完全
　　　適時地發表了一份公開聲明，它無疑令人印象深刻，而且符合古老
　　　傳統。的確，國家的受俸者對德國國會黨團的斥罵要便宜得多，就
　　　像現在發生的情形。」《韋伯政治著作選》，頁214。

61　《韋伯政治著作選》，頁216-217。

是在透過體制改革而使德國從所謂的威權國家轉向西歐形式的議會
君主制[62]。儘管他多次提出類似於「民族利益」這類的字眼，但這
些論述的論爭對手顯然都是在當時德國既有的特權統治階層，以及
一直站在統治階層立場上發聲的市民資產階級保守派知識分子（文
人墨客）。從政治形勢的位置來看，顯然，韋伯從來不是高舉著諸
如「1914年理念」、「日耳曼精神」這種民族口號，而為當局、為
威權統治辯護的那類民族主義保守派。他口口聲聲痛斥的「政治不
成熟」，也是為了達到更重要的目標：以議會民主這套體制作為土
壤，來為德國公民帶來政治教育的可能性。從這些立場看來，韋伯
或者更接近於1848年三月革命時的自由主義知識分子。

韋伯的自由主義與議會制立場，顯然也是他給予同時代以及威
瑪時期德國知識分子最鮮明的印象[63]。尤其是施米特，他很清楚地
看到韋伯始終在對抗的對象就是帝國時代的威權體制[64]。但或者有
人會質疑，如果韋伯應當被放置到議會主義者的陣營當中，為何又

---

62 當時德國多半認為自身是與西歐不同的政體：前者是以君主為統治
核心，並以憲法自我限縮權力的「憲政君主制」（Konstitutionelle
Monarchie），而後者則是以議會為政治中心的「議會君主制」。
從當時的德國知識分子來看，德國19世紀的憲政君主制，是一種君
主主權和人民主權之間的調和。但從今日的眼光來看，實則主要的
政治權力始終牢牢掌控在君主手中。

63 最典型的例子大概是施米特和托馬對於韋伯的評價，可參見前揭
〈當今議會制的思想史狀況〉，頁161、222。

64 施米特甚至將韋伯一定程度地和「民主派」這個標籤分離開來，可
參見卡爾‧施米特，《憲法學說》，劉小楓編，劉鋒譯（上海：上
海人民出版社，2005），頁337。而從韋伯自己的書寫當中，也可
以清楚地見到雖然期待德國走向「有序」的議會民主，但因為不信
任群眾的情緒性以及非理性因素，始終小心翼翼地提防著無組織的
「大眾民主」、「街頭政治」。見《韋伯政治著作選》，頁102-103、
185-186。

會在1919年明文支持由全民直選的帝國總統？這樣的思想轉折豈不
是意謂著他認為議會無用，因此需要有一個強有力的領導者來領導
政治，而這不就是對議會的質疑最有力的佐證[65]？

　　先從背景上看，在1919年韋伯撰文支持帝國總統直選時，德皇
已經出逃，換言之，君主制已經崩潰而不再是一個可以考慮的選項。
因此，當時在思考國家元首（非行政首長）的產生方式時，依據的
是美國全民直選總統以及法國由議會選舉總統的兩種模式，並在其
中擇一。然而當時德國對於議會制的主流想像並非是如今日一樣，
由議會作為國家決策的唯一源頭，而是必須要配合著權力的分立，
以避免落入「議會絕對主義」的統治模式——這點從雷德斯洛布
（Robert Redslob）[66]以及受他影響甚深的威瑪憲法之父，普洛伊斯
（Hugo Preuß）的想法中，便可以清楚看到。但是要有效地形成對
於議會的制衡，則要由世襲君主或者是全民直選的首長作為均衡議
會的砝碼。因此在世襲君主已經不存在的前提下，總統又不應採取
法國間接選舉的模式，便只能採取全民直選的總統模式。

　　韋伯所著眼的也恰恰是這一點：總統必須成為議會的均衡機

65　韋伯在1918年以前的文本其實有多處，說明議會的無力化乃是因為
　　在政治舞台上長期未曾扮演重要角色，只能從事「消極政治」，也
　　就是和政府唱反調的工作。在此情況下，就無法甄補出真正的政治
　　人才。惡性循環之下，也就更加無法發揮重要的功能。因此當時的
　　人們才會覺得議會只是個吹毛求疵、挑政府毛病的集會場所而已。
　　但韋伯則強調，要改變議會的這種窘境，則只有擴張議會權力，才
　　能讓議會更加專業化。《韋伯政治著作選》，頁135-136、145
66　韋伯是否有直接讀過雷德斯洛布的著作，尚未可知，因韋伯在其政
　　治相關著作中並未直接引述過雷德斯洛布的著作。但其對於議會需
　　要制衡機制（特別是僅能透過世襲君主或者民選總統來加以制衡）
　　這點，韋伯和雷德斯洛布的觀點顯然是一致的。

制，這也始終是韋伯所強調的重心[67]。韋伯一直都認為必須要有制衡議會權力的機制，特別是用以針對兩院中的聯邦參議會（Bundesrat）。和由全國公民普選而出的帝國眾議會（Reichstag）不同，代表各邦利益的聯邦參議會始終是保守派的大本營。在第二帝國時期，包含普魯士在內的某些成員邦採取三級選舉制，因此容克貴族以及保守派將因此取得較多的參議會席次。此外，普魯士作為霸權邦連同其所控制地區含括半數以上參議會席次，因此保守派可透過控制聯邦參議會來杯葛所有不利於保守派的改革法案。在1918/19年制訂憲法時，韋伯因為擔心普魯士在內的各邦會透過聯邦參議會來干預影響議會運作，因此希望由全國公民直選的總統作為制衡議會（尤其是聯邦參議會）的機制，同時作為國家統一性的象徵，能壓制仍具有霸權地位的普魯士，避免普魯士和帝國中央政府會形成二元領導並強力干擾帝國中央政府的施政。（事實上，在整個威瑪時期，帝國和普魯士之間的二元對立也確實成了重大憲政問題。）

　　帝國總統被設想為「議會的均衡機制」以及克服聯邦制中各邦

---

67 不管是在1918年12月9-12日的祕密會議，或是在1919年2月的公開撰文，韋伯都將總統當成是「議會的均衡（Gegengewicht gegen das Parlament）」。可參見Max Weber, *Zur Neuordnung Deutschlands: Schriften und Reden 1918-1920*, Wolfgang J. Mommsen （eds.），Gesamtausgabe（Tübingen: J.C.B. Mohr, 1988），pp. 82-88. 以及《韋伯政治著作選》，頁243-246，特別是第四點（頁244-245）。
此外，關於帝國總統作為制衡議會的角色，幾乎是當代關於威瑪憲法教科書必定談到的部分。再者，這也是勒芬斯坦（Karl Loewenstein）質疑蒙森的韋伯詮釋的一項重要論點，可參見Karl Loewenstein, "Max Weber als 'Ahnherr' des plebiszitären Führerstaats," in *Beiträge zur Staatssoziologie*（Tübingen: J.C.B. Mohr, 1961），pp. 317-319.

本位主義的位置，在這個立場上，儘管韋伯將直選總統設定為行政
權之首，但他同時也將總統權力在相當程度上加以限縮。如果仔細
來看，他僅僅賦予總統如下的職權：行政人事任命權（但內閣部長
要受議會信任，因此對其負責）、延遲性的否決權、議會解散權，
以及——對韋伯來說相當重要的制度設計——在政府機關間發生衝
突，特別是聯邦參議會和帝國眾議會發生衝突時[68]，交付公投複決
以訴諸人民。同時他也說明了，總統的權力必須受到約束並且只能
在危急時刻動用權力（但韋伯甚至未曾提到授與總統例外權以進入
緊急狀態）[69]。這些權力都只是用以限制、對抗議會以避免議會的
濫權，因此並非是不受控制也不是凌駕於議會之上以主導政治權力
的。作為「議會的均衡機制」，總統的這些憲法權限僅是被動的，
不是構成主動施政的權力。就此來看，不管是韋伯或是普洛伊斯對
於總統的想像都較為接近於所謂的「議會君主制」，而與主動施政
的「北美模式」有相當的差距，反而是同一政黨的歷史學者梅尼克
（Friedrich Meinecke）對於總統的設想更貼近於北美模式[70]。

　　這種將總統和議會對立並且相互制衡的權力分立觀點，正是當
時德國中間自由派的想像，著眼點在於透過權力的制衡節制國家權
力，並且保障議會制的穩定運作，而非行政權的強勢領導以維持國

68　可見《德國未來的國家形式》（Deutschlands künftige Staatsform）。
　　惜乎該文未有中譯，可參見 *Gesammelte politische Schriften*, pp. 481-
　　482.

69　《韋伯政治著作選》，頁245。

70　Hugo Preuss, *Gesammelte Schriften*, Detlef Lehnert und Christoph
　　Müller（eds.），Vol. 4（Tübingen: Mohr Siebeck, 2007），p. 13. 勒芬
　　斯坦同樣也不認為韋伯是從美國體制來思考全民直選的總統角
　　色，見 "Max Weber als 'Ahnherr' des plebiszitären Führerstaats," pp.
　　318-319。

家的富強[71]——當然，更不是如當代某些學者所說是期望著由總統來實行「專政」。另一方面，倘若就威瑪憲法生效一直到1928/29年間的憲政實踐來看，帝國總統也確實並未處於主導政治走向的角色，而是適切地扮演著中立、被動的保留性機關[72]。真正偏向到總統制的運作模式，則是在威瑪共和的末期偏離了威瑪憲法的運作常軌才出現的情況。

總而言之，韋伯以及同時代的議會制支持者所設想的直選總統，和美國總統的模式有著相當程度的差距——並非主導施政的角色，而是被動制衡的機制。這點從韋伯所反覆談論的總統職權來看，便可以觀察到。相對地，實際上影響威瑪政局、干預立法權最重大的憲法48條緊急命令權，卻恰恰不在韋伯的討論之內。當然，人們還是可以單純從「全民直選」這一點設想總統的「強勢」地位。但在實際的討論上，終歸還是要以當時的思想脈絡以及從韋伯所設想的（憲法）職權來談，究竟總統的權力如何能夠強勢施展。否則，「強勢總統」一詞恐將成為被想像出來的形容詞來理解，反而與當時的議會制設想有所出入。

文章最後，我們再回頭追問，如果韋伯始終在意的是人民經由議會進行政治參與的可能性，而特意透過種種的制度設計來強化議會功能以及維持議會制的穩定。那麼人們是否真的可能或者為何要

---

71 在威瑪制憲國民會議中，反對強勢總統的主要是左翼的社會民主黨。而支持者，甚至認為應當以直選的強勢總統作為德皇替代品的政黨，則主要是右翼乃至於極右翼的政黨。

72 施米特對於帝國總統職權的解釋也是從制憲時的立法者原意來加以理解的。其說明或有助於進一步理解韋伯的觀點，可參見拙著，楊尚儒，〈再論國家元首之權威在Schmitt理論中之意義：與〈人格權威與政治秩序的形成〉一文商榷〉，《政治與社會哲學評論》，50（2014）：頁101-156。

挖掘出一種「一戰前的德國韋伯」形象，並且大幅度地凸顯其民族主義特質？同時我們也必須得問，這樣的韋伯形象是否同時也忽略、甚至刻意遺忘韋伯在其時代當中的理論位置，甚至是與韋伯自身的政治動機全然相反？再者，這樣的刻意遺忘，是否只是源於知識社群所共享的理論視域，又或是出於某種特定的現實意圖？

在今日，談韋伯的故事仍有著理論意義，但究竟是如何來談一個韋伯故事，這或者有著更強烈的現實意義。

楊尚儒，中央研究院人社中心博士後研究員。研究興趣為西洋政治思想史與德國近現代法政思潮。目前處理主題為德國政治轉型對公民文化以及知識分子之觀點的影響與關連。

致讀者

　　今年適逢中國大陸的無產階級文化大革命發動五十週年。由於這場運動所承載的意義沉重，所需要的歷史解釋與道德反思牽涉到中國社會主義革命的根本性質與價值觀，所以即使事過境遷，也不容掩蓋遺忘。本刊曾在第30期發表朱學勤先生論上海文革的大作，並表示將繼續邀約文章，探討這場歷史性的悲劇。如今在2016年底，我們終於推出了「文革五十年祭」。這個專輯的四位作者都是久負盛名的學者，長期關注文革的各個面向。但是與一般關於文革的學術著作不同，這四位作者格外重視文革所牽涉到的倫理面向，尤其試圖理解文革中爆發的眾多暴力慘劇。文革已成歷史，當年的意識型態訴求移轉到今天左右之爭的語境注定難辨真偽虛實，但是無數人在文革的狂飆之中曾經主動被動地以血腥暴力加諸身邊的同胞，至今讀到相關敘述仍然令人驚恐與不忍。由此觀之，「暴力」可能才是回顧文革時最真實切膚的議題，需要首先面對。

　　在文革之外，本期《思想》還刊登兩篇也是適逢週年的反思文章。1956年匈牙利爆發短命的革命，雖然旋即遭到鎮壓，仍然造成了國際共運的嚴重危機。值此六十週年，正在匈牙利留學的李敏剛先生介紹了當時運動中的重要思想家畢波。在中文世界，大家對後斯大林「解凍」時期東歐的知識界較為陌生，這篇文章值得參考。

　　另一方面，澳門在1966年12月3日針對葡萄牙殖民者爆發了大規模的抗爭，歷時兩個多月。到了事件平息之後，葡萄牙殖民政府權力架空，形同虛設，澳門實質「回歸」。李孝智先生從獨特的民眾

生活角度出發，「拆解」了關於一二·三事件的「文革輸入論」與
「民族主義論」。從這個角度回顧，五十年來澳門的變化，倒真對
襯出了庶民「茶餘飯後笑談」中的「平靜」與守恆。

　　本期另有兩篇文章重訪韋伯，其緣起為德國學者蒙森的《馬克
斯·韋伯與德國政治》一書最近譯成中文出版，引起了不少討論。
這本書所描繪的「政治人」韋伯所關注的核心問題是當時德國的「大
國崛起」，以及一個大國所應該具備的制度條件與文化抱負。蒙森
指出韋伯既是自由主義者，同時又支持德國的帝國主義擴張，追求
德國的大國發展策略，推崇德國的國家利益。這種兩面性構成了韋
伯思想內部的緊張，在今天看來卻正好反映著當下中國大陸思想界
的兩種可能的選擇。十餘年前，劉小楓、甘陽、張旭東等學者突出
韋伯的國家—民族主義一面，彷彿韋伯的政治現實主義給中國的崛
起提供了思想方向。如今蒙森書中文版問世，中國讀者可以綜觀完
整的韋伯思想肖像，當有助於大家認識韋伯政治觀點的複雜全貌。
本期周濂與楊尚儒兩位的文章，對韋伯提出的解讀與檢討更傾向於
自由主義。前者指責韋伯的國家主義來自概念上的偏差，後者則強
調晚期韋伯已經在這兩種價值之間作了明確的抉擇。

　　記得1980年代臺灣出現過一陣「韋伯熱」，不過他的政治思想
並未受到重視。在1990年代，他的「民意認可的領袖制民主」曾被
用來解釋李登輝現象，但在之後台灣的政治發展中這個孤立的概念
用處有限。到了今天，韋伯的政治思想陡然在中文語境取得了龐大
的現實意義，再一次顯示一種思想往往需要特定的歷史形勢來闡釋
發明，其「為用」之處才能被充分地領略。

編　者

2016年初冬

人民視角的眞實歷史
社會底層的文革魔幻之旅

文革爆發五十週年 | THE CULTURAL
馮客最新經典之作 | REVOLUTION
A PEOPLE'S HISTORY 1962-1976

Frank Dikötter

文化大革命
人民的歷史1962-1976

以人民視角書寫的文化大革命史
揭示人民應付權力者的能耐

戀權多疑且心懷怨恨的毛澤東發動了這場慘酷的鬧劇，
操弄群衆路線和一夕數變的派系平衡，
打倒了他猜忌的政敵，同時搞垮了國家制度和黨的組織威信。
一場向左邁進的全國性運動，
最終卻召喚來動搖計畫經濟體制的巨大無聲力量。

聯經出版公司

思想32
文革五十年祭

2016年12月初版 　　　　　　　　　　　定價：新臺幣360元
有著作權‧翻印必究
Printed in Taiwan.

著　　　者	思 想 編 委 會			
總 編 輯	胡　金　倫			
總 經 理	羅　國　俊			
發 行 人	林　載　爵			

出　版　者	聯經出版事業股份有限公司	叢書主編	沙　淑　芬
地　　　址	台北市基隆路一段180號4樓	封面設計	蔡　婕　岑
編輯部地址	台北市基隆路一段180號4樓	校　　對	劉　佳　奇
叢書主編電話	(02)87876242轉212		
台北聯經書房	台北市新生南路三段94號		
電　　　話	(02)23620308		
台中分公司	台中市北區崇德路一段198號		
暨門市電話	(04)22312023		
台中電子信箱	e-mail：linking2@ms42.hinet.net		
郵政劃撥帳戶	第0100559-3號		
郵撥電話	(02)23620308		
印　刷　者	世和印製企業有限公司		
總　經　銷	聯合發行股份有限公司		
發　行　所	新北市新店區寶橋路235巷6弄6號2樓		
電　　　話	(02)29178022		

行政院新聞局出版事業登記證局版臺業字第0130號

本書如有缺頁，破損，倒裝請寄回台北聯經書房更換。　ISBN 978-957-08-4847-2 (平裝)
聯經網址：www.linkingbooks.com.tw
電子信箱：linking@udngroup.com

國家圖書館出版品預行編目資料

文革五十年祭/思想編委會編著 . 初版 .
臺北市 . 聯經 . 2016年12月（民105年）.
360面 . 14.8×21公分（思想：32）
ISBN 978-957-08-4847-2（平裝）

1.學術思想 2.文化大革命 3.文集

110.7 105022754